理想守则与现实世界

一种规则后果主义的道德理论

Ideal Code, Real World:
A Rule-Consequentialist Theory of Morality

[美] 布拉德·胡克（Brad Hooker）著
陈燕 译

中国人民大学出版社
·北京·

关于作者

布拉德·胡克，牛津大学哲学博士，师从德里克·帕菲特、詹姆斯·格里芬、理查德·黑尔等著名学者。曾在牛津大学圣安妮学院任教，其后一直任英国雷丁大学哲学系教授。胡克是雷丁大学伦理学与政治哲学中心的创建人，曾任英国哲学学会主席与多所著名大学的咨询委员，亦曾任《效用主义》(*Utilitas*）杂志的编辑，同时还是多家著名学术刊物的编委会成员。出版专著《理性、规则和效用：理查德·布兰特道德哲学新说》(1994)、《理想守则与现实世界：一种规则后果主义的道德理论》(2000)、《义务论的拓展：伦理理论新说》(2012) 等。其中《理想守则与现实世界》一书，得到许多西方著名学者的高度评价，在当代西方伦理学界极具影响，为规则后果主义的经典之作，而布拉德·胡克教授也因此成为规则后果主义的主要代表人物。

关于本书

评价一种道德理论的适当标准是什么？布拉德·胡克在本书中回答了这个问题。他总结了五个标准来判断一种道德理论是否恰当，这种做法等同于为各种道德理论提供了一个同等条件的竞技平台。胡克运用反思平衡方法，通过比较行为后果主义、两种契约论以及美德伦理学等理论，论证了他重新表述后的规则后果主义理论。根据规则后果主义，行为道德与否应该根据能够得到不偏不倚地证成的规则来评价，而一个规则仅当其一般内化所产生的预期总价值至少与任何可替代的规则一样大时，才能得到不偏不倚的证成。在阐发其规则后果主义的过程中，胡克讨论了要如何根据规则后果主义来解释不偏不倚性、福祉、公平、平等、规则的一般内化等问题，处理了以往对规则后果主义的主要反驳，并尽可能地将规则后果主义理论付诸实践。

自莱昂斯（Lyons）之后，规则后果主义遭受重创并趋于式微。本书复兴了规则后果主义理论，使其重新成为一种值得认真对待的道德理论。胡克的这一代表作为当代规则后果主义的复兴做出了巨大的哲学贡献。

关于译者

陈燕，女，中南财经政法大学副教授、硕士生导师，中国人民大学哲学博士（伦理学专业）。主要研究方向为伦理学基础理论与西方伦理思想。曾于 2008 年、2018 年先后赴英国威尔士大学兰彼得学院与雷丁大学哲学系访学。出版译著《伦理学导论》《伦理学是什么》《织梦人：一个男孩穿越现实的哲学之旅》《政治情感：爱对于正义为何重要?》等。

致我的父母

亨利·胡克与爱丽丝·胡克

(Henry Hooker and Alice Hooker)

中文版序言

在西方哲学中，规则后果主义是 300 多年前由乔治·贝克莱（George Berkeley）提出的，而东方哲学中据说早在多个世纪前就有了。从 1936 年到 20 世纪 80 年代初，罗伊·哈罗德（Roy Harrod）、詹姆斯·厄姆森（James Urmson）、约翰·罗尔斯（John Rawls）、理查德·布兰特（Richard Brandt）和约翰·海萨尼（John Harsanyi）对于发展该理论做出了极有影响力的贡献。斯马特（J. J. C. Smart）声称，该理论既犯了崇拜规则之错，又犯了不融贯或蜕化为行为后果主义之错。戴维·莱昂斯（David Lyons）说，规则后果主义不仅无效，而且不公平地要求人们在其他人都不遵守的情况下仍然遵守理想规则。到 20 世纪 80 年代初，规则后果主义惯常被认为是一种最多只值得用一页来讨论的理论。

20 世纪 80 年代末，艾伦·富克斯（Alan Fuchs）建议我重读布兰特的作品。我听从了他的建议，读后给我留下更深刻印象的是布兰特的规则后果主义理论，而不是对这种理论的常见反驳。这促使我在 20 世纪 90 年代把自己的研究时间用于回应对规则后果主义的常见反驳，并提出了对该理论的论证（我认为这是该理论的主要论证）。整个 20 世纪 90 年代，在会议上和大学里我都向听众展示我经过努力得出的成果。与热心参与这些报告之人的讨论极大地改进了我的论证和想法，我想抓住这个机会再次向这些人表达我最深切的感谢。

到 2000 年《理想守则与现实世界》出版时，我自信该理论对斯马特的反驳已经有了非常令人信服的回答，对不公平性的反驳也有了合宜的答案。我的印象是，《理想守则与现实世界》的大多数读者都已经信服那些经过限制的结论。这并不是说，本书的大多数读者都得出“规则后果主义终究是最好的道德理论”这一结论。事实上，本书的结论没有那么大胆，仅仅是认为规则后果主义值得进一步检验与审查。

自《理想守则与现实世界》出版以来，规则后果主义受到的关注远远超出了我的预期。许多作者抨击或发展了《理想守则与现实世界》中的一些论点或观念。在过去 20 年里，我花费了大量时间对这些抨击和发展进行思考并撰写了不少著述。我在下面列出了讨论《理想守则与现实世界》的出版物，我从这些出版物中获益良多。我也列出了自己回应他人讨论的出版物。

布拉德·胡克

2023 年 3 月

抨击《理想守则与现实世界》中的论点或观念的著述：

Arneson, Richard. (2005). ‘Sophisticated Rule Consequentialism: Some Simple Objections’, *Philosophical Issues*, 15: 235 - 51.

Card, Robert. (2007). ‘Inconsistency and the Theoretical Commitments of Hooker's Rule-consequentialism’, *Utilitas*, 19: 243 - 58.

Eggleston, Ben. (2007). ‘Conflicts of Rules in Hooker's Rule-consequentialism’, *Canadian Journal of Philosophy*, 37: 329 - 49.

Hills, Alison. (2010). ‘Utilitarianism, Contractualism and Demandingness’, *Philosophical Quarterly*, 60: 225 - 42.

Hill, Thomas E., Jr. (2005). ‘Assessing Moral Rules: Utilitarian and Kantian Perspectives’, *Philosophical Issues*, 15: 158 - 78.

Lazari-Radek, Katarzyna de and Peter Singer. (2014). *The Point of View of the Universe*. Oxford: Oxford University Press.

Levy, Sanford. (2014). ‘The Failure of Hooker's Argument for Rule Consequentialism’, *Journal of Moral Philosophy*, 11: 598 - 614.

McIntyre, Alison. (2005). ‘The Perils of Holism: Brad Hooker's Ideal Code, Real World’, *Philosophical Issues*, 15: 252 - 63.

Nebel, Jacob. (2012). ‘A Counterexample to Parfit's Rule Consequentialism', *Journal of Ethics and Social Philosophy*, 6: 1-10.

Podgorski, Abelard. (2018). 'Wouldn't It Be Nice? Moral Rules and Distant Worlds', *Nous*, 52: 279-94.

Portmore, Douglas. (2017). 'Parfit on Reasons and Rule Consequentialism', in S. Kirchin (ed.), *Reading Parfit*, Abingdon: Routledge, pp. 135-52.

Smith, Holly. (2010). 'Measuring the Consequences of Rules', *Utilitas*, 22: 413-33.

Suikkanen, Jussi. (2008). 'A Dilemma for Rule-consequentialism', *Philosophia*, 36: 141-50.

Thomas, Alan. (2000). 'Consequentialism and the Subversion of Pluralism', in Hooker, Mason, and Miller (eds.), *Morality, Rules, and Consequences*, Edinburgh University Press, pp. 179-202.

Tobia, Kevin. (2013). 'Rule Consequentialism and the Problem of Partial Acceptance', *Ethical Theory and Moral Practice*, 16: 643-52.

Tobia, Kevin. (2018). 'Rule-consequentialism's Assumptions', *Utilitas*, 30: 458-71.

Wall, Edmund. (2009). 'Hooker's Consequentialism and the Depth of Moral Experience', *Dialogue*, 48: 337-51.

支持和发展《理想守则与现实世界》中的论点或观念的著述：

Brand-Ballard, Jeffrey. (2007). 'Why One Basic Principle?', *Utilitas*, 19: 220-42.

Burch-Brown, Joanna. (2014). 'Clues for Consequentialists', *Utilitas*, 26: 105-19.

Copp, David. (2020). 'The Rule Worship and Idealization Objections Revisited and Resisted', *Oxford Studies in Normative Ethics*, 10: 131-55.

Cowen, Tyler. (2011). 'Rule Consequentialism Makes Sense after All', *Social Philosophy and Policy*, 28: 212-31.

Kahn, Leonard. (2012). 'Rule Consequentialism and Scope', *Ethical Theory and Moral Practice*, 15: 631–46.

—— (2013). 'Rule Consequentialism and Disasters', *Philosophical Studies*, 162: 219–36.

Lawlor, Robin. (2004). 'Hooker's Ideal Code and the Sacrifice Problem', *Social Theory and Practice*, 30 (4): 583–7.

Levy, Sanford. (2013). 'A Contractualist Defense of Rule Consequentialism', *Journal of Philosophical Research*, 38: 189–201.

Miller, Dale. (2014). 'Rule Utilitarianism', in Ben Eggleston and Dale E. Miller (eds.), *Cambridge Companion to Utilitarianism*. Cambridge: Cambridge University Press, pp. 146–65.

—— (2021). 'Moral Education and Rule Consequentialism', *Philosophical Quarterly*, 71: 120–40.

Miller, Timothy. (2016). 'Solving Rule-consequentialism's Acceptance Rate Problem', *Utilitas*, 28: 41–53.

—— (2021). 'From Compliance, to Acceptance, to Teaching: On Relocating Rule Consequentialism's Stipulations', *Utilitas*, 33: 204–20.

Mulgan, Tim. (2001). *The Demands of Consequentialism*. Oxford: Oxford University Press.

—— (2006). *Future People*. Oxford: Oxford University Press.

—— (2009). 'Rule Consequentialism and Non-identity', in D. Wasserman and M. Roberts (eds.), *Harming Future Persons*, Dordrecht: Springer, pp. 115–34.

—— (2015). 'Utilitarianism for a Broken World', *Utilitas*, 27: 92–114.

—— (2017). 'How Should Utilitarians Think about the Future?', *Canadian Journal of Philosophy*, 47: 290–312.

—— (2020). *Utilitarianism*. Cambridge: Cambridge University Press.

Parfit, Derek. (2011). *On What Matters*, Vol. 1, Oxford: Oxford University Press.

—— (2017). *On What Matters*, Vol. 3, Oxford: Oxford University Press, especially pp. 420 - 2, 432 - 3, 450.

—— (2017). 'Responses', in S. Kirchin (ed.), *Reading Parfit*, Abingdon: Routledge, pp. 189 - 236.

Perl, Caleb. (2021). 'Solving the Ideal Worlds Problem', *Ethics*, 132: 89 - 126.

—— (2022). 'Some Question-begging Objections to Rule Consequentialism', *Australasian Journal of Philosophy*.

Rajczi, Alex. (2016). 'On the Incoherence Objection to Rule-utilitarianism', *Ethical Theory and Moral Practice*, 19: 857 - 76.

Ridge, Michael. (2006). 'Introducing Variable-rate Rule Utilitarianism', *Philosophical Quarterly*, 56: 242 - 53.

Riley, Jonathan. (2000). 'Defending Rule Utilitarianism', in Hooker, Mason, and Miller (eds.), *Morality, Rules, and Consequences*, Edinburgh University Press, pp. 40 - 69.

Suikkanen, Jussi. (2022). 'Hooker's Rule-consequentialism and Scanlon's Contractualism: A Re-evaluation', *Ratio*, 35: 261 - 74.

Toppinen, Teemu. (2016). 'Rule Consequentialism (and Kantian Contractualism) at Top Rates', *Philosophical Quarterly*, 66: 122 - 35.

Wolf, Susan. (2016). 'Two Concepts of Rule Utilitarianism', *Oxford Studies in Normative Ethics*, 6: 123 - 44.

Woollard, Fiona. (2015). *Doing and Allowing Harm*. Oxford: Oxford University Press.

—— (2022). 'Hooker's Rule-consequentialism, Disasters, Demandingness, and Arbitrary Distinctions', *Ratio*, 35: 289 - 300.

Woodard, Christopher. (2019). *Taking Utilitarianism Seriously*. Oxford: Oxford University Press.

—— (2022). 'Reasons for Rule-consequentialists', *Ratio*, 35: 251 - 60.

Yeo, Shang. (2017). 'Measuring the Consequences of Rules: A Reply to Smith', *Utilitas*, 29: 125 - 31.

我捍卫或修正《理想守则与现实世界》中观念的著述：

Hooker，Brad. （2002）. ‘Intuitions and Moral Theorizing’，in P. Stratton-Lake，（ed.），*Ethical Intuitionism*，Oxford University Press，pp. 161－83.

——（2005）. ‘Reply to Arneson and McIntyre’，*Philosophical Issues* 15，*Normativity*，annual supplement to *Noûs*，pp. 264－81.

——（2006）. ‘Right，Wrong，and Rule-consequentialism’，in Henry West（ed.），*Blackwell Guide to Mill's Utilitarianism*，Boston：Blackwell Publishers，pp. 233－48.

——（2006）. ‘Feldman，Rule-consequentialism，and Desert’，in Kris McDaniel，Jason Raibley，Richard Feldman，and Michael J. Zimmerman（eds.），*The Good，the Right，Life and Death：Essays in Honor of Fred Feldman*，Aldershot，UK：Ashgate Publishing，pp. 103－14.

——（2007）. ‘Rule-consequentialism and Internal Consistency：A Reply to Card’，*Utilitas*，19：514－9.

Hooker，Brad and Guy Fletcher. （2008）. ‘Variable versus Fixed-rate Rule-utilitarianism’，*Philosophical Quarterly*，58：344－52.

Hooker，Brad. （2008）. ‘Rule-consequentialism versus Act-Consequentialism’，*Politeia*，24：75－85. Antholoized in Steven M. Cahn and Andrew Forcehimes（eds.），*Principles of Moral Philosophy：Classic and Contemporary Approaches*，Oxford University Press，2016. Translated into Italian with the title ‘Rule-consequentialism and Its Virtues’，*Rivista di Filosophia*，49，3，2008，pp. 491－510.

——（2010）. ‘Publicity in Morality：A Reply to Katarzyna de Lazari-Radek and Peter Singer’，*Ratio*，23：111－7.

——（2014）. ‘Utilitarianism and Fairness’，in B. Eggleston and D. Miller（eds.），*Cambridge Companion to Utilitarianism*，Cambridge University Press，pp. 251－71.

——（2014）. ‘Acts or Rules? The Fine Tuning of Utilitarianism’，in John Perry（ed.），*God，the Good，and Utilitarianism：Perspectives on Peter Singer*, Cambridge University Press, pp. 125 – 38.

—— (2014). 'Must Kantian Contractualism and Rule-consequentialism Converge?', *Oxford Studies in Normative Ethics*, 4: 34 – 52.

—— (2016). 'Wrongness, Evolutionary Debunking, Public Rules', *Etica & Politica*, 18: 133 – 49.

—— (2020). 'The Roles of Rules in Consequentialist Ethics', in Douglas Portmore (ed.), *Oxford Handbook of Consequentialism*, Oxford University Press, pp. 441 – 62.

—— (2021). 'Parfit's Final Arguments in Normative Ethics', in Jeff McMahan, Tim Campbell, James Goodrich, and Ketan Ramakrishnan (eds.), *Principles and Persons: The Legacy of Derek Parfit*, Oxford University Press, pp. 207 – 26.

—— (2023). 'Rule – consequentialism's Essence and Rationale', in David Copp, Connie Rosati, and Tina Rulli (eds.), *Oxford Handbook of Normative Ethics*, Oxford University Press.

—— (2023). 'Rule Consequentialism', 4th edition, *Stanford Enclyclopedia of Philosophy*. http://plato.stanford.edu/entries/consequentialism-rule (1st edition 2003, 2nd edition 2008, 3rd edition 2015).

致　谢

许多人的慷慨都反映在本书之中。我非常感谢约翰·安德鲁斯（John Andrews）、罗伯特·奥迪（Robert Audi）、杰米·鲍尔（Jamie Ball）、伊莱恩·比德尔（Elaine Beadle）、汤姆·卡森（Tom Carson）、蒂姆·查普尔（Tim Chappell）、约翰·科廷厄姆（John Cottingham）、加勒特·卡利提（Garrett Cullity）、罗杰·克里斯普（Roger Crisp）、乔纳森·丹西（Jonathan Dancy）、马克斯·德·盖恩斯福德（Max de Gaynesford）、罗伯特·弗雷泽（Robert Frazier）、贝伊斯·高特（Berys Gaut）、詹姆斯·格里芬（James Griffin）、约翰·海尔（John Heil）、基思·霍顿（Keith Horton）、托马斯·赫卡（Thomas Hurka）、休·拉福莱特（Hugh LaFollette）、安德鲁·莱格特（Andrew Leggett）、戴维·麦克诺顿（David McNaughton）、戴尔·E. 米勒（Dale E. Miller）、安德鲁·摩尔（Andrew Moore）、蒂姆·莫尔根（Tim Mulgan）、马克·纳尔逊（Mark Nelson）、戴维·奥德伯格（David Oderberg）、德里克·帕菲特（Derek Parfifit）、麦迪逊·鲍尔斯（Madison Powers）、迈克尔·普鲁德福特（Michael Proudfoot）、埃里克·拉科夫斯基（Eric Rakowski）、杰弗里·塞尔-麦科德（Geoffrey Sayre-McCord）、麦克·史密斯（Michael Smith）、艾伦·托马斯（Alan Thomas）、彼得·瓦伦蒂内（Peter Vallentyne）和乔纳森·沃尔夫（Jonathan Wolff），他们一次又一次地给了我有益的建议和鼓励。

其他对本书的某一部分成果做出有益评论的人，包括理查德·布兰特、戴维·布林克（David Brink）、约翰·布鲁姆（John Broome）、罗伯特·卡德（Robert Card）、内尔·库珀（Neil Cooper）、安东尼·达夫

(Anthony Duff)、杰拉尔德·德沃金（Gerald Dworkin)、安东尼·埃利斯（Anthony Ellis)、艾伦·富克斯、山姆·弗里曼特尔（Sam Fremantle)、雷·弗雷（Ray Frey)、伊芙·加勒德（Eve Garrard)、马克·格林伯格（Mark Greenberg)、乔治·哈里斯（George Harris)、星野东(Tsutomu Hoshino)、罗莎琳德·赫斯特豪斯（Rosalind Hursthouse)、克雷格·伊哈拉（Craig Ihara)、戴尔·杰米森（Dale Jamieson)、片田崎(Noriaki Katagi)、保罗·凯利（Paul Kelly)、达德利·诺尔斯（Dudley Knowles)、拉胡尔·库马尔（Rahul Kumar)、伊恩·劳（Iain Law)、玛格丽特·李特尔（Margaret Little)、鲍勃·洛基（Bob Lockie)、麦克·洛克伍德（Michael Lockwood)、佩内洛普·麦凯（Penelope Mackie)、盖伊·马什（Guy Marsh)、迈克尔·马丁（伦敦）[Michael Martin (London)]、迈克尔·门洛（Michael Menlowe)、艾伦·米勒（Alan Miller)、尤金·米尔斯（Eugene Mills)、菲利普·蒙塔古（Phillip Montague)、克里斯托弗·莫里斯（Christopher Morris)、亚当·莫顿（Adam Morton)、利亚姆·莫菲（Liam Murphy)、英格玛尔·佩尔松（Ingmar Persson)、杰拉尔德·波斯特马（Gerald Postema)、彼得·雷尔顿(Peter Railton)、皮尔斯·罗林（Piers Rawling)、索菲亚·雷贝坦茨(Sophia Reibetanz)、乔恩·雷纳德（Jon Reynard)、霍华德·罗宾逊(Howard Robinson)、格洛丽亚·罗克（Gloria Rock)、蒂姆·斯坎伦(Tim Scanlon)、威廉·肖（William Shaw)、约翰·斯科鲁普斯基（John Skorupski)、彼得·史密斯（Peter Smith)、埃尔登·索伊弗（Eldon Soifer)、蒂莫西·斯普里奇（Timothy Sprigge)、马丁·斯通（Martin Stone)、菲利普·斯特拉顿-莱克（Phillip Stratton-Lake)、铃木诚（Makoto Suzuki)、理查德·泰勒（Richard Taylor)、伯纳德·威廉姆斯(Bernard Williams)、詹姆斯·威廉姆斯（James Williams）以及尼克·赞格威尔（Nick Zangwill)。倘若还有未列于其上的其他人，我向他们表示歉意。

我从牛津大学出版社的匿名评论者和文字编辑安吉拉·布莱克伯恩(Angela Blackburn）那里得到了极有助益的评论。

一些人发文批评了我早期对规则后果主义的一些讨论。我从托马斯·

卡森（Thomas Carson）、蒂姆·莫尔根、理查德·布兰特、菲利普·斯特拉顿-莱克、贝伊斯·高特、艾伦·托马斯、菲利普·蒙塔古、戴尔·E. 米勒、伊恩·劳、戴维·麦克诺顿与皮尔斯·罗林团队、菲利普·佩蒂特（Philip Pettit）和麦克·史密斯所著作品中获益良多。

我还是个研究生的时候，R. M. 黑尔（R. M. Hare）建议我阅读理查德·布兰特的《一种善与正当的理论》（*A Theory of the Good and the Right*）。我虽然觉得布兰特的规则效用主义（rule-utilitarianism）很有趣，但却接受了对该理论的主流观点，即该理论经不起一般的反对。多年后，艾伦·富克斯建议我重新思考一下布兰特的理论能否经得起这些意见的反对。该建议引出了本书。

我对道德思想的迷恋可以追溯到更早——事实上可以追溯到我能记事时起。我的父母尽管承认道德的复杂性，强调道德压倒一切的重要性，但并没有用“成为有德的人总是有回报”这种无伤大雅的小谎言来粉饰这一观点。相反，他们公开承认，道德工程常常令人头疼。这样的一个明证就是，他们抚养的儿子很快爱上了道德哲学，这个学科却是如此困难而又煽情。

我的研究得到了一些机构的资助。我感谢弗吉尼亚联邦大学（Virginia Commonwealth University）和雷丁大学（University of Reading）的研究休假和资助。我还感谢国家人文基金会（National Endowment for the Humanities）1993 年的夏季研究资助，以及英国社会科学院（British Academy）1996 年的研究休假。

我大量引用了自己发表的一些文章的内容。感谢牛津大学出版社（Oxford University Press）、爱丁堡大学出版社（Edinburgh University Press）、布莱克威尔出版社（Blackwell Publishers）以及《心灵》（*Mind*）、《亚里士多德学会学报》（*Proceedings of the Aristotelian Society*）、《效用主义》（*Utilitas*）、《美国哲学季刊》（*American Philosophical Quarterly*）、《分析》（*Analysis*）和《太平洋哲学季刊》（*Pacific Philosophical Quarterly*）的编辑们，感谢他们允许我使用下列文章中的句子、段落或几个整节的内容：

'Rule-consequentialism,' *Mind* 99 (1990), 67－77.

'Brink, Kagan, Utilitarianism and Self-sacrififice,' *Utilitas* 3 (1991), 263－73.

'Rule-consequentialism and Demandingness: A Reply to Carson,' *Mind* 100 (1991), 269－76.

'Is Rule-consequentialism a Rubber Duck?' *Analysis* 54 (1994), 92－7.

'Compromising with Convention,' *American Philosophical Quarterly* 31 (1994), 311－7.

'Rule-consequentialism, Incoherence, Fairness,' *Proceedings of the Aristotelian Society* 95 (1995), 19－35.

'Does Being Virtuous Constitute a Benefifit to the Agent?' in R. Crisp, ed., *How Should One Live?* (Oxford: Clarendon Press, 1996), 141－55.

'Ross-Style Pluralism versus Rule-consequentialism,' *Mind* 106 (1996), 531－52.

'Rule-utilitarianism and Euthanasia,' in H. LaFollette, ed., *Ethics in Practice* (Oxford: Blackwell, 1997), 42－52.

'Reply to Stratton-Lake,' *Mind* 106 (1997), 759－60.

'Rule-consequentialism and Obligations to the Needy,' *Pacifific Philosophical Quarterly* 79 (1998), 19－31.

'Rule-consequentialism,' in H. LaFollette (ed.), *The Blackwell Guide to Ethical Theory* (Oxford: Blackwell, 1999), 183－204.

'Impartiality, Predictability, and Indirect Consequentialism,' in R. Crisp and B. Hooker, eds., *Well-Being and Morality: Essays in Honour of James Griffifin* (Oxford: Clarendon Press, 1999), 129－42.

'Reflflective Equilibrium and Rule Consequentialism,' in B. Hooker, E. Mason, and D. Miller, eds., *Morality, Rules, and Consequences: A Critical Reader* (Edinburgh: Edinburgh University Press, 2000), 222－38.

目　录

第1章　导　　论

1.1　规则后果主义

如果就我们所知，人们共同接受某套道德守则（moral code）① 会产 1
生最好的后果，难道我们不该努力依据这套道德守则生活吗？最适合被人类内化的守则难道不该是我们都要努力遵从的守则吗？如果每个人都觉得道德上能自由地从事某类特定行为，相比于每个人都不觉得可以自由地这么做，其后果要更好，那么这类行为又怎么可能是不当的呢？

这些问题将道德描绘成在理想上是一种集体事业，一种可以共享的实践。某套道德守则或至少是最基本的道德守则，内化与遵从它的应该是每一个人，而不仅仅是你、我或整体中的某个子群体。正如戴维·考普所认为的那样，“一个人要是真实地认同某套道德守则，必定**渴望**它成为社会道德守则。也就是说，他必定渴望它在社会上得以实施，在文化上得以传播，并在自己的社会中作为道德守则得到普遍认同”（Copp，1995：112）②。

---

① rule 和 code 这两个相近而略有分别的概念，分别被译为“规则”和“守则”。rule 较常见，多指某类行为或关于某类实践的规则；code 则多指某一阶层或社会所遵守的一整套法典或法规，也可指与某一特殊活动或主题有关的规则，往往是成套的，其侧重点在于经验运作的层次。在本书中“a code”应理解为“a set of rules”，即由一套规则组成的守则。文中除了“a code”之外，还常常出现“a code of rules”，为了便于理解，译为“由规则组成的守则”。——译者注

② 伯纳德·戈特写道：“凡是费心去看通常被认为是道德之事的人都会意识到，道德最好被构想为一种行为指南，由理性的人提出以支配他人的行为，不管他们自己是否打算遵从这一指南。”（Gert，1998：9）参见麦凯（Mackie，1977：87，152，1985a：178）的讨论，以及布莱克伯恩（Blackburn，1998：281）的讨论。

因此，考虑到道德守则是要我们集体内化的，那么**理想的**守则将是什么样的呢？

许多不同的理论都使道德的可容许性取决于对理想的守则的诸多考虑。[①] 本书只聚焦于其中一种——规则后果主义（rule-consequentialism）。
2 规则后果主义根据守则产生的后果来评价它们。规则后果主义认为，一套守则，若其集体内化能产生最佳后果，那它就是理想的守则。一套守则的集体内化相当于确立一种共有的良知。因此，这个理论**本可以**作为“集体良知的后果主义”（collective conscience consequentialism）而为人知晓，但沿用下来的名称是“规则后果主义”。我将继续使用这个名称。

有些版本的规则后果主义声称，当且仅当某一行为为如下的某套守则所禁止时，它是不当的：这套守则**实际上**将被证明是理想的，即使无人能够预测该套守则中的各种规则会是怎样的。该理论的其他版本则声称，当且仅当某一行为为其后果会产生最大**预期**价值的诸守则所禁止时，它是不当的。

“产生最大预期价值的诸守则”大意是指，我们可以合情理地预期，内化该守则而不是其他守则产生的总价值会更大。更确切地说，守则的“预期价值”是这样计算的：确认某一守则内化的可能结果；估算各种可能结果的价值；对每一个可能结果，估算由该守则的内化将产生该结果的概率；将每一个可能结果的价值（或负价值）乘以该结果出现的概率；最后将各个乘积加总。这样就产生了该守则的预期价值。

我将举一个例子，通过比较两个守则来说明这一点。这个例子在很多方面都人为地简化了。该例子人为的一方面在于，每个守则只有两种可能结果。另一方面在于，可能结果的价值如概率那样，可以精确量化并且被人知晓。尽管如此，人为简化是有用的。示例如表 1.1 所示。

---

① “道德上正当”（morally right）这一术语与“道德上要求”（morally required）和“道德上允许”（morally permissible）存在系统上的模糊性。因此，我一般会用“道德上要求”或“道德上允许”这些更有益的术语来替代“道德上正当”。我假设，道德上要求的总体上也是道德上允许的。但是，道德上允许的却并不总是道德上要求的。实际上，我一般会用“允许的”来意指“允许但并不要求的”。

表 1.1①

	可能结果产生的价值	可能结果产生的概率	可能结果产生的预期价值	守则的预期价值
守则 A	10	0.4	10×0.4=4	4+1.2=5.2
	2	0.6	2×0.6=1.2	
守则 B	4	0.8	4×0.8=3.2	3.2+1.8=5.0
	9	0.2	9×0.2=1.8	

当然，通常情况下，内化某一守则的可能结果不止两个。按说我们几乎无法精确估计这些可能结果的价值和概率。事实上，守则的预期价值"计算"几乎从未打算达到数学那样的精确度。而且，我们无须装作有这种精确性，就可以判断一些守则比其他守则前景更好。

我们对守则的预期价值做出大致判断就可以发现，有这种无法超越的
预期价值的守则不止一个。规则后果主义需要说出，在这些同样最好的守 3
则中，我们应该遵从哪一个。我稍后将论证，在这组有无法超越的预期价值的守则中，我们应该遵从最接近传统上已接受的守则的那一个，即遵从任何一个最接近社会中已确立的守则的守则。

规则后果主义不是新事物②，而且大多数当代道德哲学家将其归类为"经过检验而不为真的"（tried and untrue）。尽管对20世纪五六十年代的许多哲学家而言，规则后果主义看起来很有吸引力，但随着对该理论反驳的激增，大多数当代哲学家认为该理论的吸引力已逐渐消退。

我将在本书中表明，规则后果主义存在一个有吸引力的版本，对规则后果主义的寻常反驳对它无效。而大多数关于规则后果主义的讨论从未超出寻常反驳。如果我是对的，即该理论存在一个有吸引力的版本，针对它的寻常反驳都无效，那么对该理论的不太常见的反驳就变得非常重要了。我在本书中讨论了对规则后果主义的许多反驳。如果该理论能够可靠地应

---

① 原书部分图表没有图表题。——译者注

② Berkeley，1712；Austin，1832；Urmson，1953；Harrison，1952/3；Brandt，1959，1963，1967，1979，1988，1989，1996；Hospers，1972；Harsanyi，1982，1993；Barrow，1991：ch. 6；Haslett，1987，1994：ch. 1，2000；Attfield，1987：103－12；Johnson，1991；Riley，1998，2000；Shaw，1999.

对所有这些反驳，那么它就会得到巨大的支持。

1.2 方法

4 我们应该如何评价道德理论呢？

（1）道德理论必须始于有吸引力的一般道德信念。①

（2）道德理论必须是内部一致的。

（3）道德理论必须与我们经过深思熟虑后所拥有的道德确信相融贯（即尽可能节俭地系统化，或者如果无法系统化，那至少要认可）。

（4）道德理论应该确定一个根本原则，这样做既能（a）解释我们更具体的、经过深思熟虑的道德确信为什么是正确的，又能（b）从不偏不倚的视角来证成它们。

（5）道德理论应该帮助我们处理一些我们不确信或有分歧的道德问题。

我希望这五个标准对大多数人来说都是常识性的。这并不是说，所有这些标准在当代道德哲学中都没有争议。标准（1）和标准（2）似乎特别不成问题，但本节其余部分我会解释为什么列出这些标准。在哲学家那里，标准（3）、标准（4）和标准（5）比标准（1）和标准（2）更富有争议。我将在后几节中为标准（3）、标准（4）和标准（5）辩护。

我列出标准（1）是因为，即使某种道德理论完全满足其他四个标准，但如果它提供的正当与否的论说看起来是陌生的，那这一理论也很可能是不可信的。当然，如果有两种互竞理论在其他四个标准方面做得同样好，但其中只有一种理论提供的“正当与否的”论说始于人们熟悉和有吸引力的道德观念，那这个理论似乎明显会胜出。

规则后果主义确实提供了这样一种道德论说，它挖掘并阐发了人们所熟悉的一般道德信念。我在本书开篇援引了这样一个一般观念：我们应该努力按照这样一套道德守则来生活，就我们所知，人们共同接受这套守则会产生经过不偏不倚考虑的最佳后果。当我们想弄明白某个行为是否道德

① 感谢戴尔·米勒讨论了这一点。

时，我们会问：“如果每个人都觉得能够自由地从事该行为，会有什么后 5
果?”无可否认的是，这个问题通常是有吸引力的。同样无可否认的是，规则后果主义是对此问题的一种自然诠释。

请注意，“如果每个人都**觉得能够自由地**从事该行为，会有什么后果?”这个问题不同于“如果每个人都**从事了**该行为，会有什么后果?”。假设我打算在列克星敦和第五大道（Lexington and Fifth）拐角的商店购买所有的书。如果每个人所做都完全和我一样，那后果就会很糟糕。起初，这家店会人满为患。接着，它所有的竞争对手都会被淘汰出局。然后这家店就会形成垄断。虽然拥有此店的人会从中获利，但其他所有人都会蒙受损失。这说明，选择某个行为或行动路线可以是道德上可允许的，即使每个人选择做同样的事情会有坏结果。如果因为每个人都做某个行为会有不好的后果，我们就认为这种行为肯定是道德上不当的，那这种看法是荒谬的。

所以，我们回到这一想法：如果每个人都觉得可以自由地从事某个行为会产生不好的后果，那这个行为就是不当的。而每个人都觉得可以自由地在列克星敦和第五大道拐角的商店里买书并不会产生坏的结果，因为大多数人不会想要行使这一自由。大多数人会更喜欢在离其居所或工作场所近的商店买书，或者从各种不同的商家那里买书。

正如我指出的那样，规则后果主义挖掘并阐发了这一思想：如果每个人都觉得可以自由地从事某个行为会产生不好的后果，那该行为就是不当的——这个思想通常是有吸引力的。然而，我们**不**能声称，规则后果主义是唯一可以挖掘与阐发人们熟悉的、直觉上有吸引力的一般道德观念的理论。相反，规则后果主义的所有主要竞争对手都是这样做的。

规则后果主义的竞争对手之一是行为效用主义（act-utilitarianism）①。行为效用主义认为，当且仅当某一行为的行为者当时可做的其他行为没有更大的（实际的或预期的）效用——效用被理解为有感觉的存在者的总福

① “utilitarianism”一词以往大多译为“功利主义”，但“功利主义”在我国日常生活中的含义与作为一种西方主流伦理理论的 utilitarianism 的内涵存在偏差。本书采用近年来一些译者的译法，将此词译为“效用主义”。——译者注

祉（well-being）时，该行为是可允许的。行为效用主义可以被视为源于这样一种有初始吸引力的观念，即道德上正当的行为是不偏不倚地促进最终重要之事的行为，也即促进有感觉的存在者之福祉的行为。

这种观点最具影响力的支持者之一是亨利·西季威克（Henry Sidgwick）。他指出这一“自明原则，即从宇宙的视角看（如果我可以这么说
6 的话），任何一个个体的善都不比其他任何个体的善更重要”（Sidgwick，1907：382）。他接着说：“[作] 为一个理性存在者，我必定是以总体善而不仅仅是其中某个特定部分为目标——只要我的努力能达到。”（See also Brink，1989：236）

支持行为效用主义的另一个主要论证是 J. J. C. 斯马特提出的。斯马特（Smart，1973：7）将行为效用主义表达为诉诸“普遍仁爱，也就是追求幸福的倾向，或追求至少在某种意义上对全人类（或许是对所有有感觉的存在者）的好后果的倾向”。任何备选观点的指令，至少有时会规定“可避免的”痛苦，或至少是错过的获益机会（Smart，1973：5 - 6）。

我稍后会相当详细地讨论这个理论。然而，我现在正提出的观点只是，效用主义始于直觉上有吸引力的信念。

霍布斯式的契约至上论（Hobbesian contractarianism）也是如此。这种观点认为，道德是一个为了互利的合作公约体系。① 比起每个人都可以随意地互相攻击、偷窃、违背诺言和撒谎，如果每个人都避免这么做，那么每个人就会过得更好。尽管在特定场合，某个人可能会从攻击他人或偷窃等行为中获益，但比起没有人接受这些限制，如果每个人都接受这些限

① Plato，*Protagoras*，*Republic*：369 - 72；Hobbes，1651，ch. 13；Buchanan，1975；Harman，1975，1977，1978；Gauthier，1986；Kavka，1986：pt. 1；Hampton，1986；Vallentyne，1991b；Toulmin，1950：137；Strawson，1961：1 - 17. 至于那些似乎对于从互利约定方面而不是从将道德限制于这些约定的方面来解释（全部或部分）现存道德观点的演变更感兴趣的作家，参见休谟（Hume，1740：bk. Ⅲ，pt. ii）、沃诺克（Warnock，1971：16，26，72 - 3，77，149 - 50）、麦凯（Mackie，1977：ch. 5，1978，1982a）、乌尔曼-玛格丽特（Ullmann-Margalit，1977）、阿克塞尔罗德（Axelrod，1984）。

制的话，他获益会更多。

若是其他每个人仍需遵守那些限制，而只允许任一单个人做其想做的任何事，那他就会过得更好。[①] 但其他人不会同意这样一条规则，它允许某个人免受其他人都必须遵守的限制。这种豁免一个人的做法显然是不公平的。 7

然而，根据契约至上论的观点，除了社会契约所确认的那些理由外，不存在其他道德上的理由。并且，道德理由不是先在的，从而不会对“缔约人可以恰当地确定什么”构成限制。因此，从契约至上论的视角看，不公平不可以成为其他所有人拒绝接受一个免除某一个人受其约束的契约的理由。

其他人不接受这种豁免的理由毋宁是，它会削弱他们受到的保护。与其担心这样一个人——觉得自己可以自由地成为杀人犯、小偷、违背诺言者、骗子等等，还不如干脆提防所有人以自保。

霍布斯式的契约至上论吸收了一个极其吸引人的观念——道德是一个互利的合作体系。互惠（reciprocity）似乎的确是一个核心道德观念，它可以用来解释道德的许多方面。

但它似乎不能解释道德的所有方面。如一个通常的笑话所言：霍布斯式的契约至上论所订立的是一种完全没有可行性的道德。因为存在这样一些群体，无论我们对其施加何种限制，它们都不可能做到互惠互利。我们大多数人认为，尽管让低等动物内化道德规范是无望的，但我们为了自己取乐而给它们施加痛苦则是道德上不当的。由于之后我会就这个例子说很多，现在让我转向另一个群体。生活于几个世纪以后的人，将无法回报我们为他们做出的牺牲。可是，我们不应该做明知今后很可能会伤害他们的事情（例如，以一种百年后才开始泄漏的方式处理有毒废弃物）。

---

① 正如哈特所写：“义务和责任被认为是明显地涉及牺牲或放弃，在所有社会中，义务或责任与利益之间长期存在冲突的可能性是律师和道德家的老生常谈。”（Hart，1961：85）麦凯继霍布斯和沃诺克之后，将“狭隘的道德”认定为“一种特殊的限制行为的体系——其中心任务是保护行为者以外的人的利益，并将自己呈现给行为者作为对其自然倾向或自发行为倾向的抑制”（Mackie，1977：106）。可参照斯坎伦关于狭义道德的概念，即“我们彼此所负之义务”（Scanlon，1998：6，171－7，270－1）。

那些活着的严重残疾者又怎么样呢？他们之中至少有一些人无法对我们给他们的好处做出回报，但忽视他们的福利显然是不当的。又如最贫穷国家的饥饿者，我们对其有某些责任，但他们却不能回报我们以好处。简言之，道德是建立在互利基础之上的这种观念，似乎与道德的主要作用之一是保护弱者和易受伤害之人不受强者的伤害这一常见假设不一致。

8 另一种社会契约理论始于这样一种观念：社会协议不是为了互惠互利，而是为了表达对理性造物之价值的尊重。例如，斯坎伦写道：

> “按照‘他人（有类似动机的人）不能合情理地拒绝的原则’行事”，契约论的（contractualist）这一理想意在刻画与他人的关系，而这种关系的价值和吸引力成为我们做道德要求之事的理由的基础。这种关系与其说是个人关系不如说是朋友关系，可以称之为相互承认的关系。与他人处于这种关系中本身就有吸引力——值得为其自身而追求。(Scanlon，1998：162；see also 155，181，268)

斯坎伦式的契约论（Scanlonian contractualism）发自这一观念：道德（至少涉及我们彼此负有什么义务的核心道德部分）被视为等同于一些原则，这些原则不能被任何寻求在道德守则上达成合情理的协议之人合情理地拒绝。关于斯坎伦的极有影响、令人印象深刻的理论，我后面还会介绍更多。

在此我还要提一种理论，它甚至比前一种理论更为简洁。这种进路通常被称为“美德伦理学”（virtue ethics），它由这样一种思想发展而来：行为正当与否只能根据一个德性完备之人做出的选择来理解。[1] 美德伦理学提出，我们要把德性的本质和理论依据视为道德哲学的主要焦点。

上面提到的所有道德理论（以及这些理论以外的其他理论）都产生于并或多或少发展了令人信服的一般道德观念。[2] 我们由此得出的结论很简

---

① 那些普遍被认为是美德伦理学主要倡导者的人及其著作如下：Aristotle，*Nicomachean Ethics*；Anscombe，1958；Foot，1978；MacIntyre，1981；Trianosky，1990；Slote，1992；Hursthouse，1999。

② 并不是说我所提到的每一种理论都必然与提到的其他每个理论包括规则后果主义不相容。当然，某些形式的契约论与规则后果主义是相容的，就像某些形式的美德伦理一样，因为它们要求同样的行为。

单。某种理论产生于并发展了有吸引力的一般道德观念，这一事实不足以表明它优于所有与之竞争的理论。

现在让我简要解释一下，我为什么要提到道德理论必须是内部一致的，即标准（2）。规则后果主义经常被指控没能达到这一标准。因此我想要提醒人们注意这一点，道德理论最好不要犯内部不一致（并因此而不融贯）之错。

我在适当的时候将解释，规则后果主义为什么是内部一致的。正如规 9
则后果主义并不是唯一一种产生于有吸引力的一般道德观念的理论，它也不是唯一一种内部一致的道德理论。因此，更**进一步**的标准对评价道德理论而言非常重要。我稍后会解释，我为什么认为规则后果主义非常好地满足了标准（3）、标准（4）和标准（5）。但我首先需要将它们作为标准来辩护。

1.3　道德理论与我们经过深思熟虑的确信之间的融贯

标准（3）寻求这样一种道德理论，其蕴含与我们共有且充满信心的道德确信相融贯，包括我们对一般道德原则的确信。用约翰·罗尔斯的话说就是：

> 这个检验是……经过适当的考察后，一旦作出似乎令人信服的调整和修正，这个观点总体上在所有一般性层面上，如何与我们经过深思熟虑的更坚定的确信相融合，并明确地表达这种确信。就我们目前所能确定的，某个符合这个标准的学说对我们来说就是最合乎情理的学说。(Rawls，1980：534)①

---

①　到目前为止，罗尔斯是这种方法最具影响力的现代倡导者［参见罗尔斯(Rawls，1951；1971：19－21，46－51；1974/5：sect. 2；1980：584；另见亚里士多德《尼各马可伦理学》（*Nicomachean Ethics*，bk. 8)］。罗尔斯也是20世纪最有影响力的两三个非后果主义者之一。因此，也许这种方法与非后果主义者的联系比与后果主义者的关联更密切，但是许多后果主义者已经认可了这一方法，最著名的是西季威克（Sidgwick：1907）。至于最近的后果主义者的支持，参见以下文献：Kagan，1989：11－5；Brink，1989：103－4，250－2；Hurka，1993：4－5。

沿袭罗尔斯的方法，我曾经认为，我们的理论和经过深思熟虑的确信之间可能永远达不到完美的反思平衡。我如今认为，这种想法据以为前提的关于“如何算是道德理论”的观念过于狭隘。

道德理论通常力图明确指出直觉上可行的普遍原则与一般原则，“我们普遍性程度没那么高的确信”的真值可以从这些原则中派生出来。我们必须选择由这样一些原则组成的理论吗？如果没有一套与我们经过深思熟虑的确信相融贯的普遍且一般的原则，情况又会怎么样呢？

让我们在足够宽泛的意义上使用“道德理论”这个术语，这样我们就可以指称**特殊主义**的（particularist）“理论”，即存在提供真信息的特殊
10 道德命题，但不存在提供真信息的一般道德命题。① 特殊主义者可以认为，经过仔细考虑后我们持有的唯一确信将是对特殊情形的确信。那些确实这么认为的特殊主义者也可能认为，从其理论认可所有这些确信的意义看，他们的理论与所有这些确信是融贯的。

我意识到，要是将“X 与 Y 相融贯”仅当作“X 认可 Y”，其意远小于大多数作家用“融贯”所表达之意。② 与许多这样的作家不同，我没有用融贯去要求融贯理论中的每一个命题都能得到理论其余部分的解释，甚至为其所蕴含。因为对我来说，这样做似乎是深度谴责多元主义道德理论是不融贯的。诚然，大多数多元主义理论肯定是不恰当的。（因为它们彼此冲突，其中最多只有一个可能是正确的。）但是，多元主义理论的问题并不在于它们是不融贯的，至少当“不融贯”这个词以日常语言方式使用时。③

---

① 特殊主义（particularism）认为，存在不提供真信息的普遍原则，比如行为的道德不当性绝不会被视为道德上赞成从事这些行为。

② 关于融贯的一些论述，参见以下文献：Bradley，1914：202－3；Blanshard，1939：ii. 265－6；Sellars，1973；Lehrer，1974；Dancy，1985：ch. 8；Sayre-McCord，1986，1996。

③ 与我不同的是，塞尔-麦科德将“理论的原则必须要么是证成的，要么是为理论的其他原则所证明”作为融贯的一个必要条件（Sayre-McCord，1986：171）。他认为，融贯“要求理论在第一原则层面上是有效的一元论的”（Sayre-McCord，172）。然而，和我一样，他（在那篇文章的其余部分）抨击了“我们的道德理论必须具有这些特征”这种观念。

因此我们可以说，如果一种道德理论明确指出了蕴含我们经过深思熟虑的道德确信为真的一般原则，或者至少它无须诉诸一般原则就能认可这些确信，那这种道德理论就与这些确信相“融贯”。同样，我们可以非常宽泛地使用“反思平衡”这个词，以使某种理论与我们的确信处于反思平衡状态，即使该理论不过是认可我们的确信。

鉴于对“道德理论”“融贯”和“反思平衡”的这些宽泛解读，我们**必定**能够在我们的理论和经过深思熟虑的确信之间达到完美的融贯或反思平衡。通过一长串原则清单可以做到这一点，这些原则放在一起可以支持所有的而且仅仅是我们最有信心的道德判断。如果特殊主义者是正确的，我们无法找到这样的原则，那么，在此限定下，即便是特殊主义者的完全无原则理论，也可以看成是与我们经过深思熟虑的确信处于反思平衡
状态。[①] 因此，问题不在于是否有理论与我们的确信相融贯，而是哪一种 11
理论与我们的确信最融贯。

虽然很常见，但试图找到一种与我们经过深思熟虑的确信相融贯的理论这种做法可能看上去太过保守。这种方法始于我们的道德确信。该方法允许，事实上是推定，如果要使我们的确信彼此一致，并与我们能找到的最佳原则一致，那它们可能需要做一些修正。然而，这种方法很可能会保留我们道德感知（sensibility）中系统的或核心的缺陷。因此理查德·布兰特抱怨道：

> 我们的道德信念起源的各种事实，不利于我们在伦理学中仅仅诉诸直觉。我们的规范信念受到培育我们的特定文化传统的强烈影响，如果我们曾处于有不同的父母、老师或同龄人的学习情境中，那我们的规范信念就会有所不同……我们应该做的是，以某种方式走出自己的传统，从外面看待并评价它，把可能曾经有益的道德传统的残留部分与其目前可证成的部分区分开来。直觉的方法［对照我们的确信来检验理论的方法］原则上禁止我们这样做。这仅仅是一个对融贯性的

---

① 然而，只有当我们经过深思熟虑确信的内容从不以一般原则的形式出现时，特殊主义与我们经过深思熟虑的确信才处于反思平衡状态。

内部测试，可能不过是对道德偏见的重新安排。(Brandt，1979：2)①

这种批评相当有力，但对于这一批评也有一些强有力的回应。

首先要注意，我们不能从一个**完全非评价性的视角**来评价我们的评价性信念或任何其他东西。如果我们采取的视角去除了所有评价性确信，那我们就没有任何评价的根据了（Williams，1985：110；Gaut，1993：33，34；R. Dworkin，1996）。

但是为何不干脆抛弃所有的道德评价而信奉道德怀疑主义呢？道德怀疑主义并没有试图很好地理解我们的道德确信，而是声称它们都是错误的，或至少我们没有足够的正当理由来支持它们。但道德怀疑主义占据的是一个脆弱的立场。因为如果我们**能够**很好地理解我们的道德确信，也就是说，如果我们能表明它们彼此是多么相配，与我们相信的其他事物是多
12 么协调，那么道德怀疑主义就是无法证成的（Sayre-McCord，1996：179）。

道德怀疑主义的另一个困难是，有些道德主张似乎具有难以抗拒的说服力。事实上，我们可能会奇怪，任何一个**真正**理解它们的人怎么可能真诚地否认它们？

想象一下这样一个案例：两个人经过一些谈判，在充分知情的情况下自由地同意接受一份无道德瑕疵的契约，契约条款对双方都有利。与许多契约一样，这一契约要求其中一方现在有益于另一方，以便日后从另一方得到回报。假设一方以相当大的个人代价履行了自己一方的契约。现在，另一方已经得到他想从契约中得到的东西，却拒绝履行自己这一方的契约。为了达到自己的目的，他直接欺骗了另一方。一个人只有在道德上是盲目的，才看不出这是不当的。

还有许多其他例子。假设无聊的士兵通过折磨囚犯来取乐，这显然是邪恶的。

这些对道德怀疑主义的简短评论，援引了我们很难**真诚地**拒绝自己最有信心的道德判断。当我们转向评价道德理论时，这个困难也应该很

① 另见以下文献：Hare，1975；Brandt，1996：chs. 5 and 6。但布兰特早先很有影响力地支持过他在此所抨击的方法（Brandt，1967：sect. 2）。

突出。

对于互竞道德理论的评价，应该根据它们与我们最有信心的确信相融贯的能力来进行，这些确信是我们经过适当反思后所持有的。就“从我们几乎或完全没有信心的评价性信念的视角来看，某个道德观点看上去是怎样的”与“该道德观点是否与我们经过适当反思而持有的最有信心的信念相一致”这两者对我们的重要性而言，前者远不如后者。正如弗兰克·杰克逊所写，“我们必须从当前民间道德中的某个地方开始，否则就会始于某个**非直觉**（unintuitive）之处，而这几乎不可能是一个好起点”（Jackson，1998：135）。

我们如果要始于某处（与非直觉相对的）直觉，就不得不始于那些**有独立可信度的**信念，我所谓有独立可信度的信念，是指那些甚至在考虑“它们与我们的其他信念有多契合”之前就看上去正确的信念。W. D. 罗斯（W. D. Ross）聚焦于他所谓的自明命题（self-evident proposition）。自明命题是“显而易见的，不需要任何证明或其自身之外的证据”①。用 13 罗斯的术语来说，自明命题必定为真，这是“自明”定义的一部分，尽管对于哪些命题具有自明性，我们可能会判断失误（Audi，1996：107－8，131）。我认为，清晰性的达成是通过讨论，而不是根据独立可信度。和自明命题一样，独立可信的命题是“显而易见的，不需要任何证明或其自身之外的证据”。和自明命题不同的是，独立可信的命题有可能被证明是错误的（Timmons，1999：232）。

不管某个信念与我们的其他信念有多么（或是否）契合，它在我们看来似乎是正确的，但乍一看，这个信念可能并不令人信服（Ross，1930：29；Audi，1996：112－3）。我们在开始认为某个信念独立可信之前，可

① Ross，1930：29. 另见以下文献：Plato，*Republic*；Aristotle，*Nicomachean Ethics*，bk. 1，chs. 3－4；Butler，1726；Clarke，1728；Price，1787；Reid，1788；Sidgwick，1907：338－42，379－83；Moore，1903：chs. 1 and 6；Prichard，1912；Carritt，1930，1947；Broad，1930；Ewing，1947；Nagel，1986：ch. 8，1997：ch. 6；McNaughton，1988；Thomson，1990：12－20；Dancy，1993；Ebertz，1993；Audi，1996：106－14；R. Dworkin，1996；Griffin，1996：13，52，125；Crisp，2000a：116－9；Timmons，1999：ch. 5。

能得非常认真地思考。而且，独立可信的信念不必是肯定的（certain），或是超越一切挑战或修正的（Ewing，1947：ch.8，1951：58－63；Audi，1996：107－8，131；Scanlon，1998：70）。

当然，道德信念可以从它们与其他道德信念的关系中获得支持。例如，如果两个不同的道德信念每一个都是非推理可信的（non-inferentially credible），并且一个信念**解释**另一个信念，那就会增加这两个信念的可信度。① 又如，最初可信的一个信念是，如果每个人都觉得能自由地以某种方式行为，其后果很糟糕，那么以这种方式行为就是不当的。另一个信念是，成为别人牺牲（贡献或克制）的“搭便车者”（free rider）是不当的。第一个信念似乎解释了第二个信念，而这又进一步增加了这些信念中每一个信念的可信度。

简言之，我们寻求一套融贯的道德信念，并愿意做出许多修正以达成融贯。但我们应该从本身就有吸引力的道德信念开始，也就是说，独立于它们与我们其他道德信念的相配度。②

虽然融贯是个好事情，并且可以为信念提供某些证成，但融贯是否有其局限呢？例如，我们考虑一下乔纳森·丹西下述这段话：

> 14 我们可以尝试……区分出信念可能具备的两类保证，即事先的和事后的。事先保证（antecedent security）是信念自带的保证，它先于对它与其他信念契合度如何的考虑或对这套（信念）之融贯性的考虑。我们可以坚持认为，感觉信念在作为初定（prima facie）可靠的或得到证成的信念时具有一定程度的事先保证；还会有程度更高直至绝对无误的事先保证。事后保证（subsequent security）是某个信念因其有助于这套信念的融贯而获得的保证。按照融贯性论说，所有得到证成的信念都有一定程度的事后保证。（Dancy，1985：122）

但是这种融贯理论是否正确，即某个信念得以证成的**必要**条件是它有

① 克里斯普（Crisp，2000a：120）在这一点上很出色；我的文本中用的不是他的例子。另见布林克（Brink，1989）著作的第 5 章，特别是第 103 页。

② Sencerz，1986；Holmgren，1987；DePaul，1987，1993；Ebertz，1993；Audi，1996.

助于行为者整套信念的融贯吗？显然不正确，因为信念似乎可以一直是可证成的，即使它与我们的其他信念极度冲突。同样，融贯似乎并不是完全证成的**充分**条件。① 无论如何，融贯肯定不是“为真”的一个充分条件（Sayre-McCord，1996：171，177－8）。

伦理学中的非认知主义者（noncognitivist）认为，道德确信并不真的是信念，而是情感或承诺。② 其他一些哲学家［如麦凯（Mackie，1977：ch. 1)］则承认道德确信是信念，却认为这些信念从来都不是真正为真的。然而，无论对形而上学、认识论和道德语言有何看法，大多数当代道德哲学家都在规范伦理学中运用相同的反思平衡法。③ 就非认知主义者而言，研究是为了在居于一般性的各种不同层次上的诸道德态度之间达到反思平衡。这些态度中至少有一些是基于非推理的根据而持有的。非认知主义 15
伦理学家给这些基于非推理根据的态度赋予权重，但接着要探寻一套融贯的态度，于是他们看起来非常像认知主义伦理学家。④

在本书中，对于道德观点是否可能真正为真，以及对于道德属性的本

① 参见以下文献：Griffifin，1996：8－12；Blackburn，1996：95－6；Scanlon，1998：70－1，382 n. 61；Crisp，2000a：19－20。至于其他方向的论证，参见以下文献：Brink，1989：ch. 5；Sayre-McCord，1996。

② Ayer，1936：ch. 6；Stevenson，1944；Hare，1952，1963，1981；Smart，1973：4－5；Blackburn，1984：ch. 6，1993，1998；Gibbard，1990.

③ 这一点由威廉姆斯（Williams，1985：94)、纳尔逊（Nelson，1991：116－117）与格里芬（Griffin，1996：3，9）指出。另见佩蒂特（Pettit，1997：103－12)。

④ 我承认，一些非认知主义者，如艾耶尔（Ayer，1936：ch. 6)、斯马特（Smart，1973：4－9)、麦凯（Mackie，1977：ch. 1）和彼得·辛格（P. Singer，1993）有时候以这种方法为乐，即他们运用自己的理论来避免诉诸当代道德观点。当然，其他一些哲学家宣称，非认知主义观点对我们的一般道德推理的威胁，比一些非认知主义者承认的要大得多［这一论点可以在斯特金（Sturgeon，1986)、德沃金（R. Dworkin，1996）以及内格尔（Nagel，1997：ch. 6）的著作中找到］。因此，或许我应该说，**如果**非认知主义像布莱克伯恩（Blackburn，1998：74，307）和吉伯德（Gibbard，1990）所声称的那样不具有威胁，那么非认知主义构建反思平衡法的方式在实践中就没什么意义了。

体论地位，我将保持中立。① 因此，我通常避免提及**道德信念**和**直觉**，而代之以更具中立性的术语“**确信**”。即使在提到道德信念和直觉时，其意也是元伦理中立的方式，但我并不打算在形而上学、认识论和语言哲学方面进行任何乞题。这种元伦理的中立之所以可能，是因为无论绝大多数道德哲学家是否承认道德确信有可能是真正为真的信念，他们在规范伦理中都分享同样的方法——寻求反思平衡。

这一领域常常在“狭义的”反思平衡与“广义的”的反思平衡之间做出区分（Rawls，1971：49，1974/5：7－8；Daniels，1979，1980，1985）。当找到一套可以简练地（economically）将经过深思熟虑的道德确信系统化的原则时，我们就得到了狭义的反思平衡。广义的反思平衡是狭义的反思平衡**加上**与“背景条件”的一致性。这些背景条件是由人格同一性（personal identity）、人类繁荣、合理性及诸如此类的理论构成的。道德理论要达到广义的反思平衡，需要狭义的反思平衡加上与人格同一性、人类繁荣、合理性等最佳理论的一致性。②

16 我已经为寻求狭义的反思平衡做了辩护。但许多道德哲学家说，狭义的反思平衡远远不够。③ 他们认为我们应该寻求广义的反思平衡。

当然，规则后果主义应该与我们相信的（或应该相信的）其他事情相一致，包括背景条件。它的确与之一致，而其主要竞争对手也是如此。④因此，当我们试图确定哪种主要道德理论的最佳版本是最佳理论时，考虑这些背景条件将无济于事。

---

① 斯坎伦评论了“信念”（即认知主义的信念）与“特殊态度”（即非认知主义的特殊态度）对行动理由判断的解释之间的争辩。他写道：“［对］于大多数目的，包括我这本书中的目的而言，只要有针对相关类型态度的正确性标准，两者之间的选择结果就没有什么区别。”（Scanlon，1998：59）

② 关于道德理论与人格同一性理论之间的关系，参见以下文献：Rawls，1971：185－9，1974/5：15－20；Parfit，1984：331－9。关于道德理论与合理性理论之间的关系，参见以下文献：Scheffler，1982：ch. 4，1985；Gauthier，1986：1；Griffin，1986：141－3，146－7，153－5，173－5。

③ 戴尔·米勒（Miller，2000）极力对我提出了这一反驳。

④ 我在自己的作品（Hooker，2000c：sect. 5）中充分讨论了这一点。

1.4　我们共有的道德信念

反思平衡始于我们有信心达成一致的道德信念。这些信念是什么呢？

我们大多数人都有信心就此达成一致：道德可以要求我们帮助他人，即使我们与他们没有特殊关系。假设你无须付出任何代价，就可以将成千上万无辜之人从悲惨的命运中拯救出来。或许，为了警告他们危险正在迫近，你所要做的就是按下附近的一个按钮。如果你不警告他们，他们就会受苦并死去。如果你真的警告了他们，他们就会避开即将到来的危险。显然，如果**无须**你自己或他人付出代价，你就能拯救许多无辜的人，道德就要求你去救他们。[①]

道德并不止步于此。帮助贫困者可能是道德上要求的，即使这样做的确涉及自我牺牲。非贫困之人应该准备做出一些自我牺牲，以帮助那些贫困之人。然而，道德并没有要求你为了那些与你没有特殊关系的他者**不断**做出**巨大的**自我牺牲。如此大的利他行为令人钦佩，甚至是圣徒般的。但是我们大多数人都认为，不做圣徒是道德上可允许的。

我们大多数人还认为，我们应该对某些人做出比其他人更多的利他行 17
为。在其他条件大致相等的情况下，你自身资源的分配应该更有利于你自己的父母、孩子、朋友，或者那些你对其应有感激之情之人，而不是那些与你没有任何特殊关系之人。如果你可以将一颗止痛药给自己的孩子，或者给一个遭受同等甚至多一点痛苦的陌生人，你应该把它给你的孩子。

有时候其他条件甚至并非大致相等。你可能已经承诺将这颗止痛药给那个陌生人；或者你的父母或孩子可能已向你发难；或者你可能在做决定时正担任一个要求绝对不偏不倚的职业角色。

例如，一名决定把剩下的药品给谁的护士，在道德上或法律上都不允许她给自己的朋友或家人以特殊考虑。这也适用于在法庭上做判决的法官，在当值时做决定的女警察，以及批予政府契约的公务员。这种基于角

---

① 我碰到过否认这一主张的情况，但我无法相信这种否认是经过认真思考的结果。

色的、要忽视个人关系的义务源自这样一个事实：担任该角色的行为者正在分配并不属于该行为人的资源（如金钱、服务等）。①

然而，我们大多数人都相信，如果是**你自己的**资源并且不存在特殊情况，那么你在推理该如何分配资源时**应该**更重视那些与你有特殊关系之人的福利。

我们还对某些行为的道德不允许性共同拥有充满信心的信念。道德禁止在身体上攻击无辜的人或损害他们的财产，也禁止夺取他人财产、撒谎、违背诺言等等。

诚然，可能有例外情形，通常禁止的行为在这种情形中变成可允许的。例如，在得到人们的知情同意后，以通常被禁止的方式对待他们。在某些竞技运动中，各方都同意被对手身体攻击，但仅限在某些规则之内。这种身体攻击是道德上允许的，因为选手同意玩一种其规则允许某类身体攻击的游戏。同样，据推测，医生被允许在人的身体上动手术，仅仅是因为他们现在处于一个尽可能好的位置，知道怎样才能最好地促进一个人的
18 健康，而且只有在他们得到这个人的同意时才能进行手术。

此外，为了保护无辜的第三方，在必要时以通常不允许的方式对待人是有可能得到证成的。如果有人在未经无辜者知情同意的情况下，试图杀死或伤害那个人，那么使用武力来挫败攻击者（或者阻止攻击者逃跑，以便能够再次攻击）就是可证成的。正当防卫（self-defence）时使用暴力当然也能够得到证成。保护无辜者通常是军队和警察使用暴力的证成理由。

同样，我们发现了关于如下承诺的常识性道德观点，这种承诺内置于对无辜者的保护中。如果［某人］承诺要侵犯他人的道德权利，那这种承诺就施加不了道德压力（Sidgwick，1907：305，308；Thomson，1990：313－6；McNaughton & Rawling，2000）。如果承诺是靠欺诈或威胁侵犯

① 这一点我借鉴于科廷厄姆（Cottingham，1998：11）。

某人的（如承诺人的）权利而得到的，那这种承诺就施加不了道德压力。① 此外，当被承诺人不再需要对方守诺时，他就可以解除承诺人的承诺。但承诺的确具有道德力量，只要满足以下条件：承诺人不是受骗做出了承诺；承诺不是通过威胁侵犯某人的道德权利而迫使其做出的；承诺不是那种侵犯他人道德权利的承诺。如果承诺的力量胜过了竞争的考虑，那它就是一个更深层次的问题了。

更一般地说，我们必须承认，关于“哪类行为是道德上禁止或要求的”是有争议的，并且道德规范中需要哪些例外条款也有争议。但承认这
些不应该让我们看不到这样一个事实，即人们普遍同意某些种类的行为在 19
道德上是被禁止的，至少正常情况下如此。

1.5 为何要寻求一个统一的论述？

我曾经提到过一些信念，即我们在道德上需要**为**他人做什么，以及道德禁止我们**对**他人做什么。正如我所指出的，这些是我们大多数人都有信心并一致同意的道德信念。但是，除了这些信念本身可提供的支持自己的直接权威之外，对于还有什么（如果有的话）将这些信念联系在一起，我们缺乏信心和一致意见。这并不是一种理想情况。所以，用弗兰克·杰克逊的话来说：

> 尽管……我们应该寻求最好的方法，构建一种来自民间道德的融

① 参见以下文献：Sidgwick，1907：305－6；Fried，1981，ch.7；Thomson，1990：311；Scanlon，1998：326。一个更普遍的观点是，“出于被迫或由于无知”而做出的行为是非自愿的（Aristotle，*Nicomachean Ethics*，1109b 35－1110a 1），承诺除非是自愿的，否则它就没有道德力量。但是，正如托马森（Thomson）正确地强调的那样，只有在你误导我或对我隐瞒信息的情况下，我向你作出承诺时的无知才会削弱承诺的道德力量。至于为了应对侵犯承诺者或其他人的道德权利的威胁而作出的承诺，斯坎伦（Scanlon，1998：325）提供了一个有趣的解释。他解释了为什么即使遵守被敲诈出来的承诺并不是承诺人应给予被承诺人的，不遵守该承诺也会使承诺人蒙羞。或许值得补充的是，即使你是在没有受骗或被欺凌的情况下与某人签订了成为某人的奴隶的合约，该合约也不具有约束力，因为履行它会侵犯你不成为奴隶的不可剥夺的权利。

> 贯理论，尽可能地尊重那些我们觉得最有吸引力的部分，形成成熟的民间道德，但如果我们尝试从关系网的一个部分或另一个部分开始推导出整个叙事，那么我们对成熟的民间道德的探寻将进行得最顺利，从这个意义上看，该部分是根本的。伦理理论史充满了这样一些尝试，即从我们最初觉得有吸引力的大量道德观点中，识别出相对少量的根本见解，从这些见解中，可以导出……我们在批判性反思下发现的（或将要发现或愿意发现的）最可靠的理论。（Jackson，1998：134）

然而，许多严肃的哲学家认为，道德的确仅仅是由相当多的原则和价值组成的，即使在最根本的层面上也是如此。① 考虑一下这一理论，它认为，道德的基本的、根本的原则反映在我在前一节所列出的确信中。例如，该理论声称，我们有义务不对他人进行人身伤害，除非有必要保护无辜的人免受人身伤害。它也声称，我们有义务不拿走或损害他人财产，有
20 义务不撒谎或违背诺言。它还声称，在我们决定如何分配自己的资源时，我们有义务对那些与我们有特殊关系之人的利益予以特别重视。它甚至声称，我们有义务更广泛地帮助他人（直到某种程度的自我牺牲）。该理论可能会增加一些义务，以感谢那些竭尽全力造福于我们的人，并补偿那些被我们不公正地对待过的人。②

没有人会否认，在这些义务中，一些义务**通常**比其他义务更强。然而，这类道德多元主义的支持者之间就“这些义务是否总是绝对压倒性的”有一场争论。稍后我将评论这场争论。我在这里想要表明的重点是，

① Broad，1930：283 - 4；Ross，1930：ch. 2；Carritt，1947：12；Berlin，1969：esp. Introduction and Essay 3；Davidson，1969：105 - 6；Urmson，1975；Feinberg，1978；Nagel，1979；Hampshire，1992；Williams，1979，1985：93 - 119，185 - 7，1988；Rachels，1993：114 - 6，120 - 38，180 - 93；Gaut，1993，1999，2001；Frazier，1995；McNaughton，1996；Stratton-Lake，1997；Montague，2000；Thomas，2000. 关于这种多元主义的有影响的讨论，参见罗尔斯（Rawls，1971：sect. 7）。

② 这样的添加，加上促进正义的义务和自我完善的义务，会使这份清单非常像罗斯的（Ross，1930：21）。

无论公布一长串道德首要原则的哲学家之间有怎样的内部争论，他们都会说，我们没有理由假设必定有一个衍生出我们的一般义务的首要原则。

我同意，我们不应该这样假设。正如罗斯所写的那样，“忠于一些事实（对我们最有信心的道德信念），比对称的架构或匆忙达成的简化更有价值”（Ross，1930：23）。我们有信心的道德确信当然不能向我们保证存在单一的首要原则，相反，上面描述的那种道德多元主义很可能被证明是最好的道德理论。

但是，正如我们不必假设有许多首要原则的理论**不是**最好的理论那样，我们也不必假定它**是**最好的理论。其他一些理论可能在与我们的直觉相符上做得同样好，但在寻找某个更基本的原则方面却走得更远，这个更基本的原则把我们的各种一般道德义务联系在一起，并根据某种更简单的东西来解释这些义务。罗斯（Ross，1930：23）承认，可以想象，具有一个基本原则的理论比他的理论要更好。同样，卡里特写道：

> 事实上，这一直是道德哲学家的主要目标之一：发现我们应该做的所有行为的其他共同特征或关系，这就是为何我们应该做这些事情。可想而知，可能会存在这样一些共同根据（common ground）。（Carritt，1947：11）①

和罗斯一样，卡里特认为，其实并不存在这种共同根据。但这里重要 21
的一点是，承认一个更深层次的原则或共同根据将是值得欲求的，或者至少往往是人们渴望的。约瑟夫指出，如果没有理论能提供一个可靠的更深层次的原则，那么“我们的义务将是一堆不相干的东西”（Joseph，1931：67）。而关于这一点，约瑟夫留意到，“这个结论让哲学感到不安，哲学试图将事实的多样性置于某个原则的统一性之下”。同样，拉菲尔写道，上面概述的那种道德多元主义——

> 没有满足哲学理论的需求，哲学理论应该努力表明各种关系并将事物维系在一个融贯的体系之中。当然，在不存在统一的地方寻求统

---

① 另见以下文献：McNaughton，1996：440；Audi，1996：117－8；Pettit，1997：115－7。

一是愚蠢的。如果道德规则的多样性难以处理，那么继续寻找某种将它们系在一起的方法将毫无意义。但是，日常生活中的道德规则彼此之间并非明显各不相同。(Raphael，1994：55)①

假设我们找到一个具有一个首要原则的理论，这个原则解释了道德多元主义清单上的所有一般义务。这样一种理论将拥有道德多元主义理论所拥有的一切——**外加一些额外的东西**。两者的对比如表 1.2 所示。

表 1.2

道德多元主义	其他某种理论
对特殊情形的蕴含	对特殊情形的蕴含
一般义务（例如）	一般义务（例如）
不伤害	不伤害
值得信任	值得信任
行善	行善
忠诚	忠诚
感恩和补偿	感恩和补偿
上面所列的一般义务**不存在更深层的原则**	上面所列的一般义务**存在更深层的原则**

额外的东西，即更深层的原则将是一个有趣的发现。如果道德多元主义和有更深层原则的理论在其他方面都相等，那么有更深层原则的理论就包含了道德多元主义所没有的信息。通过找到一个从中可以导出我们所有一般义务的更深层的原则，这个理论将包含一种被道德多元主义遗漏的深层的连通性。有更深层原则的理论能够依据更少的假设解释更多的事情。在这些意义上，有更深层原则的理论**信息更丰富并且是完整的**。

如果有的话，那么是什么将我们的各种一般道德原则联系在一起并对这些原则加以解释呢？促使我们问这个问题的部分原因是本能的好奇心。换句话说，我们中许多人都想知道，如果有的话，是什么可以解释这些道

---

① 比较一下布林克的这些话："融贯主义（coherentism）使证成成为一个信念之间的关系问题。在其他方面相等的情况下，信念之间的相互关系和相互支持越多，就越能更好地证成这些信念。因此，融贯主义更偏爱统一的道德理论，而不是不统一的或碎片式的道德理论。"（Brink，1989：250－2）另见霍姆格伦（Holmgren，1989：55），还有特别要参见西季威克（Sidgwick，1907：101－2）。

德原则并将其联系在一起，即使这些知识对我们的实践没有影响。[①] 有些 22
种类的知识本身就是有价值的。所以，在其他方面至少大致相等的情况下，一个详细说明我们的各种一般原则的基本原理的理论比一个没有详细说明基本原理的理论要好。这是我在 1.2 节开头的标准（4）中所表达的部分思想。

找出是什么将我们的一般道德原则联系在一起并对这些原则加以解释即使对我们的实践没有重要影响，也会让我们在智识上得到满足，但想来它对我们的实践会产生一些重要影响。特别是，一个解释这些原则的论说可以有助于我们处理现在不确定或有分歧的道德问题（例如，安乐死、胚胎研究、代孕、商业伦理、死刑）。这样一种论说不仅有**可能**帮助我们解决悬而未决的道德问题，而且**应该**这么做（至少有时候应该）。因为我们求助于道德理论不仅仅是为了扩展我们的理解，还是为了指导我们的实践（Scheffler，1992：47，51），一个无助于解决悬而未决的道德问题的道德理论会让我们失望。

为什么不只是耸耸肩而放弃那些悬而未决的道德问题呢？考虑到一些道德问题带给我们的挫折，这个问题是可以理解的。但放弃悬而未决的道德问题也不是长久之计。许多悬而未决的道德问题不会让我们对它们置之不理。而且我们不能用非理性的方式令人满意地解决它们。考虑问题的症
结，如果我们放弃寻找一种有用的道德理论，该理论几乎包含与我们经过 23
认真反思后的道德确信相一致的体系，那将是错误的。[②]

1.6 为什么要寻求一种根本上不偏不倚的理论?

即使我们要为自己的道德确信寻求一种更深层次的证成（统一解释），为何要寻求一个不偏不倚的证成呢？要回答这个问题，我们首先必须了解

① 埃里克·拉科夫斯基（Rakowski，1991：369）生动地说明了这一点。

② 另外引用德里克·帕菲特在其著作结语中的话：“非宗教伦理学正处于非常早的阶段……因为我们无法知道伦理学会如何发展，所以抱有很高的期望并不是不理性的。”（Parfit，1984：454）

不偏不倚是什么。

规则应用中的不偏不倚

有一种最小意义上的不偏不倚，根据这种意义上的不偏不倚，仅要求人们不偏不倚即以一种无偏见的方式应用各种考虑因素。伯纳德·戈特对“不偏不倚”的定义如下：“当且仅当A在R方面的行为不受G群成员从这些行为中受益或受损的影响时，A在R方面对G群是不偏不倚的。”（Gert，1998：132）。这里的“在R方面对G群”通常是作为“在对G群适用某些规则方面”来兑现的。因此，虽然比起其他选手，裁判可能更喜欢或更钦佩某些选手，但在他们比赛的时候，他仍然会不偏不倚地应用规则。**在这方面**裁判对选手是**不偏不倚的**，尽管他并非**在所有方面**对他们**都不偏不倚**。

戈特（Gert，1998：133）接着声称，不偏不倚一般并不要求一致性。按照他的说法，如果裁判选择每隔5分钟就有规律地改变一下棒球比赛规则以娱乐自己，由于裁判做出这些改变并不是为了有利于或不利于一些选手而非其他选手，因此这并不是一种不偏不倚的失败。戈特（Gert，1998：135）接着表示，道德所需要的那种特定类型的不偏不倚要求前后一致。但我不明白，这种不偏不倚如何可能只要求在适用规则时缺乏偏
24 见，而不要求在适用规则时前后一致。显然，不偏不倚地应用规则就是要（至少是打算）遵守规则。如果你没有做到前后一致地遵守它们，你就没有完全遵守它们。

比较一下H. L. A. 哈特对正义在法律中适用的精湛讨论：

> ［这种］个体之间相关的相似之处和差异之处是由法律本身决定的，执法人员必须予以注意……事实上，可以说，公正地将一条法律适用于不同案件，不过是认真对待这一断言，即要适用的是同一条一般规则，而不带偏见、没有利益**或反复无常**。（Hart，1961：156－7）

当然，拒绝“由相关道德差异或理由来指导”最常见的原因是对受影响的一些当事方的偏见。但是，正如戈特和哈特所指出的那样，它不是拒绝的唯一原因。因一个人对一些潜在受益人存在偏见而拒绝由相关道德差

异来指导是一回事，而因反复无常而拒绝由相关道德差异来指导又是另一回事。两者在道德上都是无法证成的。不偏不倚地适用规则就是，将它们以一种一致的、无偏见的方式适用于每一个落入规则规定类别的人。①

在作用域内不偏不倚

除了规则或理由的不偏不倚地适用之外，还有一种相关思想，即道德理由和规则在它们的作用域（scope）内是不偏不倚的。

沃诺克写道：

> ［它］是道德……这个概念的一部分，即没有任何人被简单地排除在道德考虑之外，而且……如果他被认为与其他某些人不同，所认为的不同必须得到一些道德上相关的差异根据的证成。（Warnock，1971：149）

但是，这一言论可能会立即引发对“道德理由在其作用域内是不偏不倚的”观念的一种反驳，即道德理由只适用于那些在相关类似境况下的人。因此，帮助穷人的道德理由**只**适用于那些能够帮助穷人的人，而要特 25
别重视自己朋友福利的理由**只**适用于那些有朋友的人。

然而，“道德理由和规则在作用域内是普遍的”这个思想与这样一种思想是相容的，即相同的道德理由只适用于那些处于相关类似境况下的人——只要“相关类似境况”的界定与特定的人、地点或时间无关。简言之，道德理由必须适用于所有具有完全相同的普遍特征（属性）的情况。②例如可以提出这一主张，如果有人能够以较小或中等的代价帮助穷人，那么他就有这么做的道德理由，这适用于**每一个人**。同样，如果某人有一些

---

① 关于道德任意性的不公平，参见以下文献：Rawls，1971：5；Scanlon，1998：212，216，219。

② “道德原则和理由必须普遍地适用”现在被称为普遍性原则。有关讨论，参见以下文献：Hare，1952：ch.11，1963：chs.2，3，6，7，1981：chs.1，2，4－6，1996：192－4；Mackie，1977：ch.4，1985a；Pettit，1987，1997：119－21，134－6。关于防止道德原则包含精心设计的通用属性，设计这些属性目的在于挑选出特定的个人或群体，即“不正当操纵下的明确描述”，参见以下文献：Rawls，1971：131；Hare，1981：41；Scanlon，1998：210－1。

朋友的话，那么他就有道德理由去关注他朋友的福利，这适用于**每一个人**。

不偏不倚的证成

表明道德确信势必会使在相关类似境况下对每一个人无偏见、一致且普遍地适用规则与理由，还不能为各种道德确信提供不偏不倚的**证成**。规则在适用和作用域中的不偏不倚是一回事，规则的不偏不倚的证成又是另一回事。规则在适用和作用域中的不偏不倚显然是将这些规则视为已知的，而规则的不偏不倚的证成却不是从将这些规则视为已知开始的。规则的不偏不倚的证成是**对**其进行证明，而不是**据**其进行证明。

小托马斯·E. 希尔写道：

> 不偏不倚性这一论题所要说的一切不过是，如果且当一个人提出有关根本道德标准的问题，那么在这个人表达其诉求的法庭之内，没有任何特定的个人、团体或国家具有特殊的地位。在那个法庭面前，宣布“我喜欢它”“它服务于我的国家”之类的话都不是决定性的；原则必须对任何一个人来说都是可以辩护的，这个人不是从他自己的特殊依恋的视角，而是**从一个更大的、人类的视角**来看这个问题。(Hill，1987：132；see also Gerwith，1988)

26 从“更大的、人类的视角”看问题是什么意思呢？事实上，为什么要限定成“人类的”呢？还记得上面提及的西季威克的“宇宙的……观点”，这也招致了与其相同的批评。例如，戈特写道：“也有这样来谈论道德的不偏不倚的，把它当作涉及上帝之眼的观点或宇宙观或其他一些听起来很深刻但却无用且误导人的特性描述来谈论。”(Gert，1998：132；see also Williams，1982)。

尽管有这样的批评，但不偏不倚最明确的一个概念仍然是，坚持认为对一个个体的利益或损害与对其他任何个体的同样大小的利益或损害，其要紧程度完全相同。从这个意义上说，每一个人的福祉都有着同等的重要性。这是我们熟悉的效用主义的不偏不倚概念，但不是唯一的不偏不倚概念，也不是希尔自己的不偏不倚概念。

约翰·罗尔斯（Rawls，1971）将不偏不倚建模在社会契约思想之上，使得一种非效用主义的不偏不倚概念变得流行。在这里，原则只有在得到每个人非被迫同意的条件下才能得到不偏不倚的证成。为了确保没有个人或团体可以哄骗或威逼他人同意某些特殊安排，通常还会增加一些附加条件。罗尔斯出色地论证，这种不偏不倚模型最终将规定：每个人都应该拥有平等的机会和某些自由；不然的话，社会的基本结构应作调整，使处境最差群体的资源最大化，而不管那些处境较好的人要付出什么代价。

罗尔斯经常受到批评，因为他给予处境最差者这样的权利，使其利益（词典顺序上）绝对优先于处境较好者的利益。认为处境最差者应该被赋予某种优先于处境较好者的权利是一回事，认为处境最差者的微小利益比处境较好者的巨大利益在道德上更重要又是另外一回事。事实上，处境最差者即便是微小利益都比处境较好者的巨大利益在道德上更重要这种观点令人难以置信。[①] 最可靠的是这样一种观点，即处境最差者应该在我们
的思想中拥有**某种**程度的优先权。正如稍后我将解释的那样，这一观点似 27
乎能促使人们对一些情形产生某些广泛的、共有的判断。

然而，即便是“应该在**某种**程度上优先考虑处境最差者”这一观点也面临严峻的挑战。因为我们可能会担心，这种优先考虑与严格的不偏不倚是否存在冲突。如果我们给处境最差者优先权，那么从某种意义上说，我们就不是完全不偏不倚的。如果我们给处境最差者优先权，那就不会像重视处境较差者的福祉那样同等重视任何一个处境较好者的福祉了。

此外，当我们给处境最差者优先权时，很有可能是在考虑远在自己的特殊依恋之外的事情。如果给处境最差者优先权完全不受我们有任何特殊依恋的影响，那这**可能**就有资格被视为不偏不倚的。我后面将回到这个问题上。

---

① 关于平等、公平、正义或平等是否总是优先于对总福祉的考虑有许多讨论。这些讨论大多聚焦于这一问题，即这些考虑因素在直接评价行为时是否始终是压倒性的；但有些讨论反而考虑的是这一问题，即它们在评价规则时是否始终是压倒性的。参见以下文献：Broad，1916：389；Hart，1961：161；Lyons，1965：171－7；Feinberg，1978：116；Scanlon，1978：sect. 2；Scheffler，1982：31－2，74，77－8；Skorupski，1992；Hampshire，1992：140；Blackburn，1998：114。

道德视角是不偏不倚的这种观念，至少在其中一种意义上被广泛地认为是不证自明的。这毫不为奇。首先，道德视角是不偏不倚的这种观念在一定程度上证明了道德与“信仰一个不偏不倚的仁慈的上帝”之间的历史联系，一个被描述为平等地爱“他”所有孩子的上帝。其次，道德视角是不偏不倚的这种观念，证明了道德在人与人之间关系的证成中所发挥的作用。如果道德不是不偏不倚的，那它怎么可能发挥这种作用呢？假设我做了一些违背你利益的事，如果道德视角不是不偏不倚的，那我诉诸道德视角怎么可能安抚你呢？①

然而，对于道德证成必须根本上不偏不倚这一观念，存在一些强有力的反证。其中一个论证如下：将道德视角解释为不偏不倚的视角，将使道德不断地严苛。但是，我们更坚定地致力于“道德并不总是严苛的”这一观念，而不是任何与“道德并不总是严苛的”观念相冲突的道德解释。因此，我们不应该把道德解释为完全不偏不倚的。②

28 最著名的一个不偏不倚的道德理论是行为效用主义。这一理论是不偏不倚的，是因为它对任何一个人的利益或损害的计算，和对其他任何人同等大小的利益或损害的计算相比，既不会多也不会少。正如我稍后会更为充分讨论的那样，行为效用主义**要求**（其实也是行为后果主义这个更宽泛的理论的大多数版本所要求的）富有的行为者一再为那些与其没有特殊关系的贫困者做出巨大的个人牺牲。③ 但是拒绝行为效用主义并不一定要拒绝不偏不倚主义（impartialism）。也许还有其他一些不偏不倚的理论，虽然有吸引力而且可靠，却并非那么严苛。

我一直关注对不偏不倚的这一反驳，即不偏不倚主义要求你在自己和

---

① 认为道德的基本作用之一是为解决道德冲突提供一种机制的无神论者，可能认为这有助于解释为何无神论者将道德与一个不偏不倚地仁慈的上帝的观念联系起来。

② 参见以下文献：Scheffler，1992：chs. 6，7（esp. pp. 102 - 7，124，127）；Nagel，1991：15，25，30，40；and Miller，1992：ch. 10。

③ P. Singer，1972a，1993：ch. 8；cf. Kagan，1989：chs. 1 - 2，5 - 10. 还有一种对黑尔的不偏不倚的重要版本的论证参见卡森（Carson，1993：sect. Ⅱ），黑尔的版本致力于一种极为苛刻的道德。

其他每个人之间保持严格的不偏不倚。对不偏不倚的另一个反驳是不偏不倚主义要求你在所有其他人之间保持严格的不偏不倚，而不管其中一些人可能与你有什么关系。这种要求的一个明显问题是，某些非常有价值的益品，部分程度上是由对特殊他人的特殊关怀构成的。也就是说，它们部分程度上是由偏倚构成的。例如，友谊部分程度上是由朋友对彼此的特殊关怀构成的。[①] 但是，不偏不倚主义或许还是能够接受这一点，它最好能这样做。

任何一种道德理论，如果它要求你做每一个决定都基于对每一个人的平等关怀，那它将极其违反直觉。一种道德理论如果可靠，就必须为（a）你自己和（b）你的家人、朋友、恩人等等留下相当程度的偏倚空间。其实，我们可能希望找到一种理论，它一方面为我们选择道德规则提供不偏不倚的视角，另一方面选择那些允许我们对自己偏倚并且要求对那些与我们有特殊关系的人偏倚的规则。[②]

尽管存在这一事实，即道德视角在相当长一段时间内被视为等同于不 29
偏不倚的视角，但我知道并没有强有力的论证能得出道德根本上*是*不偏不倚的结论。如果一种理论有严重违反直觉的蕴含，那么即使它是不偏不倚的，也不足以让我们接受它。这一节我的主要观点是，一种理论在其道德允许和道德要求的证成上是根本不偏不倚的，并且它有着直觉上可靠的蕴含，那么这一理论似乎比一种同样有着直觉上可靠的蕴含但却缺乏这种根本不偏不倚的理论更有吸引力。在其他条件大致相同的情况下，根本不偏不倚似乎是道德理论的一个决定性的有利条件（Pettit，1997：150）。

---

① 因此斯坎伦写道：“［一个］要求人们在朋友和陌生人之间保持严格中立的原则之所以是不可接受的，不过是因为它会与友谊的态度和价值不相容。”弗莱彻写道：“忠诚是一种偏袒形式。”（Fletcher，1996：184）并且，“在忠诚领域，不平等占主导地位：外来者不能要求与那些忠诚所依恋的对象享有同等待遇”（Fletcher，1993：7）。

② 关于在评价道德规则层面保持不偏不倚与在整个日常生活中保持不偏不倚之间的区别有非常有助益的讨论，参见以下文献：Hill，1987；Baron，1991；Powers，1993；Barry，1995：chs. 8，9；Scanlon，1998：203－4，205，219，224，225，397 n. 36。

1.7 初步画面

规则后果主义是否与我们共有的对道德可允许性和道德要求的确信相一致？规则后果主义是根据不偏不倚地计算的预期价值来选择规则的。因此，该理论在规则选择层面上显然是不偏不倚的。正如我稍后将论证的那样，对规则的不偏不倚的评价会赞同以下规则：(a) 在一定限度内允许对自己偏倚，以及 (b) 在一定限度内要求对家人、朋友等偏倚。这种对自己和所爱之人的偏倚将获许指导许多人的日常抉择（当然不是全部抉择）。[①] 因此，虽然规则后果主义在选取守则这一基本层面上是完全不偏
30 不倚的，但这样选出的守则对行为所提出的要求是温和且直觉上可行的。规则后果主义从根本上看是不偏不倚的，但并非令人难以置信地苛刻。

关于**禁止**我们对他人做什么，规则后果主义也与我们的普通道德信念相一致。正如我所观察到的，我们大多数人都认为，道德禁止对无辜者进行身体攻击、拿走或损害他人财产、违背自己的承诺、说谎等等。规则后果主义认可对这类行为的禁令，因为如果不偏不倚地考虑的话，这类禁令被人们普遍接受，从整体上看，后果将会好得多（在第 6 章我提出，规则后果主义有关禁令和特殊义务的蕴含是可靠的）。

但是，正如我还建议的，与我们对特定事例和一般原则的确信相融贯还不足以带领我们一路走向规则后果主义。正如我所指出的，我们也想要（并不是说我们会找到）一个符合其他标准的道德理论。如果我们的确信

---

① 西季威克写道："边沁的名言'每个人都算作一个，无人被算作一个以上'必须仅仅被理解为：它使最终目的这一概念更为精确——规定一个人的幸福要算得与另一个人的（假设程度相等）幸福一样多——而不是直接规定借由其能最好地实现这一目的的**行为规则**。"(Sidgwick，1907：432) 哈斯利特特别清楚这一点："每个人的利益都应该被视为同等重要——也就是说，给予平等的考虑，这不是为了确定**采取什么行为**，而是为了确定**哪种道德规则是最有正当理由的**……最有正当理由的那种规则肯定不会要求我们在所有情况下、在确定采取何种行为时同等地考虑每个人的利益。在许多情况下，这种规则将允许我们优先考虑我们自己孩子的利益，而不是其他孩子的利益，并且优先考虑正派的人的利益，而不是（比如说）连环杀手的利益。"(Haslett，2000：n. 9) 另见哈斯利特的作品（Haslett，2000：ch. 6）。

与这些标准一起组成的这个整体确实支持规则后果主义，那么我们所得到的画面就陈列在图 1.1 中。

1.8　提出的反驳

尽管规则后果主义成功地为我们关于禁令和允许的既定道德信念提 31
供了不偏不倚的基础，但它还是经常被误解和摒弃。在下一章，我将更详细地解释这个理论。后面的章节将更多地谈及该理论的吸引力及其超越竞争对手的优势，还有为什么对该理论的一般性反驳是错误的。规则后果主义一直被指控过于机械、蜕化为行为后果主义、内部不一致、有可能导致灾难、无法解释“他人是否在做其应做之事”的道德重要性以及具有令人无所适从的不确定性。我将尝试对所有这些甚至更多反驳进行回应，并试着阐明规则后果主义帮助解决应用伦理中的问题的能力。

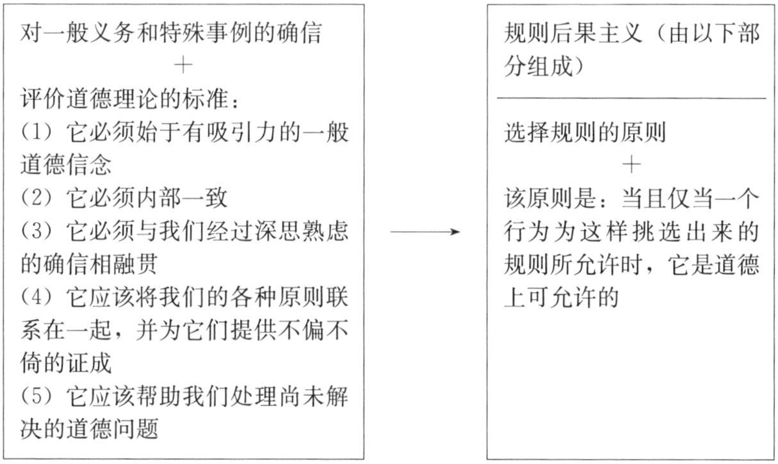

对一般义务和特殊事例的确信 + 评价道德理论的标准： (1) 它必须始于有吸引力的一般道德信念 (2) 它必须内部一致 (3) 它必须与我们经过深思熟虑的确信相融贯 (4) 它应该将我们的各种原则联系在一起，并为它们提供不偏不倚的证成 (5) 它应该帮助我们处理尚未解决的道德问题	→	规则后果主义（由以下部分组成） 选择规则的原则 + 该原则是：当且仅当一个行为为这样挑选出来的规则所允许时，它是道德上可允许的

图 1.1

第 2 章　规则要提升的是什么？

2.1　规则后果主义的图景

32　规则后果主义有许多版本。我赞同的版本如下：

规则后果主义：当且仅当一个行为为这样一套由规则组成的守则所禁止，该守则在每个地方被新一代所有人①中的绝大多数内化，在福祉方面（对处境最差者有某些优先考虑）具有最大的预期价值时，这个行为是不当的。守则的预期价值的计算包括内化该守则的所有成本。如果两种或两种以上的守则在预期价值方面优于其余守则，但它们**彼此**之间的预期价值相等，那么就由最接近传统道德（conventional morality）的那个守则来决定哪些行为是不当的。

将规则后果主义的这个版本以图表来展示更为直观，如表 2.1 所示。

表 2.1　规则后果主义

不当性要么是由（1）这一守则决定，该守则被新一代所有人中的绝大多数内化后具有最大的预期价值，要么（2）如果有两个或两个以上的守则同样都是最好的，那么就由最接近传统道德的那个守则来决定	**条件**： 要内化这些规则的人（a）是新一代所有人中的绝大多数，并且（b）是有**认知**和**情感**局限的存在物	**因而**，**规则**就是： （i）其**公开化**将有好的后果，并且（ii）其内化将有好的成本效益

① 假设新一代在基因方面没有改变。如果基因工程改变了人类的基因组成，最好的规则可能将会有所不同。

我将逐项解释这份表格。有几项我会在本章解释，其他项要到下一章 33
才触及。

2.2　规则不应该根据行为的数量来评价

在解释表格中有什么之前，让我先来提一下表格中没有什么。我感兴趣的规则后果主义版本**仅**根据这些规则的内化能带来多少总福祉（对处境最差者有某些优先考虑）来评价规则。它并不认为规则应该根据其内化能引发多少如仁慈、正义、信守承诺和忠诚这样的行为来评价，也不认为规则应该根据它能引发多少如不仁慈、不公正、违背承诺和不忠诚这样的行为来评价。该版本将福祉（对处境最差者有某些优先考虑）设定为具有内在价值的首要事物，没有为任何一种行为设定内在的道德价值或是道德负值。

请注意，我很小心地为这一想法留下了空间，即规则后果主义可能认为，某些行为本身在生活中就扮演着一种构成性角色，而这种生活对过这种生活的人来说是有价值的。① 例如，如果友谊和成就是福祉的两个组成部分，且某些行为是友谊或成就的构成部分，那么这些行为在福祉中就可以扮演一种构成性角色。也许规则后果主义需要以这种方式允许这样的行为可以拥有内在的非道德价值。

考虑一下这样一个版本的规则后果主义，它通过为不同类型的行为设定肯定和否定的内在**道德**价值而走得更远。这个版本会认为，不同类型行为的肯定和否定地位是无法解释的。不可否认，一些将某些类型行为设定为具有内在道德负值（moral disvalue）的规则后果主义版本，可以“解
释”为什么杀戮、伤害、抢劫、违背承诺等等是不当的。根据这些版本的 34
规则后果主义，上述行为之所以不当，是因为它们具有内在的道德负值。

① 一些哲学家更愿意称这种理论为目的论，而不是后果主义。后果主义被认为是这样一种目的论理论：认为行为本身没有内在价值，也就是说，除了它们的（具有因果关系的、与概念相对的）后果之外，没有任何价值。参见以下文献：Scheffler，1982：n. 1，n. 2；Brink，1989：9 - 10，215 - 6，and esp. 237；cf. Broome，1991b：ch. 1。

同样，将内在道德价值归属于某些类型行为的规则后果主义版本，也可以“解释”为什么从事这类行为是道德上正当的。根据这些规则后果主义版本，它们之所以正当，是因为它们具有内在的道德价值。

但更好的规则后果主义版本将是这样的，它们同样可以很好地解释为什么某些行为是不当的（或正当的），而**无须**将内在的道德善性或道德恶性设定为行为的属性。因为在其他事情相等的情况下，一种不把内在的道德善性或道德恶性设定为行为属性的理论所做的假设更少。而如果一种做出较少假设的理论与一种做出更多假设的理论解释的一样多，那么做出较少假设的理论就更好。

还有另一个理由不去设定行为具有内在道德价值或内在道德负值。在为道德所要求的行为中，一些核心的行为范例并不必然含有这种价值。例如，如果信守承诺具有内在的正价值，那么仅在“做出承诺”之中就会有价值，这样我们就可以信守承诺并由此增加守诺的数量。① 这种蕴含很疯狂，疯狂到会使产生它的那个假设失去可靠性。

一点也不疯狂的是这样一种思想，即某些美德除了其通常产生的后果价值之外，它本身就有价值。慷慨、诚实、忠诚等性情具有内在价值吗？它们是否必然有价值而非偶然有价值？这里有一个略微改编自罗斯（Ross，1930：134－135）的测试案例。比较一下两个想象的世界。一个世界虽然有一定量的总福祉，但人们是十分邪恶的。另一个世界中的人虽然非常有德性，但这个世界的自然资源却少得多。假设由于自然资源较少，有德者的世界仅有和另一个世界相同水平的总福祉。所以我们是在两
35 个福祉水平相同的世界之间做出选择，只不过一个是有德者的世界，而另一个是邪恶者的世界。有德者的世界显然看上去更好。这个例子似乎表明，美德不仅是工具意义上有价值的，而且也是内在有价值的。

实际上，我们这里需要谨慎一点进行。对于我们将有德者的世界排序

① 在此我引用了布兰特（Brandt，1963：n.2）和格里芬（Griffin，1992：122－5）的评论。我认为，当哈丁写道，承诺的价值“来自承诺对我们实际状况的贡献，而不是来自任何高于这种价值的先验的正当性”（Hardin，1988：63）时，他采取了几乎一样的观点。

更高还有其他可能的解释。

首先，我们可能是在设想自己正在被问及，假设自己不会在两个世界中生存，我们想要让哪个世界产生。可以理解，我们更同情有德者而非邪恶者。这使得我们“站在他们那一边”，从而倾向于将他们的世界排序更高。

其次，我们可能会对“邪恶者和有德者同样有福”这种宇宙不正义感到愤怒。因此，我们的正义感会立即促使我们站在有德者一边，而与邪恶者相对立。

最后，我们可能是在想象自己正在被问及，更喜欢生活在这两个世界中的哪一个。在这种情况下，我们很难在头脑中绕开这样的设定，即我们在有德者的世界中不会比在邪恶者的世界中更幸福。如果我们正在被要求想象的那些可能世界如上述设定所述，那么这些可能世界难道不是**距离**我们**很遥远**吗？如果这样，我们关于它们的直觉可能是不可靠的。特别是对于我们更喜欢有德者世界的解释或许是我们根本就没有把我们在那里不会更幸福放在心上。

以上可能的备选解释是关于我们对罗斯例子的反应，这些解释应该让我们在接受罗斯的“美德是内在有价值的”这一结论之前暂停一下。而且，罗斯的结论中可能有我们无法接受的蕴含。如果美德是内在有价值的，那么想必它并非总是不如其他内在价值重要。但是在这个案例中，其他价值方面的损失可以被美德上的收获压倒。这里暗含一个风险，即一个“有坏事发生在有感觉的存在者身上，而身处其中的人会对这些坏事做出有德的反应”的世界，要优于另一个“没有这种坏事，因而人们没有那种做出有德的反应的机会”的世界。这是对一个熟悉的、解释这样一个基督教问题的答复，即怎么可能会有一个引发或允许苦难与其他邪恶存在的全能的、完美的、仁慈的上帝。

我们也许能相信美德是有内在价值的，而不相信这为上述基督教问题
提供了一个好答案。因为，为了让美德有机会，坏事情不必**真的**发生，而 36
仅仅让行为者**以为**坏事情会发生。你合情理地相信我处于（实际或潜在的）痛苦中，如果你通过设法帮助我来对此做出反应，那你就可以践行仁慈之德了。因此，一个全能仁慈的上帝，可以在避免给世界注入痛苦的同

时，给人们展现践行美德的机会。

尽管我对改编自罗斯的案例和罗斯关于美德是内在有价值的结论感到担忧，但我确实姑且接受了他的结论。这是否势必要放弃规则后果主义呢？我想不会。我认为规则后果主义者可以同意，美德本身不仅是工具性的，而且是内在有价值的。

因为正如汤姆·赫卡（Hurka，2000：ch. 2）所主张的那样，美德不仅是工具性的，而且是内在有价值的，这并不是要为“什么构成了美德”提供一个标准，也不是认为美德可以单独存在而与其他内在有价值的事物无关。相反，有很多方法可以让人们坚持认为，使某物成为一种美德的正是它与其他内在有价值的事物的联系。赫卡本人认为，美德是由爱善事和恨恶事构成的。① 根据他的论述，美德因此在概念上寄生于其他价值。但是他又认为，美德仍然是内在有价值的，这主要是因为我前面所概述的罗斯的那种例子。

或许规则后果主义也可以采取类似举措，这样其就可以作如下主张：

(a) 除了美德之外，福祉或许福祉分配的某种属性是其他唯一内在有价值的事物；

(b) 未来的道德守则应根据其广泛内化会对总福祉或许还有它的某种分配属性产生的影响来评价；

(c) 使某些性情成为美德的是，这些性情是接受某些有最大预期价值的守则所规定的规则的必不可少的部分；

37 (d) 人们拥有这些规定的性情，不仅是工具性的，也是内在有价值的。

根据这种形式的规则后果主义，美德本身就有内在价值，但规则后果主义告诉我们是什么使得某种性情成为一种美德。②

---

① 赫卡在爱善事和恨恶事之上又增加了有关**爱**爱善情、恨爱恶情、爱恨恶事以及**恨**恨善事这些递归原则（recursive principles）。——着重号为译者所加。

② 拙作（Hooker，2000c）中更详细地探讨了规则后果主义和偶然性之间的关系。

2.3　福祉

这里考虑的规则后果主义版本是根据福祉来评价规则的，因而我们需要问一问，福祉到底是什么。一些关于福祉的哲学理论强调我们的主观特征。这些理论认为，我们是在得到快乐或享受或者说我们的欲求得到满足的意义上受益的。还有一些理论认为存在某些客观善品，它们对我们福祉的贡献并没有被其带给我们的快乐或享受或者说满足我们欲求的程度耗尽。

所有效用主义者都曾认为，快乐和没有痛苦至少是福祉的很大一部分。事实上，效用主义常常被说成坚持认为快乐和没有痛苦是**唯一**其本身就重要的东西。哲学家将这种观点称为快乐主义（hedonism）。它通常被认为是古典效用主义者杰里米·边沁（Bentham，1789）、J. S. 密尔（Mill，1861）和亨利·西季威克（Sidgwick，1907）的观点。①

这种观点面临巨大困难。首先，似乎没有什么独特的感觉是所有快乐 38
共有的，也没有什么独特的感觉是所有痛苦共有的（Brandt，1979：35－42；Parfit，1984：493；Griffin，1986：8）。对此，我们比较一下观看《李尔王》（*King Lear*）的快乐和满足对糖的强烈渴望的快乐。

考虑到这一困难，快乐主义通常被修正为将一个人的快乐等同于他的

---

① 然而，在西季威克的例子中，平等作为一个平局决胜因素似乎具有独立的权重（Sidgwick，1907：417）。此外，弗雷德·罗森（Rosen，1998：esp. 140－3）认为，边沁和密尔设想的最大化效用有利于平等，甚至超过了总效用。对边沁来说，对经济活动报酬期望的保证超过了经济平等的重要性——主要是因为经济上有利于激励工作。[在菲利普·斯科菲尔德（Philip Schofield）编辑的即将出版的那版边沁的著作中，我们发现边沁陈述道：“财产上的平等损害的恰恰是生存原则；它从根源上削弱了社会。如果不能确保人们获得自己的劳动果实，就没有人会去劳动了。”] 不过，根据罗森（Rosen，1998：141 n. 31）的说法，如果没有出现保证问题，边沁“会优先选择 100 个福利单位在两个群体之间平均分配，而不是 110 个单位的分配不均，其中多数人以少数人的利益为代价得到了更多”。另见凯利（Kelly，1990）。但是让我把平等和分配问题推迟到后面讨论。

以下一些体验特征：（a）他喜欢或偏爱的，以及（b）**能被他内省识别**的。① 根据这种观点，某个事物无法影响你的福祉，除非它**从内部**对你的生活产生了影响。这种观点有着似乎不太可靠的蕴含。

下面比较一下我可能有的两种生活。在这两个备选项中，以下所有条件都为真：（a）我相信我的"朋友"都喜欢我。（b）我相信我成功地完成了自己的主要目标。（c）我相信我掌控着自己的生活（至少达到人们通常掌控的程度）。（d）我相信我对其他一些重要事实有真信念。现在我们比较这两种生活，在其中一种生活中所有这些信念都是正确的，在另一种生活中它们都是虚假的。假设在信念为假的生活中，我从未发现我的"朋友"都不喜欢我，我的主要目标都失败了，其他人在以我看不见的方式操纵着我的生活，并且我被其他重要的事实迷惑。同时，假设这种被蒙蔽的生活更令人愉快。这是两种生活之间的一个且是唯一一个通过内省可识别的区别。因此，根据这样一种观点，即福祉的唯一组成部分是一个人心态中的这种内省可识别的特性，这就是我所拥有的更大福祉的生活。但客观地看，这似乎不是更好的生活（Smart，1973：20－1；Nozick，1974：42－5，1989：ch.10；Glover，1984：92－113；Griffin，1986：9）。

请注意，我们正在比较在快乐方面很接近的生活。我并不想否认，**有时候**真相会如此之伤人，如此之令人沮丧，以至于不知道真相会更好。一种被蒙蔽的充满快乐心态的生活很可能优于一种从一个酷刑室到另一个酷刑室的未被蒙蔽的生活。要拒绝快乐主义的善理论，我们只需要主张，在某些场合中，知道真相会让人过得更好，而不会让他更快乐。我们不需要也不应该主张，知道真相**总是**会让一个人总体上过得更好。

39 面对诸如"快乐稍多一点却包含极大欺骗的生活"这样一些反驳，大多数哲学家放弃了快乐主义的福祉理论。② 也许在 20 世纪下半叶更常见的是这种观点：人的福祉是由人们欲求的实现构成的，即使这些欲求是追

---

① 我借用了帕菲特（Parfit，1984：494）的"内省可识别的"（introspectively discernible）这个有用术语。

② 尽管萨姆那（Sumner，1996，2000）探讨了快乐主义与其批评者之间的妥协方案。

求快乐以外的事物。许多人即使在充分知情和仔细思考之后，也会坚持为自己去寻求快乐之外的事物。例如，他们想要知道重要的真相，想要实现有价值的目标，想要拥有亲密的友谊，想要自主地生活（我的意思是，大致按照自己的选择而不总是按照别人的选择来生活）（Glover，1984：95－6，100－1，107－8，112－3；Griffin，1986：pt. 1；Crisp，1997：chs. 2，3）。这些事情所能带来的快乐当然很重要，不过除了它们带来的快乐之外，人类还可以在乎这些事情本身。

对于“人类福祉是由人们欲求的实现构成的”这种观点，存在一些反驳。我们的一些欲求似乎针对的是太过与我们无关的事物，乃至它们无法在决定我们的善方面发挥直接作用。德里克·帕菲特（Parfit，1984：494）有一个例子。你在火车上遇到一个陌生人，她告诉你她患有危及生命的疾病。你产生了一个强烈欲求，即她应该从疾病中完全康复。后来她确实康复了，但你绝不会知道。现在，即使你从不知道她康复了，事实上你没有再见到她或收到她的来信，但你的“她应该康复”这一强烈欲求的实现会使她的康复**对你**有益吗？问题是，单单你的“她应该康复”这一欲求的实现是否构成了你的一种好处。很自然，如果这种欲求的实现给你带来了快乐或心灵的宁静，那这种实现将在**工具意义上**对你有好处。但这并不是说，单单你的“这个陌生人应该康复”这一欲求的实现构成了你的一种好处。毋宁说，如果你从这一欲求的实现中得到了快乐或心灵的宁静，那么是**这种快乐或心灵的宁静**构成了你的一种好处（因为你无疑也渴望自己得到快乐和心灵的宁静）。

你欲求本身的实现构成了你的一种好处，这个观点（如果这个观点完
全可靠）将不得不限制那种成问题的欲求。唯一其实现构成了你的一种好 40
处的欲求，是那些你对与你生活某方面相关的事态之欲求。我们可以说，与你生活在这个方面相关的事态，是那种你是其中一个必要组成部分的事态。从这种意义上看，你在 t 时间的存在是在 t 时间获得某种事态的逻辑必要条件（Overvold，1980，1982）。你**是**其中一个必要组成部分的事态之欲求，其例子有：你渴望**你**画出美丽的图画，你渴望**你**有真正的朋友，你渴望**你**知道宇宙起源的真相，你渴望**你**把恶人绳之以法。你并**不是**其中一个必要组成部分的事态之欲求，其例子有：你渴望火车上的陌生人从疾

病中康复，你渴望无辜的人获得自由，你渴望人类永远存活。

理查德·布兰特（Brandt，1979：330）和格雷戈里·卡夫卡（Kavka，1986：41）反驳道，这会使得诸如渴望死后名声之类的欲求变得与一个人自身之善无关。更一般地说，如果个人成功是一个人福祉的一部分，并且个人成功要求在那个人死后获取某些事态，那么我们就需要修改奥沃伍德的标准。我们可能持有这样的观点：某人所欲求的事态是这个人福祉的一部分，当且仅当这个人不在**某个这样或那样的时刻**存在时，该事态逻辑上就不可能存在，尽管其存在不必与该事态的存在处于同时。① 根据这个标准，一些关于你死后事态的欲求可能与你的福祉有关。不过，渴望火车上的陌生人从疾病中康复的事态并非这种欲求。

似乎有理由进一步限制与个人之善直接相关的欲求。想一想有的欲求会有多古怪吧。当遇到一些特别古怪的欲求时，我们可能会开始感到困惑，所欲之物是否会仅仅因为这些东西是为人所渴望的，就使行为者获益。我想数一数附近草坪上所有的草叶，“我数草叶”这一欲求会对我有好处吗？（Rawls，1971：432；see also Parfit，1984：500；Crisp，1997：56）我无论从这一行为中得到什么**快乐**，都会对自己有好处。但是，在这种情形中，**实现这一欲求本身**似乎毫无价值。从直觉上看，只有我所欲求的是正当之事，这些欲求的实现才能构成我的一种好处。事实上，有些事
41 物似乎之所以应当被欲求，是因为它们被认为是有价值的，而不是仅仅因为它们被欲求或能带来快乐而有价值（Brink，1989：64，225，230－1；Crisp，1997：57－62；Scanlon，1998：124－33）。

有些观点认为，当且仅当某物增加了一个人的快乐或实现了他的欲求时，它才使此人获益。这些观点在某种意义上是个人之善的“主观主义”理论，因为它们使某物作为一种好处的地位始终取决于那个人的主观心态。与之相比，“客观清单”理论声称，诸如重要知识、重要成就、友谊和自主这些事物为个人之善所做的贡献，并没有被它们给人们带来快乐或

① 感谢汤姆·卡森向我提供了这一构想，虽然我的意思并不是说他认可其所有蕴含。

实现他们的欲求的程度抵消。[1] 这些事物可以构成超出其所包含的快乐（即使它们不包含快乐）的好处。同样，它们即使并不是欲求的对象，也可以构成好处。清单理论通常会补充说，快乐当然是一种客观的善。它们通常也认为，蒙蔽、失败、没有朋友、奴役和痛苦构成了客观伤害。

还有一些混合观点。一种混合观点认为，你从某些事态中获得快乐（或至少渴望这些事态）是它对你有好处的必要条件，但不是充分条件。根据这种观点，对你有好处的事物不仅必须吸引你，而且必须是一种客观上善的快乐之源。[2] 从清单理论家的视角看，这种混合观点声称只有在你认可的条件下，一种事态才能构成你的好处，这是错误的。例如，你生活中的一些成就可能至少构成了你的一点小好处，可能至少对你生活的意义有一点小贡献，即使你从未在意过它。混合观点还声称，从某物中获得快乐并不是它至少构成你的一点小好处的充分条件，这也是错误的。

许多人拒绝清单理论，因为他们认为它具有粗暴的家长式蕴含：他们看到“人们将‘美好生活’强加于他人”的恐怖之事隐约出现。然而，清单理论将“自主”确认为一种审慎的价值，它甚至可能赋予自主高于一切 42
的重要性。因此，清单理论本身可能会阻止我们在直觉上视为令人反感的家长式作风的东西。[3]

而且，即使自主并不是清单上的事物之一，那也只有在**道德**要求或允许人们把某些事情强加给那些并不想要的人时，家长式作风才有可能出现。但道德可能不会要求或允许人们这样做。例如，可能有一个好的道德规则告诉我们不要过问别人的事（除非在某些特殊的情形下，比如他们喝

---

① 参见以下文献：Finnis，1980，1983；Parfit，1984：Appendix Ⅰ；Hurka，1993：chs. 7 - 10；Brink，1989：221 - 36；Scanlon，1993；Griffin，1996：ch. 2；Crisp，1990，1997：ch. 3；Bailey，1997：7；Gert，1998：92 - 4；Arneson，1999a。赫卡（Hurka，1993）对于怎样对不同类型的知识和成就进行排序提出了一种令人信服的论述。

② 对比以下文献：Wolf，1997：211；Frankena，1973：91；Nozick，1981：611，1989：168；Parfit，1984：502；Trianosky，1988：3 - 4；Scanlon，1998：124 - 5。

③ 这一点在许多地方都有阐明，例如以下文献：Finnis，1983：50；Griffin，1986：71；Hurka，1993：151 - 6。

醉的时候）。

在本书中，只要有可能，对于主流的福祉理论哪一个最好，我将持中立态度。在思考“什么行为是道德上正当的”时候，我们通常可以在主流福祉理论之间保持中立，因为尽管它们在原则上存在分歧，也就是说，它们在什么**构成**了福祉上存在分歧，但在实践中，主要的福祉理论之间也存在广泛的共识。这是因为给予人们快乐或享受的事物，通常也是满足他们的欲求并可以被可靠地列为客观物品的事物。因此，在大多数情况下，我们无须在这些个人之善的理论中做出选择（Smart，1973：26）。

但是有些时候我们确实需要做出选择。假设执政精英相信，快乐的量是最重要的。他们可能相信（借用一些未来主义小说中的一个熟悉情节），通过欺骗大众甚至给大众提供能诱使其满足却会消耗掉其雄心和好奇心的药物，将使快乐最大化。在这种情况下，执政精英可能会觉得确立这种做法是可证成的。

或者，假设执政精英相信欲求的实现是最重要的。他们可能再一次觉得这样做是可证成的，即操纵人们欲求的形成和发展，以使这些欲求容易得到满足。或者考虑一下饥饿之人的情况，他们对最基本的必需品以外的任何东西的欲求都因长期被剥夺而减少（Sen，1973：15－8）。这些人缩减后的欲求由此可能会得到**完全**满足。但事实上他们不会兴旺发达。

诚然，智慧（wisdom）可能提出这样的建议：在某种程度上，应该
43 校正我们的欲求，以便存有实现它们的某种合情理的希望。但是，对我们欲求的这种塑造可以被推向极端，既可以以最大化快乐的名义，也可以以最大化实现欲求的名义。生活可能是最大限度令人愉悦的或者是有最多欲求得以实现的，但仍然是肤浅的。如果生活缺乏友谊、成就、知识和自主，情况就会如此。虽然快乐和一个人目标的成功肯定是福祉的重要部分，但其他一些事物本身也很重要。

因此，坦白地说，我认为规则后果主义最可靠的形式将包含某种适度的福祉的客观清单论述形式。这样一个论述将承认自主的核心角色。同样，它也会承认人们的天赋、能力和倾向存在差异的重要性。不过，生活不是只有快乐，单是人们渴望某种事态这一事实并不能使该事态有价值。

2.4　福祉对平等

最熟悉的规则后果主义版本只根据规则产生了多少总福祉来评价它们。让我把任何只根据总福祉来评价规则的规则后果主义版本称之为规则效用主义。非效用主义版本的规则后果主义认为，重要的后果并不局限于对总福祉的净影响。最显著的是，一些版本的规则后果主义认为，重要的不仅是能产生多少福祉，而且还有这些福祉是如何分配的。[①] 图 2.1 是描绘该领域的一种方法。

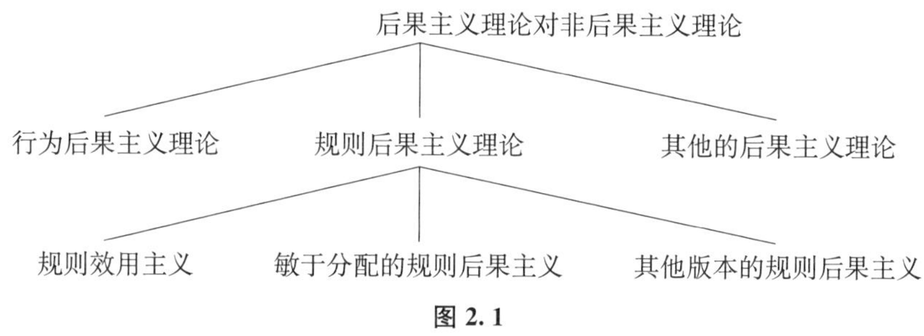

图 2.1

哪一个版本的规则后果主义理论最好？规则**效用主义**的问题是，它对 44
福祉的分配完全不敏感。为了说明这一点，想象一下一个只有两个群体的社会。其中一个群体我们称之为 A 群，有 10 000 人。另一个群体 B 中有 100 000 人。当然，这是一个高度简化的例子，但正是这一点有助于引出

① “后果主义”和“效用主义”的这种运用，使得后果主义允许以一种效用主义不太常见的方式关注分配。关于一些例子，参见以下文献：Mackie，1977：129，149；Scanlon，1978：esp. sect. 2；Scheffler，1982：26 - 34，70 - 9；Sen & Williams，1982：3 - 4f；Parfit，1984：26；Griffin，1986：151 - 2，1992：126，1996：165。将分配考虑因素纳入效用主义的作家如布兰特（Brandt，1959：404，426，429 - 31）、雷切尔（Rescher，1966：25）、拉菲尔（Raphael，1994：47）、斯科鲁普斯基（Skorupski，1995：54），可以说还有边沁（Rosen，1998：139 - 43）和密尔（Mill，1861）。对于那些想把对总福祉的关注和对分配之事的关注混合在一起的作家，不仅可参见上面列出的那些作家，还可参见西季威克（Sidgwick，1907：417）和布劳德（Broad，1930：283）。

某些想法。因此，考虑一套由规则组成的守则，其内化将使 A 群的每一个成员非常贫穷，而 B 群的每一个成员则非常富裕（见表 2.2）。

表 2.2　第一套守则

	福祉单位		两个群体的总福祉
	每个人	每个群体	
群体 A 中 10 000 人	1	10 000	
群体 B 中 100 000 人	10	1 000 000	
			1 010 000

请记住，效用主义（如我正使用的这一术语）关注的是总福祉，而不是福祉如何平等地分配。因此，如果上述守则之外没有任何备选守则能提供更大的总体净福祉，那**效用主义者**就会认可这个守则。

然而，假设从效用的角度看，下一套最好的守则将是具有表 2.3 所列结果的守则。第二套守则能导致福祉的更大平等，但总福祉较少。

表 2.3　第二套守则

	福祉单位		两个群体的总福祉
	每个人	每个群体	
群体 A 中 10 000 人	8	80 000	
群体 B 中 100 000 人	9	900 000	
			980 000

45 稍后，我将考虑对“第二套守则肯定比第一套好”这一观点的反驳。但在这之前，有一个要优先考虑的问题，即第二套守则有什么吸引力。显而易见的答案可能是，第二套守则包含了更大的福祉平等。但这个显而易见的答案可能并不正确。

用德里克·帕菲特的著名例子来说明，假如盲人和看得见的人之间的平等只能通过使那些看得见的人变瞎来实现。这种“降平”（levelling down）将令人无法容忍（Parfit，1997；Gert，1998：255；Arneson，1999b：232－3）。任何被平等主义吸引的人都会明白让处境较差者受益这一点，即便这会让处境较好者付出代价。但对平等的仔细反思表明，**只有当**处境较好者付出的代价能使处境较差者受益时，让处境较好者付出代价才能得到证成。其要义在于，重要的不是福祉本身的平等，而是处境最差者福祉的提高。这一思想被称为符合**对处境最差者优先考虑**的原则，或**优先主义**（prioritarianism）原则（Parfit，1997；Arneson，1999b）。

现在回到我们对上面第一套和第二套守则的比较。第二套守则有更多的平等。处境较差者用第二套守则比用第一套守则过的要好得多。帕菲特的工作向我们展示，重要的其实不是福祉平等本身，而是处境最差者福祉方面的改善。因此我推断出，使第二套守则比第一套守则更具吸引力的是，任何赋予处境最差者以优先权的原则的可靠版本都会支持第二套守则。

2.5　公平、正义和应得

我过去常常认为，规则后果主义应该根据总福祉和**公平**来评价由规则组成的守则，坦率地说尽管我并不确定如何刻画公平的特征。

经过进一步的调查，我并不惊讶于自己不确定该如何刻画公平的特 46
征。正如谢利·卡根所写，“公平［这个］概念有点模糊，似乎在不同的语境中能辨识出不同的特征。事实上，说某事不公平通常只不过是说它是非法的或无法证成的”（Kagan，1998：54）。同样，伯纳德·戈特观察到，“‘公平’现在常被用作‘道德上可接受的’的同义词”（Gert，1998：195）。① 正如卡根随即评论的那样，在“公平”这种包罗一切的意义上，说“规则必须是公平的”不过是说，规则必须对所有道德上相关的差异敏感。但这种广义的“公平”是引发而不是给出了这些区别。

亚里士多德（*Nicomachean Ethics*，1130b 18－20）观察到，有一种广义的“正义”，它包含了所有与对待他人有关的美德。这种意义上的“正义”指的是（在我们与他人相处的过程中）总体上有利的任何美德（Sidgwick，1907：393）。这非常接近上述“公平”的那种包罗一切的含义。

---

① 戈特拒绝“公平”术语的这种广义使用，并随即声称，“就其基本意义讲，公平是在凭规则进行游戏”。通过将它应用于规则的制定来扩大这一概念，就会引起混淆（Gert，1998：195）。他否认社会习俗本身可以是公平或不公平的。我不能接受对这一概念的这种限制。从社会习俗的角度来看，公平是一种基本价值，还是完全源自总福祉的价值，这是一个需要进一步讨论的问题。

“公平”和“正义”术语有这样的共同含义并不令人惊讶，因为“正义经常被用来表示公平”（Shaw，1999：211）。因此这就是“作为公平的正义”这句话的魅力。①

“正义”和“公平”的含义范围很广。正如我们已经看到，它们可以是包罗一切的道德概念。在这个范围的另一端，存在这样一种意义的“正义”和“公平”，它等同于一种最小意义上的不偏不倚。在这个最小意义上，正义、公平和不偏不倚一样，排除了规则应用或解释中的偏见或不一致性。这就是所谓的**形式的正义**（formal justice）。因此约翰·罗尔斯写道：

> 法律和制度的［这种］不偏不倚地、一致地实施——不管它们的实质原则是什么，我们都可以称之为形式的正义。如果我们认为正义
> 47 总是表达某种平等，那么形式的正义就要求：法律和制度在实施中，应该平等地（即以相同的方式）适用于那些属于其所界定类别的人们……形式的正义是对原则的坚持，或如一些人所说，是对体制的服从。（Rawls，1971：58-9）

然而，正如规则可以在并非不偏不倚地可证成的情况下被不偏不倚地适用，它们可以在其本身并不公平或不正义的情况下被公平或正义地适用。如西季威克所写，“法律可能会平等地实施，而它却不正义。例如，我们应该认为这样一项法律是不正义的，即它只强迫红头发的男子服兵役，甚至认为它是以最严格的不偏不倚的方式适用于所有的红发男子”（Sidgwick，1907：267）。

虽然我们不能假定被公平地适用的规则是公平的（或正义的），但我们也不能假定它们不是公平的。弗雷德里克·肖尔认为，基于规则的决策并没有“推进相同情形相同对待、不同情形不同对待这一目标”（Schauer，1991：136-7），因为基于规则的决策可以聚焦于道德上不相干的特征，从而以不同的方式对待实际上在相关方面类似的情形。但如果这些规则是公平的规则，那它们就会使人们注意到（而不是忽视）相关类似性。

① 这句话的流行证实了罗尔斯（Rawls，1958）的影响。

什么是相关类似性呢？柏拉图提出，正义是“给予每个人其应得之物（due）”（*Republic*，Bk. 1）。亚里士多德评论道，“所有人都同意，分配中的正义必须根据某种意义上的配得（merit）①，尽管他们所指出的配得并不全是同一种类型”（*Nicomachean Ethics*，1131a 25－28）。我提请大家注意这些评论是因为我相信，如果我们将“应得之物”和“配得”这些术语解读为“应得”（desert），那我们对这个问题就有共识。根据这种观点，一个规则要在道德上公平，就必须给予每个人其应得之物（Kagan，1998：58）。

但是，正如存在广义上的“正义”和“公平”一样，也存在一种广义上的“应得”。因此，“人们应该得其所应得”这个主张可以被理解为这样一个同义反复，即应该以经过权衡各种相关道德理由后所要求的方式来对待人们。在这里，我们再一次看到一个道德概念被运用得如此广泛，以至于它的应用需要一个对所有其他道德理由的解释。如果公平的规则被界定成那种给予人们其所应得之物的规则，并且人们所应得的是应该被这样对待，即以权衡各种相关道德理由之后所要求的方式对待，那我们并没有取得什么进展。问题是，相关的道德理由是什么？

然而，我认为“应得”通常用于更狭窄的一类考虑。如果我之所以不 48
如你富裕，是因为你工作时我在玩游戏，那么我几乎没有什么道德理由得到一部分你所挣的钱。如果在一个竞争性经济环境中，你成功地努力提高了工作效率，而我并没有为此操心，那么你应该得到更大的回报。同样，如果你是善良且值得信任的，而我是自私且不诚信的，那么你应该得到一种比我更好的生活。②

有时候，存在一个衡量结果是否正义和公平的标准，它完全独立于任何达成这一结果的程序。但是，在某些情形下，不存在这种独立于达成公

---

① “merit”一词的翻译参考了廖申白所译《尼各马可伦理学》（商务印书馆，2003 年）第 135 页。——译者注

② 关于应得的经典讨论，参见范伯格（Feinberg，1970，1974）以及在波希曼和麦克劳德（Pojman & McLeod，1999）著作中收集的作品。将应得融入后果主义的尝试可以在费尔德曼（Feldman，1997）著作第Ⅲ部分中找到，亦参见卡根（Kagan，1999）、阿尼森（Arneson，1999b）的讨论。

平结果的程序的衡量标准（Rawls，1971：85－6）。某些情形下，人们所应得的是公平地运行程序所产生的任何结果。例如，在靠运气取胜的游戏或技能竞赛中，除了公平地运行程序所产生的结果外，没有什么衡量结果公平与否的标准。这是一些被称为“纯粹的程序公平”的情形。

现在，要说明程序公平，我们不仅必须要考虑收益和损害，还要考虑获取收益的**概率**和**机会**。如果在一个靠运气的游戏中，我们双方都不应该有更高的胜率，那么当且仅当我们每个人都有同等的胜率时，这个游戏才是公平的。如果在一场竞争中，我们中任何一方都不应该比其他人得到更多机会，那么只有当我们确实有平等的机会时，这场竞争才是公平的。在当前讨论的背景下，如果我们就此停下来而去考察究竟是否有人在靠运气的游戏中确实应该有更高的胜率，或者在技能竞赛中确实应该有更多的机会，那我们就会偏离正轨。

几乎在任何一项人类活动中，一些人都会比其他人更擅长。如果你比我更擅长某项活动，那么任何人都不应该说你不擅长这项活动就是你应得的。你的优势是否是有人想要评论之事是另一回事。由于各种原因，每个人（包括你在内）可能更希望你在活动中的优势不被提及。

当然，在许多情况下，我们确实希望人们注意到我们比别人更擅长进行某些活动。并且，在许多情况下，值得欲求的结果将源于对在某些活动
49 中展现出的优势确立明确的奖励。谁想让随机挑选出的人来运行我们的政府，或作为我们的城市队队员比赛，或者让随机挑选之人的画像在博物馆展出呢？在许多情况下，竞争显然是可取的。

许多人认为，在公平的经济竞争中，获胜者理应得到他的奖励。假设玉米地的主人在收获前宣布，除了基本日薪以外，无论哪两个工人收割最多的玉米，他们每个人都将获得25%的奖金。如果每个人都有平等的机会参与这场竞争，并且竞争进行得公平，那么最有效率的两个人就应该得到属于他们的更多回报。

常识道德也认为，那些善良和值得信任的人应该比那些自私或不值得信赖的人做得更好。不幸的是，经济竞争的赢家往往既不善良，也不值得信任。正如理查德·阿尼森所写：

> 一个竞争的市场对供求作出反应，而不是对不同个体的应得程度和责任程度进行精确的或者就这一点进行粗略的估算。如果我们设想的制度能够更好地按照人们真正的应得来进行善品分配，但却以优先加权的总福祉为巨大的代价，那么我们是否会倾向于放弃竞争的市场，以建立一个相当充分的道德精英制度？（Arneson，1999b：241）

无论如何，一个常见的观点是，根据公平或正义来评价由规则组成的守则，就是根据个体在获益上具有的差异（包括他们获益的概率与机会）是否与个体在应得上的差异相对应来评价它们。

这一思路往往显得不可抗拒。当一个善良诚实之人在其生命的黄金时期死于癌症时，这不仅对他而且对他的家人和朋友来说都是一个可怕的损失。与此同时，许多自私和不值得信赖的人却享受着长寿和不劳而获的财富。谁能不受这种不正义的打击呢？

事实上，一旦注意到正义、公平和应得之间在概念上的这种紧密联系，我们可能就开始将道德权利的概念与其他概念联系起来。一个熟悉的思路是，正如**正义**和**公平**要求人们得其所应得一样，人们对其应得的任何 50
利益都有一种道德**权利**。①

但这种想法可能有点过了。在其生命的黄金时期被癌症夺去生命的那个人拥有活到平均寿命的道德权利吗？他拥有这种权利能对抗谁呢？

假设最终我们认为，关于“一个人拥有活到平均寿命的道德权利”这一主张有令人困惑之处。但是，即使在这种情况下没有道德权利遭到侵犯，也仍然存在不正义。当存在没有人对其负责的不正义时，也许我们不得不称其为“宇宙不正义”。我们如果承认存在这一类别的不正义，并且认为不正义总是涉及对一些权利的侵犯，就不得不相信存在与宇宙相对抗的权利。或者，我们可以放弃这一想法，即不正义总是涉及对权利的侵犯。

---

① 密尔声称：“正义不仅蕴含着做某事是对的，不做某事是错的，而且某些个体可以将其作为他道德上的权利而向我们主张。”（Mill，1861：ch. 5，para. 15）另见布鲁姆对公平的论述（Broome，1991b：194－6）。布鲁姆论证说，如果你和我各自承担的义务与其各自的强度能够成比例地得到满足，那么你和我就得到了公平的对待。

我当然同意，存在好人英年早逝或恶人发迹这种极其严重的不正义。我也相信，至少这当中的一些不正义是那种没有人应为之负责的不正义。但我无法接受存在与宇宙相对抗的权利，所以我必须否认不正义总是涉及对权利的侵犯。否认这一点并不是认为不正义就不那么可怕了。

既然不正义和不公平非常令人讨厌，也许任何被提议的规则都应该根据它们是否服务于正义和公平来评价。也就是说，根据它们是否让人们得其所应得来评价。更具体地说，也许任何规则都应该根据其内化是否最终只奖励应得之人来评价。还有对相称的进一步考虑，即平等的人受到平等的对待，不平等的人受到不平等的对待（Aristotle，*Nicomachean Ethics*，1131a 20－24）。将"应得"和"相称"的观念相结合，我们可以提出，规则后果主义完全或部分地是从这一方面来评价规则的，即它们是否按照**人们应得的比例**来奖励他们。如果规则后果主义做到了这一点，那么它会在理论中赋予应得一个根本性角色。

51 应得、正义和公平似乎如此之重要，以至于这样建构的规则后果主义令人难以抗拒。[①] 然而，规则后果主义不应该通过自行假设有些人比其他人应该得到更多这一点开始。规则后果主义不需要这一假设，因为规则后果主义可以解释为什么鼓励某类活动而劝阻其他活动的某些规则是非常值得欲求的（Kagan，1998：55；Arneson，1999b：238－9）。

在本书中，关于惩罚，我只想简单谈一下。规则后果主义关于规则的理据依然是，它们的内化具有很高的预期价值。这将不仅适用于关于人们应该如何对待那些行为良好的人的规则，而且适用于关于他人违反规则时人们该当如何反应的规则。如果人们在内化一个规则的过程中存在净价值，那么在强化人们遵守该规则时通常也存在净价值。因此，规则后果主义将不难解释为什么某个犯有违反规则之错的人应该被置于或多或少令人不舒服的境地，[将其置于这种境地的]"即使不是法律，也是其同胞的意见；即使不是同胞的意见，也是其自身良知的谴责"（Mill，1861：ch. 5，para. 14）。

---

① 因此，在费尔德曼（Feldman，1997）和卡根（Kagan，1999）作品中发现的这种观点具有巨大的吸引力。

同样，已经完全内化并遵守守则的人，应当得到不受法律干涉、在社会上享有良好声誉和问心无愧这种结合方式的回报。此外，奖励那些给他人带来其想要之物的人的规则，可用于建立进一步的激励机制。建立适当的激励机制所产生的总福祉比没有这种激励机制的要多。①

因此，规则后果主义可以解释为什么规则应该惩罚某些类型的行为而奖励其他类型的行为。它可以做到这一点，而无须预设某些类型的行为本身就**应该得到**回报。道德理论最好能**解释**为什么某些差异在道德上很重要，而不是简单地**假设**它们在道德上很重要。

回到假定的应得和公平之间的关系上来。如果“何为公平”是由人们之应得来决定的，并且规则后果主义不应该被构想为根据应得（即使是部分根据应得）来对规则进行评价，那么它也不应该被构想为根据公平（即 52
使是部分根据公平）来对守则进行评价。

2.6　公平、契约和相称

到目前为止，我已经讨论了作为无偏见应用规则的公平，以及作为那种将个人之应得分配给他们的公平或正义的规则。但这些东西都不是我在早期出版物中提出“应该根据公平和总福祉来评价规则”时所想到的。在那些出版物中，我只是想当然地认为合适的规则应该被公平地应用。而且我假定，合适的规则将决定“应得”原则，而不是把“应得”视为规则的基础。但我还假定，为了达成评价规则的目的，除了总福祉之外，还必须有［其他］一些相关考虑因素。

再次思考玉米地主人的案例，他在收获前宣布，除了每天的薪资之外，摘玉米最多的两名工人将获得额外奖金。假设其承诺是，在每日基本薪资之外获得 50% 的奖金。现在假设效率排第二名的玉米采摘者摘了 1 000 穗玉米，第三名采摘了 999 穗。他们的业绩差异如此之小，效率排第二名的玉米采摘者得到的回报却比第三名多得多，这公平吗？

---

①　人们的能力水平不同，对工作而不是休闲的欲求也不同。基于这些原因，我假定任何一种经济激励体制都至少会造成一些经济不平等。

考虑一下另一个案例。假设除了基本日薪之外，玉米地主人只向两个最有效率的玉米采摘者每人提供 5%的奖金，并且这两人真的比其他所有采摘者要快得多，因此更有效率。那么想象一下，第二名摘了 1 000 穗，而第三名只摘了 500 穗。他们的业绩差异如此之大，他们的回报差异却很小，这公平吗？

我认为，大多数人会认为，如果几方是在按照一套合乎情理的、公平的规则进行竞争——因此他们是根据一套合乎情理的预期来做出决定的——那么公平就要求维持这些规则和预期。令人惊讶的是，西季威克（Sidgwick，1907：269）提到的实质正义的**第一**规则是，一个人应该做他
53 已缔约要做之事。道德上的公平若要有约束力，就需要具备以下条件。① （a）该契约是由心智健全的人签订的。（b）该契约不是一方对另一方隐瞒其有权获得的信息的结果。（c）该契约不是一方威胁要侵犯某人道德权利的结果。（d）该契约本身并没有要求一方或多方侵犯道德权利（例如，这就是缔结谋杀或抢劫的契约不具有约束力的理由）。条件（a）至条件（d）都没有破坏我们正设想的玉米地主人与工人们订立的契约。

契约当然可以经双方同意而变更。但是在我们所举的例子中不存在这种变更。协议的一方单方面变更协议条款是不公平的，特别是在其他方已根据己方的预期做出决定之后。

在过去四十年②里，关于公平竞争原则有很多论述（Hart，1955；Rawls，1971：sect. 18）。诺齐克（Nozick，1974：93－5）表明，即使你已从一项公共实践中受益，即使你得到的好处大于你为维持这种实践理应付出的公平分配的代价，你也可能在道德上没有义务为这一实践做贡献。重要的是你是否**知道**，当你接受这些好处时，别人会期望你为这一实践做贡献。如果你确实知道这一点，那么其他人会将“你已接受这些好处”视

① 这里的说法呼应了我早些时候关于承诺的评论。再次参见以下文献：Sidgwick，1907：305－11；Hart，1961：192－3；Fried，1981：esp. ch. 7；Thomson，1990：ch. 12；Scanlon，1998：ch. 7。承诺和契约的一个区别对我而言似乎是，精神病人可以做出一个道德上有力的承诺，但不能给出一份可实施的契约。另一个区别是，承诺不需要涉及交换这个“考虑因素”。

② 原书出版于2000年。——译者注

为你已含蓄地同意去做你该做的那份工作作为回报。正如卡根所观察到的，他说：

> 我们越是朝着这一要求的方向前进，即要求这种获益首先应该是被人们自由且知情地接受的，那么将行为者视为“对遵守主导该实践的规则作出了一个含蓄的**承诺**”就越可靠。因而，即使存在某个可靠的公平竞争原则的版本，不管其最初表象如何，它都有可能实际上并不指向一个与其承诺不同的规范因素。（Kagan，1998：143）

前面我们看到，公平要求（始终如一且不偏不倚地）遵从合适的规则。现在我们不得不补充一个观点，即何为公平实际上并不那么取决于个 54
人**本该**同意什么，而是取决于他们**实际上**确实同意了什么。

然而，并非所有协议都是有约束力的。例如，如果我是通过威胁要折磨你或折磨别人来让你同意某件事，那么你为了阻止我实施这种威胁而做出的任何承诺都不具有道德上的约束力。这表明，要充分解释“公平”这一概念，我们必须诉诸“道德上有约束力的承诺”这个概念。而要解释“道德上有约束力的承诺”这个概念，我们就必须诉诸这样一种承诺的观念，这个承诺不是为了回应侵犯某人道德权利的威胁而做出的。公平概念归根结底取决于道德权利这个概念。

什么产生了道德权利？在这一点上，我们不能回去参考公平，因为这将是循环的。一个极其可靠的建议是，如果人们对某套道德权利的共同接受能使预期效用最大化，那么这套道德权利就能得以证成（Mill，1861：ch. 5；Sumner，1987）。也许我们同样需要增加一个权重，以使处境最差者的福祉得到优先考虑。我稍后再谈这个问题。

首先，我想承认，许多人会对那个工作做得好很多却只得到稍多一点报酬的玉米采摘者的结果感到有些遗憾。同样，许多人也会对那个工作只稍差一点而得到的报酬却少很多的玉米采摘者的结果感到有些遗憾。虽然相称并不总是很重要，但是在建立一般经济激励机制时，回报与生产他人想要之物的生产率之间的相称似乎的确很重要。

我们的公平概念既注入了相称的观念，也注入了心智健全者之间的协议应得到尊重的观念（只要该协议不是通过欺诈或通过威胁要侵犯道德权利而取得的，并且协议本身并不要求订立协议的一方或多方去侵犯道德权利)。由于心智健全的人可以同意不按生产率的比例分配好处，因此公平有时自身会陷入冲突之中。规则效用主义可以解释，在协议的其他各方履行了他们那一方的协议之后你遵守自己一方协议的重要性。这也可以解释按比例奖励的一般优势。从创建激励机制的角度看，让奖励与生产率相称似乎是可得到证成的。激励体制的支柱是对协议将得到尊重的期望。因
55 此，有些协议会产生一个不按比例奖励的体制，在这种地方，尊重这些协议的压力似乎比尊重按比例奖励的协议的压力要更大。无论是从规则效用主义的视角还是从我们道德直觉的视角看，所有这些似乎都是正确的。

我在以前的出版物中之所以提及公平，部分原因是担心一套由规则组成的、其内化将使总福祉最大化的守则可能会以一种令人无法接受的不平等方式分配福祉。然而，我认为只有在不公平的情况下，不平等才是糟糕的（Broome，1991b：199)。我将在下一节继续讨论分配问题。但请允许我首先谈及我在以前的出版物中提及公平的另一部分原因，即我认为将公平嵌入规则后果主义，有助于该理论回应莱昂斯在其 1965 年发表的对规则效用主义的讨论（Lyons，1965）中所表达的对公平的一些忧虑。等我讨论与传统的妥协时，会再回来探讨这些问题。

2.7 对处境最差者福祉的优先考虑

在我前面所给出的例子中，一种形式的规则后果主义可能会赞同第二套守则而不是第一套，这种赞同不是以公平的名义，也不是以简单平等的名义，而是以优先考虑处境最差者的名义。对于我们在评价可能的道德守则时给予处境最差者的福祉以优先权，可能会遭到一个反驳，即这种优先权会对那些“要求有效率者比懒惰者得到更多”的规则产生不利影响。处境最差者的优先权越大，这种反驳就越强烈。

让我们更仔细地来看一下经济激励机制的问题。它似乎很难拒绝内格尔的主张：

> 根据当代的证据，正如以生产力、创新、多样性和增长来衡量的

那样，一个重要的私营部门在经济中的优势……是巨大的。竞争性市场经济的效率优势是源自我们所熟悉的个人的贪利动机。（Nagel，1991：91，see also 122 - 3，127 - 8）

不可否认，努力工作可以让人们自我感觉良好，给他们一种成就感，或者给他们带来一些其他的内在奖赏。对于一些从事某些工作的人来说， 56
这种奖赏的前景足以诱使他们年复一年地努力工作。但对很多人和很多工作来说，情况并非如此。现在，除了渴望对自我和特殊他人的物质奖励之外，希望经济的主要生产要素能够受其他任何东西的**有效**驱使，似乎都是不现实的（Nagel，1991：121，127；Brandt，1996：205 - 6）。

但事实上，我们一方面认为，在评判一个守则时应该特别关注处境最差者的福祉，另一方面认为经济激励是可证成的，这两者之间并非不相容。这是罗尔斯给我们上的一课（Rawls，1971：sects. 11，12，42）。给予处境最差者合理程度的优先考虑，现如今不会掩盖为工作提供激励所带来的压倒性的长期利益。

将总福祉与给处境最差者某些优先考虑结合在一起，可以被表达为**福祉的加权和**。这就把对处境最差者的优先考虑纳入了福祉总和的计算中。处境最差者的福祉在这个计算中得到了额外权重。再来看一看［两套］守则之间的比较（见表 2.4、表 2.5）。如果福祉被严格地、不偏不倚地计算，那么第一套守则就会产生更多的福祉：1 010 000＞980 000。但是我们之前认为第二套守则更有吸引力，因为处境最差者在其中状况要好得多，而处境较好者只不过差了一点。这种推理贯穿于福祉的加权和这一观念之中。我们如果对总体善的计算给每一个处境最差者的福祉以两倍于每一个处境较好者的福祉的权重，那么就会得出支持更平等的分配的计算结 57
果：1 060 000＞1 020 000。

表 2.4　第一套守则

	福祉单位		两个群体的总福祉
	每个人	每个群体	
群体 A 中 10 000 人	1	10 000	
群体 B 中 100 000 人	10	1 000 000	

续前表

	福祉单位		两个群体的总福祉
	每个人	每个群体	
			不偏不倚地计算： 1 010 000 处境最差者的权重 * 2， 其他人的权重 * 1： 1 020 000

表 2.5　第二套守则

	福祉单位		两个群体的总福祉
	每个人	每个群体	
群体 A 中 10 000 人	8	80 000	
群体 B 中 100 000 人	9	900 000	
			不偏不倚地计算： 980 000 处境最差者的权重 * 2， 其他人的权重 * 1： 1 060 000

这种加权和方法说明了降平的不可取性。将表 2.5 与表 2.6 进行比较，可知第二套守则（见表 2.5）比第三套守则（见表 2.6）要好。其实，无论给处境最差者多少优先考虑，这都会是真的，因为在第三套守则所产生的严格平等的境况下，处境最差者的境况并不比在第二套守则产生的稍微不平等要好。这种加权和方法符合这一思想，即一个结果不可能比另一个更好，除非至少有一个人获益［参见帕菲特（Parfit，1984：359 - 64）的限定条件］。

表 2.6　第三套守则

	福祉单位		两个群体的总福祉
	每个人	每个群体	
群体 A 中 10 000 人	8	80 000	
群体 B 中 100 000 人	8	800 000	
			不偏不倚地计算： 880 000 处境最差者的权重 * 2， 其他人的权重 * 1： 960 000

根据福祉的加权和来表述规则后果主义，相比根据权衡不偏不倚地计 58
算的总福祉和对处境最差者的某些优先考虑来表述而言，具有明显的优势。一方面，“福祉的加权和”是一个比“权衡不偏不倚地计算的总福祉和对处境最差者的某些优先考虑”更简洁的措辞。另一方面，“权衡不偏不倚地计算的总福祉和对处境最差者的某些优先考虑”比“福祉的加权和”技术性更少和更晦涩。

但我认为比那两种考虑中任何一种都重要的是这一事实：“加权和”这个术语表明了一种通常难以获得的精确度。

至少有两个原因使我们通常难以获得这种精确度。首先，我们几乎永远无法**精确地**量化个人的福祉水平。这并不是说，我们永远无法比较不同个体的收益和损害的大小，或者不同个体的繁荣程度。我们可以比较这些东西，并且每天都在比较。但我们对收益和损害大小的判断通常是粗略的，并没有真正承认有数学上的精确度。其次，在计算加权和时，在处境最差者的福祉应该乘以多少这个问题上，任何决策在精确度上肯定都存在一些误差。简而言之，通常我们只能**粗略地**对不同个体的收益和损害进行比较，我们可以合情理地给予处境最差者的不过是一种**粗略的**优先考虑。

在关于“规则后果主义对规则的评价如何能够优先考虑处境最差者的福祉”的例子中，我自己采用了人为使之精确的方法。现在，在说明规则后果主义者怎样才能将平等看得不如总福祉重要时，让我避免这种人为做法，即使在降平不起作用的情况下。假设规则后果主义者是在对一项新技术（一项无主的技术）进行分配的各种可能的规则中进行选择；假设考虑中的所有分配方式都不会使任何人的处境更糟；还假设处境较好者从占有这项技术中获得的收益比处境最差者要多得多。导致“由处境较好者占有这项技术而不是处境最差者占有它”这个结果的一个规则，将大大增加总福祉，但也会稍稍增加一点不平等。在此总福祉的增加可能更为重要。

我所提供的例子表明，在评价其他备选的几套可能的守则时，对于一 59
个优先主义的规则后果主义者应该如何权衡总福祉和对处境最差者的优先考虑，我们可以进行一些归纳。总福祉的大幅增长比处境最差者福祉的小幅增长更为重要。处境最差者福祉的大幅增长比总福祉的小幅增长更为重要。

然而，这种归纳留下许多尚未确定的情况。事实上，存在一个很大的灰色地带，在这个地带中，增加总福祉似乎并不比增加处境最差者的福祉明显更重要或明显更不重要。而且，这个灰色地带的确切边界并不清晰。

2.8 “效用主义的不偏不倚”对“处境最差者的优先考虑”

我所谓的规则效用主义是这样一种观点：当且仅当一种行为为一套规则所允许时，此种行为是道德上可允许的，这套规则的内化会有最高的预期（或实际）效用。① 这一观点不偏不倚地计算效用并拒绝给处境最差者的福祉以任何优先考虑。对一个严格的效用主义者来说，没有必要权衡效用与平等。

根据两个考虑因素（福祉和对处境最差者的优先考虑）而不是一个（福祉）来评价规则，除了在规则效用主义本身中发现的那些复杂性和模糊性之外，优先主义的规则后果主义还涉及其他复杂性和模糊性。**如果**规则效用主义能像优先主义的规则后果主义一样，在避免额外的复杂性和模糊性的同时还可以解释我们经过深思熟虑的确信，那它当然就有优势了。

在两个方面，规则效用主义似乎明显比优先主义的规则后果主义更简单和直接。

首先，在根本层面，除了个体福利之外，规则效用主义不将任何事物视为有价值的。从这个意义上看，规则效用主义是一种福利主义学说。通常，效用主义者将此限定于有感觉的个体的福利。

60 其次，在我看来更有说服力的是这一点：效用主义可以被看作对“根本上不偏不倚”最自然的理解。效用主义直截了当地阐发了这一观念，即从道德视角看，每个人都被平等地计算。② 可以理解的是，效用主义宣称，任何给处境最差者优先权的标准都偏向于处境最差者，因而不是不偏

---

① 参见以下文献：Brandt，1959：ch. 16；Frankena，1973：ch. 3；Scanlon，1978。

② 参见以下文献：P. Singer，1993：12－25；Harsanyi，1976：13－4，19－20，45－6，65－7；Hare，1984：106－12；Kymlicka，1990：30－9；Bailey，1997：10－2。

不倚的。我之前对加权和的讨论很清楚地说明了这样一个道理，即对处境最差者的优先考虑更重视处境最差者的福祉，而不是任何处境较好者的个体福祉。

作为回应，优先主义的规则后果主义者只能断言，他们的理论包含了一种可识别的不偏不倚。他们可能会说，不偏不倚应该被理解为要求**对利益进行平等的考虑**，而这具有一种不同于效用主义的解释。T. M. 斯坎伦写道：

> 例如，“平等的考虑”可以被认为是指，在任何诉诸后果的证成中，我们都必须优先考虑那些“最迫切”的个人利益。根据这种解释，为了服务于不那么迫切的利益——即使是多数人的利益——而忽视这些利益，将违反“考虑的平等”。（Scanlon，1978：ch. 2）

同样，约翰·斯科鲁普斯基认为罗尔斯的优先考虑处境最差者的版本有利于处境最差者，他说：

> 因为它把一种伦理上的优先考虑放在其福祉的改善上。但是，它对正在考虑的是哪一个具体个人漠不关心。在这个意义上，它也可以被说成是，每个人都算作一个，没有人能算作一个以上。它不考虑个人的特性，只考虑他的相对福祉。（Skorupski，1996：208）

想想这样一些父母吧，他们将优先权给自己无论哪个只要是处于最差境况的孩子。尽管如此，这些父母可能仍认为自己是不偏不倚的。他们可能会指出，他们不会偏袒自己任何一个特定的孩子，而是将优先权给无论哪个只要是处于最差境况的孩子。在很多情况下，哪个孩子处境最差会随时间而变化。在这种情况下，父母可能会先将优先权给他们其中的一个孩子，然后是另一个，接着再转变。

对不偏不倚的这种更为宽泛的解释遇到了以下问题。

有些人以尼采的方式认为，优先考虑的不应该是处境最差者，而应该 61
是最有成就和最强大的人。根据这种观点，应该牺牲处境最差者甚至是那些仅过着普通生活的人的利益，只要这样做有助于伟大的艺术家、作家和将军登上更高的顶峰。持这种观点的那些人可以声称这是一个不偏不倚的观点。他们可能会指出，他们没有偏袒任何一个特定的个体，而是将优先权给任何一个能取得最大成就的人。哪个人能取得最大成就会随着人们力量的发展或退化而改变。

这种尼采式的观点超越了一个显而易见的事实，即一个人的更大成就可以比另一个人的更小成就拥有更多不偏不倚的价值，即使那个更大成就是由某个在各个方面都已比做出更小成就的那个人过得要好的人做出的。比起更小成就对过得不那么好的那个人可构成的好处，更大成就对那个已经过得较好的人可构成的好处更大［尽管因为赫卡（Hurka，1993：ch. 12）所概述的理由，不一定总是如此］。但是，尼采式观点认为，重要的只是最高成就者所达到的高度。因此，根据这种观点，某个已处于顶点的人所取得的一项额外的小成就比没达到顶点的其他人所取得的巨大成就更重要。[①]

再来看看一种更常见的精英主义形式。有些人甚至希望有更多的钱流向最富有的皇室成员、电影明星、歌手和运动员等群体。这实际上是这样一种观点，即最富有的人应该变得更富有，即使是以牺牲其余人的利益为代价。

现在，不可否认，“最大限度地提高人类所能达到成就的高度，即使只有极少数人能够达到这一高度”这个原则，可能是一个某些人可以普遍规定的原则。同样，“最大限度地提高奢侈品的奢华度，即使只有极少数人能够得到它”这个原则，可能也是一个某些人能够普遍规定的原则。但是，即使这些精英主义原则是可普遍的，它们当然也**不是**不偏不倚的。[②]

62 精英主义观点不是不偏不倚的这一事实对优先考虑处境最差者提出了一个显见的问题。如果优先考虑那些处于顶端的人的各种形式都是对不偏

---

① 这个观点首先关注的是胜出任何人以前所取得的成就之外的成就。所以，在考虑这种观点的时候，我们可以忽略一些情况，即一个人的进一步成就，因为这些进一步成就是对他之前成就的额外补充，但却不如他之前的成就，压低了他工作的平均质量。

② 黑尔（Hare，1981）认为，可普遍性实际上产生了我所说的完全的不偏不倚性。他提出，由于讨论中的精英主义原则并非不偏不倚，所以它们并非真的是可普遍的。我在此避开了这一辩论。我的观点是，精英主义原则显然不是不偏不倚的，无论它们是否是可普遍的。

不倚的一种拒绝，那么优先考虑处于底层的人又怎么可能是不偏不倚的呢？

我不得不认为，不偏不倚的这一点有利于规则效用主义，而不是任何形式的给一些人以超过其他人的优先权的规则后果主义。但我并不认为这一点必然是决定性的。因为或许不偏不倚这个概念可以被延伸到足以将一种给处境最差者优先权的规则后果主义接受为不偏不倚的。

具有决定性的可能是，规则效用主义能否像那种优先主义的规则后果主义形式一样解释我们经过深思熟虑的确信。任何将平等、公平或正义连同福祉一起视为最大化目标（maximand）一部分的规则后果主义，都是从关于道德价值的某些假设开始的。规则效用主义在其最大化目标中没有*道德*价值。但是规则效用主义者经常说，他们的理论有办法谴责那些似乎不能证成的不平等分配。如果他们的理论能够解释这一点，而不是简单地假设这一点，那这就是他们的理论所拥有的胜过优先主义的规则后果主义的一个优势。

但是想象一下这样一个社会，在这个社会中，大多数人强烈地倾向于少数人“待在原地”，也就是说，让他们保持更糟的状况。对压迫这种少数群体的规则予以集体内化可以使总效用最大化。可以肯定的是，这些少数人中的每一个成员所付出的代价都将大于多数人中每一个成员所获得的利益。尽管如此，如果与少数群体付出的代价相比，多数群体的获益量足够多，那么用纯粹加总的效用主义术语来说，多数群体的较大获益量就可能抵消少数群体人均受到的较大伤害。

然而，正如约翰·海萨尼和罗纳德·德沃金所提出的那样，将其理论建立在“每个人都平等地计算”这种观念上的效用主义者可以坚持认为，“外部偏好”——有关他人生活状况的偏好——不应被计入对效用的评价。 63
如果不计算外部偏好，那么效用主义对规则的评价就不会计算任何人倾向他人“待在原地”的偏好或类似偏好。如果效用主义者拒绝计算外部偏好，那他们就抢先制止了大多数旨在表明“规则效用主义可以支持压迫”的例子。①

---

① 参见以下文献：Harsanyi，1982：56；R. Dworkin，1985：363；Kymlicka，1990：36 - 7。关于不合理的偏好的更宽泛的讨论，参见瓦伦蒂内（Vallentyne，1991a）。

现在想象一种情形，在这种情形中，即使外部偏好的满足不被计算为效用的一部分，巨大的不平等也会使效用最大化。规则效用主义的另一个回应是，这种情形是不现实的。换句话说，在现实环境中，效用**只有**通过或多或少平等地回报人们的规则才会被最大化。① 如果规则在没有任何明显理由的情况下让某些人获益远多于其他人，那么结果迟早会是疏离、怨恨和动荡。

最后，极为重要的一点是，物质产品有着递减的边际效用。通常情况下，你拥有的食物、自行车、衣服或金钱越多，你从增加一个额外单位中所获得的收益就会越少。不过在特殊情况下，比如当你集齐收藏品或所持股份达到某个临界点时，这一点可能并不正确。但这一点通常都是正确的。

由于物质产品具有递减的边际效用，因此将这些产品中的一些从拥有很多的人那里转移到拥有很少的人那里，**可能**会增加总效用。如果我们生活在同样寒冷的气候里，我有三件冬衣，而你一件也没有，那么我失去一件冬衣而造成的福祉减少要小于你得到这件冬衣而带来的福祉增加。

物质资源边际效用的递减给了效用主义者支持平等主义的物质产品分配的推定理由。所有规则效用主义者都认为这一现象很重要，但那些认为“财富非常平等地分配是最好的”的规则效用主义者，对物质产品边际效用的递减印象尤其深刻（Brandt，1979：312－9，1996：206－21；Shaw，1993，1999：236－44）。

此外，只要人们从同一组物质产品中获得相同数量的收益，那么物质产品边际效用的递减就为人们提供了一个使物质产品［分配］均等化的效用主义理由。②
64 如果我有残疾，而你没有，那么我从一批物质产品中获得的收益可能会比你从完全相同的这批产品中获得的要少。现在假设你和我有完全相等的物质产品库存。因为你其实是一个能更有效地将物质产品转化为个人收益的人，所以在这里如果将物质产品从我这里转移到你那里，

① 参见以下文献：Brandt，1979：306－26；Johnson，1991：17－9，64－6；Shaw，1999：236－7。

② 正如约翰·布鲁姆（Broome，1991b：176－7）指出的那样。

效用就会增加。这不仅会造成我们之间物质产品上的不平等，也会造成福祉水平上的不平等。

然而，从人们自物质产品消费中获得的收益来看，他们之间无疑是**大致**平等的。他们之间显见的非常不平等之处在于其在竞争性经济中繁荣能力的不平等。

为什么要有一个竞争性经济？好吧，自由市场的一个好处恰恰就是其中的自由。① 我们可以自由地以我们想要的任何方式进行商品和服务贸易。这种自由对许多人来说显然具有外在价值。它甚至可能具有内在价值，因为它是一种自主。

效用主义者通常回避对自由市场的这种论证。相反，他们注意到了另一种论证，即同样将经济不平等视为效用主义所认可的一种安排的预见性副产品。这种安排就是提供经济激励。正如我所指出的，这种安排不出所料将导致经济不平等。

因此，效用主义者不得不权衡物质产品边际效用的递减与经济激励的需要。然而，这些考虑之间的冲突不会使他们为难。毕竟，权衡这些考虑因素似乎的确是认真思考生产和分配的正确焦点。

对我而言，将这些考虑综合起来，似乎就是一个强有力的支持规则效用主义而不是敏于分配的（例如优先主义的）规则后果主义的理由。依我
看，最重要的一点是，最可靠的敏于分配的规则后果主义版本给了处境最 65
差者优先权，这似乎是对不偏不倚的一种违背。

然而，似乎确实存在一些真实的而不仅仅是幻想的情形，在这些情形中，那些令人厌恶的不平等规则将会最大化总福祉（Kymlicka，1990：28)。这一点促使我得出这一结论（虽然没有多少信心），即总的来说，一个纯粹效用主义的规则评价不如优先主义的规则后果主义。

这是这样一个问题，即道德原则的深刻分歧在实践中没有相关经验问

① 罗尔斯写道，“市场体系的一个显著优势”就是人们“有选择事业和职业的自由。完全没有理由强迫和要求人们集中劳动。事实上，在竞争性计划中如果没有出现收入差异，那么一般情况下无论如何都很难看出，怎样才能避免指令性社会的某些与自由不一致的方面”(Rawls，1971：272)。

题的差别重要。假设迪克认为，规则应该仅仅根据总效用来评价，而多萝西认为，规则应该根据对处境最差者有某种优先考虑的总效用来评价。迪克和多萝西都认为物质产品的边际效用递减。因此，两个人都看到了支持能导致更为平等的物质产品分配制度的一些理由。但是，激励人们努力工作和创新的需要，又给了他们支持有差别地经济奖励的效用主义理由。一种经济激励机制有着这种可预见的经济不平等结果。

他们能同意多大程度的经济不平等？这将部分取决于他们评价守则的道德原则，但也部分取决于他们对不同激励水平的后果的看法。迪克可能认为不需要非常大的激励措施来激发人们努力工作和创新。多萝西可能相信，要达到这些目的需要大量的激励措施。因此，迪克可能会认可这样一种规则体系，这种规则体系可以预见将导致比多萝西所认可的规则体系更为平等的分配。然而，多萝西才是支持给处境最差者优先权的基本原则的人。

对于优先主义的规则后果主义是否优于不敏于分配的规则效用主义，我本人仍然不是很确定。而且我仍然认为，这些观点之间的差异在实践中可能无关紧要。因此我建议，除非事情与该差异相关，否则从现在起就忽略这一差异。因此，当我提到一套守则之结果的“预期价值”时，对于这个价值应该是简单的总福祉还是总福祉加上对处境最差者的某些优先考虑，我通常持开放态度。

2.9 计入谁的福祉？规则后果主义对契约论

66 契约论（contractualism）① 和规则后果主义有许多共同的吸引人之处。它们两者都包含“一般化测试”（generalization test）。换句话说，它们都会问：“如果每个人都觉得可以自由地去做你建议做的事情，会怎么样？”② 对

① contractualism是斯坎伦提出的契约论，用以跟霍布斯式的契约至上论（contractarianism）相区别。——译者注

② 20世纪出版的关于“一般化测试”的有影响的讨论包括：Broad，1916；Harrod，1936；Harrison，1952/3；Stout，1954；M. Singer，1955，1961；Strang，1960；Hare，1963，1981；Lyons，1965；Mackie，1977：ch. 4，1985a；Regan，1980：ch. 6。当代也有许多关于康德绝对命令的讨论。

于规则后果主义者来说，这个问题问的是那些“让每个人都觉得可以自由地从事这种行为”的规则被内化后的预期价值。对于契约论者来说，“如果每个人都觉得可以自由地去做你建议做的事情，会怎么样”这个问题问的是，是否有人可以合情理地拒绝让每个人都觉得可以自由地从事这种行为的规则。契约论和规则后果主义所共有的其他吸引人之处如下。这两种理论都产生了与常识道德确信一致的原则，即杀人、偷窃、违背承诺等行为是不当的，即使它们会带来更多好处。这两种理论都为处理许多道德问题领域提供了一种卓有成效的方法。因此，契约论和规则后果主义在推理形式上有几分相似，它们所得出的原则非常相似，在为问题领域提供帮助方面也相似。

然而，契约论对谁具有道德地位的论述，在直觉上似乎不如后果主义。

动物（或至少许多动物）的福祉具有直接的道德重要性，在此意义上，动物在道德上也计数。要证明这一点，我们不需要在“使用动物测试药物或将其当作食物和衣服来源”这些道德问题上表明立场。让我们聚焦于一个争议最少的关于我们对动物的道德义务的论题：为了人类非常轻度的娱乐而严重折磨高等动物在道德上是不当的。①

契约论者对“道德对我们如何对待动物至少施加了一些限制”这一观念会怎么理解呢？许多现代的契约论都源自康德，他声称“我们对动物的
义务只不过是对人类的间接义务。因为对动物残忍的人在与人打交道时也 67
变得冷酷无情”（Kant，1989：210）。

对康德的观点有两种反驳。

首先，我们可能会怀疑康德关于“对动物残忍”和“对人类残忍”之间存在这种联系的经验主义主张。很多人对动物的痛苦相当冷漠，但对人类却赫然无私（有些人则相反）。

更重要的是对康德观点的第二个反驳。这个反驳是，即使康德认为对动物残忍往往导致对人类残忍是正确的，但这也没有将我们不应该对动物残忍的理由讨论透彻。为了论证起见，想象一下我们有确凿的证据证明，残忍地对待动物其实不会导致对人类同胞残忍。不过，我们还是会认为，

① 参见诺齐克有创意的讨论（Nozick，1974：35－42，esp. 36）。

为了我们轻度的娱乐而折磨动物是不当的。在这里，理由必须从**它们的**痛苦中推导出来，而不能从对"人类怎样对待其他人类"的负面的、间接的影响中推导出来，因为根据假设，不存在对人类的这种影响。我认为这表明，不为了我们的轻度娱乐而折磨动物的道德理由至少部分来自动物的痛苦，与它对我们如何对待其他人类的影响无关。

思考一下彼得·卡拉瑟斯（Peter Carruthers）的契约论论证。① 卡拉瑟斯和我采取的思路大致相同，认为康德的契约论没有给予动物直接的道德权重（Carruthers，1992：ch. 5）。然后他提供了康德式的补充说法，即人们对动物痛苦的漠不关心，因其与对人类残忍的关联，可以表现为道德上令人反感的残忍。正如他所写，"缔约的理性行为者应该同意试着对彼此的痛苦养成一种现成的同情（a ready sympathy），而对动物痛苦的同情……仅仅是这种一般态度的一个附带后果"（Carruthers，1992：154）。

然后卡拉瑟斯提供了一个双层解释：

> 既然正当的行为要求你为动物而行动，那就很容易明白人们如何
> 会陷入相信动物本身有道德地位。但这可能会忽略一点，即道德思考
> 可能有各种不同的层次。一方面，有显示我们既定的道德倾向和态度
> 68 的思想层次（这是同情动物痛苦所属的层次）；但另一方面，也有对
> 这些倾向和态度的理论反思层次，即询问这些倾向和态度如何能得到
> 一种可接受的道德理论的证成。正是在这个层次，作为契约论者，我
> 们逐渐认识到，动物是没有道德地位的。（Carruthers，1992：157）

卡拉瑟斯承认，在动物的道德地位问题上，直觉似乎对他不利（Carruthers，1992：158）。但是他声称，直觉在此应该让步于理论，即面对契约论优于其他道德理论的情况，我们对动物道德地位的常识承诺应该被放弃。而且，卡拉瑟斯想让我们放弃的不仅是我们对动物的道德地位的信念，还有关于"我们对待动物的哪类行为是道德上可允许的"一些信念。比起其他一些社会，有些社会可能很少将动物人格化。卡拉瑟斯写道：

---

① 卡拉瑟斯也有一些非契约论的论点反对给予动物直接的道德权重。我聚焦于他的契约论论点。

> 在这样一个社会中，狗可能会被慢慢地勒死，因为人们认为这会让［狗］肉尝起来更好，而牵涉其中的人却从来没有想到他们正在做的事和他们对人类的态度之间有什么关联——其实，可能实际上并没有这种关联。虽然这样一个行为由我们社会中的某个人来进行的话会表现得很残忍，但如果由那个社会的人来做，可能就不残忍了。（Carruthers，1992：162）

并且根据他的观点，由于（1）动物没有**直接的**道德重要性，并且（2）慢慢地勒死狗可能与**对人类**残忍没有关系，因此这种行为可能在道德上是没什么可反对的。但这一结论却是悍然违反人们直觉的。实际上，这似乎就是对任何一个致力于此的观点的一种**反证法**（reductio ad absurdum）。

契约论者可能会声称，**我们自己对动物的强烈关怀**，促使我们确保任何一份社会契约都能保护它们（Gauthier，1986：17，268，285；Scanlon，1998：221－2）。但这样一个主张还是没有抓住要领。因为从直觉上看，我们相信动物在道德上重要不是因为我们关怀它们，也不是因为如果我们与动物保持某种关系，那我们生活中的价值就会更大。正如边沁所说，它们重要的原因在于它们可以感受痛苦。从直觉上看，整体善在道德上很重要，动物福利至少是整体善的一部分，而这并不取决于我们偶尔产生的对动物的关怀。

我同意卡拉瑟斯的看法，即斯坎伦的契约论版本是现行理论中最可行的。卡拉瑟斯认为，他正在得出斯坎伦的契约论所得出的结论。在斯坎伦 69
对其理论的早期表述中，他陈述道，他的契约论蕴含着“如果证成观念对那样一类存在讲得通，那么道德就适用于这种存在”（Scanlon，1982：113）。但对兔子、狗甚至鲸证成明显是讲不通的。因此，契约论会把动物置于道德考虑的范围之外（在此，卡拉瑟斯和我都同意契约论的这一蕴含）。然而，这些动物在道德上确实很重要，因此契约论陷入了困境（这一点卡拉瑟斯和我都不赞同）。①

---

① 对高希尔的霍布斯式契约论的相关批评，参见卡夫卡（Kavka，1993）。但是，对于试图表明罗尔斯式契约论可以将道德权利归之于动物福祉的理论，参见以下文献：VanDeVeer，1979；Elliot，1984；B. Singer，1988。

斯坎伦含蓄地承认，动物的道德身份可能对契约论来说是一个问题。他指出，我们可以将动物看作有受托人代表它们拒绝或同意所提议的规则（Scanlon，1982：113）。但斯坎伦诉诸受托人机制是特设的，单单基于契约论的根据是促发不了的。[①] 而且事实上，斯坎伦最近出版的书中似乎避开了“我们应该将动物看作在契约论谈判中有受托人”这种想法（Scanlon，1998：184）。

斯坎伦现在更喜欢在广义和狭义的道德之间做出一个区分（Scanlon，1998：6，171－8，342－9）。他提出，契约论只是一种狭义道德的论述。这是要承认，道德比契约论所描述的要多。斯坎伦接着提出，虽然动物超出了狭义道德（即契约论）所保护的范围，但是有出于**广义**道德的好理由来减轻动物的痛苦（Scanlon，1998：181）。斯坎伦在此是在放弃他先前的观点，即某事物是否属于道德保护的范围，取决于该事物是否是这样一种能对其讲得通证成的事物。他现在实际上承认了，无论动物是否能够推理、讨论或与我们就规则进行讨价还价，它们都有道德地位——**仅仅**因为它们能够感受痛苦。

我接受契约论可以通过两种方式容纳动物，要么引入受托人，要么将自己限定为一种仅关乎一部分道德的论述。但是，正如我所指出的，求助
70 于受托人制度似乎是特设的。对我而言，狭义道德和广义道德之间的区分似乎是一个只有在我们不得不接受时才应该接受的做法。如果另一种道德理论在其他方面和契约论一样好，而且无须将道德划分为狭义部分和广义部分就做到了这点，那么对契约论来说就更不妙了。实际上，对我来说，这似乎刚好是规则后果主义完成的事。

将动物感受痛苦的能力解释为它们拥有道德地位的理由，对规则后果主义来说很自然，但对于契约论来说却很困难。因此，在谁拥有道德地位这个问题上，后果主义似乎更胜一筹。如果这些理论在其他方面大致相等，并且我相信它们是大致相等的，那么总的来说规则后果主义占了上风。

---

① 我在自己的作品（Hooker，1995）中提出这一主张后发现，卡拉瑟斯已先行提出了大致相同的批评（Carruthers，1992：100）。

2.10　自然环境的价值

许多人认为，自然环境的多样性和美除了现在或未来能给人类或动物带来的任何好处之外，其**本身**也是有价值的。这种非工具性的环境善品对契约论者来说比动物更难处理。相比之下，规则后果主义可以轻松容纳非工具性的环境善品。规则后果主义能够被表述得不仅可以根据有感觉的存在者的加权福祉来评价规则，而且可以根据这些环境善品来评价规则。① 在这种情形下，规则后果主义可以判断一套规则比另一套规则更好，仅仅是因为根据这些非工具性善品，第一套规则的广泛内化比第二套规则的广泛内化会有更大的预期价值。

认为环境善品本身就有价值的规则后果主义者将面临这样一个问题：在几套备选规则的排序中，这种环境善品有时是否比现在的和未来的有感觉的存在者的总福祉更重要。我想我们还可以问问，环境善品［的价值］能否超过改善处境最差者状况的重要性。我无法回答这样的问题。

事实上，对于自然环境的重要性是否超过了它对有感觉的存在者现在或未来的影响，我本人是犹豫不决的。环境显然对有感觉的存在者的福祉 71
有巨大影响。自然环境的多样性和美有着巨大的工具价值。单看这个理由，几乎每一个人现在都同意许多形式的环境保护非常重要。但是，就“自然环境的重要性不仅仅在于其对现在或未来有感觉的存在者的影响”这个观点，人们并没有达成共识。

因此，此后我将不再提及自然环境。但是，让我来消除那些人的疑虑，他们对“自然环境的重要性不仅仅在于其对现在或未来有感觉的存在者的影响”比我更有信心。我认为，我在本书其余部分提出的所有想法都可以修改，以容纳这样一种观点，即规则不仅应该根据（加权？）福祉来评价，也应该根据环境价值来评价。

---

① 在此，我很感谢雷·兰顿（Rae Langton）和蒂姆·斯坎伦有助益的建议。

第 3 章　表述的问题

72 虽然我们对规则后果主义的描绘正变得越来越清晰，但它还没有成为人们关注的焦点。我们如果关注其表述的更进一步问题，就可以更准确地界定它的形状。

3.1　合情理的预期后果，而不是实际后果

上文我是根据规则的预期价值而不是根据它**实际会产生的后果**来表述规则后果主义的。① 我这样做是因为道德可允许性（以及正当性和不当性）不应该受缚于太难（事实上是不可能有效地）查明的事实。恰好哪些规则是那种被绝大多数人内化后实际会产生最佳后果的规则，没有人会因为不知道这个而受到指责。并且如果没有人会因为不知道哪些规则会产生最佳后果而受到指责，那么就没有人会因为未能遵守这些规则而受到指责。因此，对道德上**应受指责性**的可靠解释不会将其与实际上会产生最佳后果的规则绑在一起。

有些人坚持区分不当性和应受指责性。他们认为，不当性取决于情境中的真正事实，而不是行为者如何看待该情境。根据这一观点，不当性可能取决于根据各种备选方案事情实际上会如何解决，而不是取决于行为者预期它们会如何解决。但是，因行为者未能合情理地预期某事而指责他们
73 似乎是很荒谬的。因此，应该根据行为者实际上预期到的结果，或者有可

① 在我最初关于规则后果主义的论文中，我是根据实际后果而不是预期后果来表述这一理论的（Hooker，1990：67，1991a：269，1991b：270）。我思想的变化是由格里芬（Griffin，1992：130－1）和莫尔根（Mulgan，1994b）引起的。与约翰·斯科鲁普斯基的讨论极大地影响了我目前的表述。

能根据行为者能够合情理地预期到的结果来分摊指责。

但是，将不当性与应受指责性分隔得如此之远似乎违反直觉。我们大多数人都认为，道德上的应受指责性与道德上的不当性密切相关。我们甚至可能忍不住说，当且仅当完全负责的行为者的行为在道德上是不当的时，该行为就是道德上应受指责的。① 我增加了“完全负责的行为者”这一限制条件，以便捕获这样一个想法：如果一个行为产生的部分原因要么是无可指责的动机问题，要么是无可指责的信息不足问题，那么该行为可能是不当的，却不是应受指责的。

举一个我所想到的动机类问题的例子。假设你从不喝酒，因为你知道喝酒会让你变得刻薄和好斗。然而，在一个聚会上，你的饮料明显不含酒精，却被人偷偷掺了烈酒，喝过后你生气了并打了某人一拳。在此打人是错误的，但鉴于你没有理由怀疑你的饮料被掺入烈酒，以至于你对好斗性的正常道德抑制发生了短路，按理说这一行为并不真的应受指责。

行为者在信息不足情况下行事的例子甚至更为常见。假设你是在对境况抱有错误信念的情况下采取行动。你走在街上，偶遇一个人，很明显他正在殴打另一个人，于是你试图通过殴打攻击者来阻止这个行为。假设你巧遇的这个情形实际上只是街头戏剧，所以你看到的明显攻击只不过是在表演。按理说你伤害那个演员是不当的，但在当时的情况下却不是应受指责的。

在那种情况下，你所知道的相关规则是：“避免伤害无辜者”，以及“如果你可以在没多大风险的情况下帮助那些正在遭受攻击的无辜者，那么就要这样做”。你不知道的是（而且我们假设你没有足够的理由预料到），这样一种情形使第一个规则而不是第二个规则与之相关。由于你对实际情况的无知是无可指责的，所以你违反“避免伤害无辜者”这一规则 74
完全是无意的。因此，你的行为是不当的，但却是无可指责的。

---

① 关于解释不当性与应受指责性之间联系的认真尝试，参见吉伯德（Gibbard，1990：41－8）。吉伯德承认，他正在接受并修改密尔在《效用主义》第 5 章第 14 段中关于不当性与最佳制裁之间的联系（即应该有的制裁）的著名提议。另见考普（Copp，1995：25－6 and ch. 5，esp. 88－96）。关于对“不当性应该与关于指责的规范相联系”这一论点的攻击，参见克里斯普（Crisp，1997：127－32）。

在我看来，对这些例子该怎么说似乎不太清楚。我可以想象持有这样一种观点：**鉴于**人们对其所处境况有合情理的信念，如果他们据此做出了道德上合情理之事，那么他们所做之事无论有多么不幸，都不可能是道德上不当的。

但是，假设我反而承认，在我之前略述的“不当的”和“应受指责的”之间存在狭小的“喘息空间”。尽管如此，我似乎走得还不够远。事实上，我们可以宣称，规则后果主义会把“一个行为是否不当”问题与“该行为是否应受指责”问题鲜明地区分开来。有人可能会说，我们应该将规则后果主义表述如下：

实际结果的规则后果主义：当且仅当一个行为为这样一套由规则组成的守则所禁止，这套守则被绝大多数人内化**实际上**会产生最佳后果时，这个行为是不当的。但是，如果行为者未能遵守最佳规则，而这种未能遵守是由合法的无知（包括对什么是最佳规则的合法无知）所造成的，那么行为者不应该因未能遵守最佳规则而受到指责。

将实际结果的规则后果主义与我之前根据**合情理的预期**所表述的规则后果主义进行比较。**在认识上**，我根据合情理预期所表述的，相比实际结果的规则后果主义，其严苛性要小得多。因为我之前的表述并不要求我们找到并遵守**实际上会**产生最佳后果的规则。① 为了避免不当的行为，我们只需要找到并遵从这样一套守则：可以合情理地预期它会有比我们可以辨识的其他任何守则更好的后果。或者，如果两个或两个以上的守则同样都是最好的，那我们只需找出其中最接近传统道德的那一个。

我觉得实际结果的规则后果主义不如我之前表述的规则后果主义。因为把不当性与那些实际上会产生最佳后果的规则绑在一起，就会在不当性和应受指责性之间引入一道鸿沟。很有可能，有许多规则实际上会产生最
75 佳后果，但我们不能合情理地预期它们将比可辨识的备选规则产生更好的后果。而如果无法合情理地预期这些规则将比可辨识的备选规则产生更好的后果，那么行为者就不能因未能遵守它们而受到指责。因此，一种可靠

① 关于在认识上更严苛的“客观主义的”后果主义版本陷入“应该”蕴含“能够”原则的问题，参见霍华德-斯奈德（Howard-Snyder，1997）。

的道德上应受指责的论述不会将其与那些实际上会产生最佳后果的规则绑在一起。

我认为，对**不当性**的一种可靠解释也是如此。将不当性等同于行为者未能遵守那些不能因其未能遵守而受指责的规则，似乎毫无意义（Sorensen，1996）。如果“不当性”这个概念太过偏离“应受指责性”，那么不当性的大部分（即使不是全部）重要性似乎就丧失了。为了保持其重要性，不当性必须相当接近应受指责性。因此，和应受指责性一样，不当性也需要根据合情理预期为最佳的而不是实际上最佳的规则来解释。

我认识到，有些人可能不赞同这一观点。他们可能认为实际结果的规则后果主义要优于我自己的规则后果主义版本。但他们与我在这一点上的分歧，不应该妨碍他们觉得本书很有趣。因为他们可以将我在此阐发的规则后果主义版本注解为仅仅是一个对应受指责性的论述。

3.2　遵守对接受

不同形式的规则后果主义在评价规则的条件上存在分歧。例如，有种版本的规则后果主义是根据**遵守之**就会有最大预期价值的规则来表述的。另一种版本是根据**接受之**就会有最大预期价值的规则来表述的。①

横跨在规则后果主义的遵守版本和接受版本这一区分中间的是另一
个区分，那就是根据**普遍**（universal）遵守或接受进行的理论表述与根据 76
一般（general，即某种比“普遍”程度要弱很多的状态）遵守或接受进行的理论表述之间的区分。我到下一节才会讨论这一区分。之所以推迟这个讨论，是为了方便在本节中集中讨论规则后果主义的遵守版本与接受版本这一区分。

在问到规则后果主义是根据遵守还是根据接受来表述时，我们的第一个想法可能是，遵守正确的规则是第一要务。但遵守并非唯一重要之事。我们也在意人们所怀有的**道德关切**（moral concerns）。因此，我们最好不

① 关于早期就强调考虑接受规则而不仅仅是遵守规则的重要性，参见布兰特（Brandt，1963：120 - 5）。这一点在布兰特的研究中一直很突出。

仅要考虑确保人们遵守的成本，还要考虑确保人们有充分的道德动机的成本。从规则后果主义的视角看，“道德动机”意味着对正确规则的接受。而“对正确规则的接受”包含的却不仅仅是遵守这些规则的倾向，还包括鼓励他人遵守规则的倾向、对那些遵守规则的其他人形成赞成态度的倾向、当有人违反规则时感到内疚或羞耻的倾向以及谴责和怨恨他人违反规则的倾向，所有这些倾向和态度都得到了已被他们证成的信念的支持。①

聚焦于规则的**接受**至关重要。也就是说，不仅要聚焦于以某种方式行事的倾向，还要聚焦于以某种方式感受的倾向。因为接受某个规则——或许在这一点上最好说是某个规则的**内化**——可能会产生超出遵守规则之外的后果。②

发生这种情况的一种方式是，某一给定水平的规则内化并不会导致同一水平的规则遵守。为什么规则的内化未能产生完美的遵守呢？因为人们会犯错误，会屈服于诱惑，等等。这种事在法律上很常见。如果我们需要人们在某些区域开车时速不超过 30 英里，那么限速可能应该设置为 25 英里。

77 我本人认为，规则后果主义应该将内化和遵守之间的许多差异（稍后会讨论更多）考虑在内，但不是这一个。在我看来，道德上的正当取决于根据这一假设所设计的规则，即假设我们将常常不能遵守这些规则，这似乎是违反直觉的。如果在一个地方而不是另一个地方设定一个规则的意义是，基于我们的行为在某种程度上会偏离目标，那么人类犯错的倾向就是在改变道德上允许和道德上禁止之间的界限。

---

① Brandt，1967：sect. 8 [1992：120 - 1]，1979：164 - 76，1996：67，69，145，156，201，266 - 8，289；Blackburn，1998：59，62，67 - 8；Scanlon，1998：276，334. 特别详细的讨论，参见考普（Copp，1995：82，84 - 93）。

② 关于这一点，参见以下文献：Sidgwick，1907：405 - 6，413；Lyons，1965：140；Williams，1973：119 - 20，122，129 - 30；Adams，1976：esp. 470；Blackburn，1985：21 n. 12；Scanlon，1998：203 - 4；Kagan，1998：227 - 34。还可参见卡根的评论，“规则一旦融入心中，就会对结果产生一种影响，这种影响与其对行为的影响无关：比如说，可能仅仅想到一套规则就能使人们安心，从而有助于幸福”（Kagan，2000：139）。

内化和遵守之间还有其他一些区别，这对我来说似乎更为重要。假设你接受了一个规则，它规定你要报复攻击者。再假设人们可以准确地看清你的性情，在此意义上你完全是透明的。所以，每个人都了解你会报复的性情，所以**从不**攻击你。如此一来，你接受这条规则在阻止攻击上是如此成功，以至于你**从未**有机会遵守该规则。因此，你接受该规则显然会产生重要后果，而这些后果不可能直接源于你按照该规则行事，因为事实上你从未按该规则行事过。①

现在，让我们转向另外一个例子。斯坎伦写道：

> 作为行为者，如果我们知道，我们必须随时准备去实施某类行为（如果这类行为是我们被要求做的），或者我们无法指望能够实施另一类行为（如果这类行为是我们想要做的），因为它们是被禁止的，那么这些事情就对我们的规划和对生活的安排有重要影响，无论相关类别的行为在现实中究竟是否有发生的场合。例如，如果我住在沙漠地区，有义务为经过我家的有需要的陌生人提供食物，那么我在购物和消费时就不得不考虑到这种可能性，无论是否有人曾向我寻求这种帮助。(Scanlon，1998：203)

这个例子说明了海萨尼所谓的“预期效应”（expectation effects）——公众意识到要遵从某些规则的保证和激励效应。② 在阻止攻击那个例子 78
中，他人的行为是由他们确信“你如果受到攻击会做什么”的预期引导

① 关于区分制造可靠威吓的后果和进行威胁的后果的重要性的开创性文章，参见卡夫卡（Kavka，1978）。有人可能会提出反对，因为你从来没有彻底击败过任何人，所以事实上你的确遵守了规则。这个反对理由是混乱的。规则是：“如果有人攻击你，就彻底击败他”，这是一个你从来没有机会遵守的规则。不彻底击败任何人就是遵守不同的规则，即“只有当某人攻击你时，才能彻底击败他”。但这个规则不是我的例子中所用的那个。我并不是在暗示这些规则一个比一个好，或者比其他可能的规则更好。在这一点上，我所论证的是，一个规则，除了遵守它的行为之外，它还可以产生后果。

② Harsanyi，1977，1982：58－60，1993：116－8. See also Brandt，1979：275－7，1992：142，144，149，153，1996：126，144；C. Johnson，1991：esp. chs. 3，4，9. 再有，拙作（Hooker，1993a）中也有关于激励效应的评论。

的。对他们行为的影响源于他们预期你会做什么，而不是源于你实际做过什么。

许多规则具有极其重要的预期效应。这一点并不一定由那些仅关注遵守规则的后果的人来承受。遵守某个规则的后果当然会包括**对**人们预期的影响，也包括这些预期所带来**的**种种连锁效应。一些哲学家由此认为，预期效应的存在没有提出任何理由要根据接受而不是遵从来设计后果主义。

但是，无论每个人都**遵守**某一规则是否会使总体净利益最大化，我们都应该考虑更广泛的**内化**规则的成本和收益。内化一个规则可能涉及比内化另一个规则更高的成本。正如布兰特所写：

> 显然，基本动机不可能非常多，因为它们必须通过某个条件作用过程或诸如此类的策略（例如，用某些有声望的人做模特）来发动。同样，被禁止或取缔的行为的复杂性受到普通人智力的限制。这些规则可能要求的行为受限于每个人自我利益之间的张力以及几乎每个人都必定会滋生的特殊欲望和厌恶，包括某种程度的仁爱。它们还受限于如下事实：基本动机只有通过本质上建立在其他欲求基础上的条件作用才能获得，在此意义上这些其他的欲求是先在的。①

因此，对某套守则的一个反对理由可能是，它太过复杂或要求太多的自我牺牲，以至于要将其广泛内化就必须投入非常多的社会资源。这套守
79 则的内化成本太高，无法使其成为最优守则。如果是这样，那该守则就是无法证成的。而如果一个守则是无法证成的，当然就不需要遵守它了。

我是在假设，道德规则和现在差不多一样是由家庭、老师和更广泛的文化来灌输的。我并**不**认为这套守则应该由一些有见识的精英来传授，以让无知的大众盲目接受。相反，我假设这套守则应该被**整个**人类社会内化，而不考虑社会经济地位或高等教育资格。这一点的重要性稍后会更加明显。目前，让我仅强调一下，我接受考普的观察：“［就］人类心理而言，一套守则如果不是或不成为文化的一部分，它就不太可能在一个社会

---

① Brandt，1979：287. 关于布兰特对他所说的教育成本的强调，参见以下文献：Brandt，1963：sect. 4，1967［1992：126］，1983：98，1988：346－7，349－50［1992：140－3，144－7］，1996：126－8，145，148，152，223。

中得到全社会的奉行和广泛接受。”（Copp，1995：101）

以下是对内化成本如何变得至关重要的说明。假设我们正在评价两套供选择的可能守则，我们可以称之为守则 A 和守则 B。

首先，考虑**守则被完全内化后**各自后果的预期价值。假设守则 A 被内化后其后果的预期价值是 n。守则 A 比守则 B 更简单、要求更少。假设守则 B 被内化后其后果的预期价值是 n+5。

其次，考虑**将守则内化**各自**所涉及的**预期**成本**。由于守则 A 更简单且要求更少，因此守则 A 的内化成本将比守则 B 要低。假设内化守则 A 所涉及的预期成本为－1，而内化守则 B 所涉及的预期成本为－7。

现在考虑每一个守则的总值。守则 A 的总预期价值是－1＋n。守则 B 的总预期价值是－7＋n＋5。这说明了计算内化成本因何能够改变守则的排序。

正如更复杂、更苛刻的道德守则有更高的内化成本一样，它们也有更高的“维系”和“强化”成本。我们绝不能草率地得出这一结论：不同守则预期价值的比较将支持最简单和要求最低的那种守则。但我们应该认识到，内化和维系成本会对更复杂和更严苛的守则产生不利影响。

我是根据**新一代所有人**的内化成本来表述规则后果主义的。这样做的 80
理由是，我们应该考虑一套守则在没有先在道德观念的人类中的灌输。我们不应该考虑由那些已经忠于某些特定守则的人内化某套守则的成本。例如，让已经内化种族主义和性别歧视规则的人接受一套非种族主义和非性别歧视守则的成本**不**应被计入。就确定哪些规则是最好的而言，将它们计算在内会对已习得的态度产生一定的影响，这些态度是规则后果主义本身认为可避免的和道德上无法证成的。对于规则后果主义来说，这样做会误入歧途，其理由与“重视‘外部偏好’的理论会误入歧途”相同。① （我的确对已确立的道德习俗给予了一些权重，甚至在它们只是次优的情况下也是如此。但是，这不会延伸到让种族主义、性别歧视或恐同态度影响道德守则的选择。）

---

① 在本书第 61 页脚注①中，我提及一些关于外部偏好的文献。

3.3 何种程度的社会接受？

另一个关于如何表述规则后果主义的问题是，要假设何种程度的社会接受。我的表述指的是“被所有地方的新一代所有人中的绝大多数内化”。显然，这句话很笨拙絮叨。因此，我经常用“一般内化”这一较简洁的表达作为替代。

我指的是被**绝大多数人**内化，而不是**普遍**内化，因为我们不应该设想守则的内化会延伸到幼儿、有智力障碍人士，甚至延伸到每一个“正常”的成年人。道德守则应该适合真实的世界，在这里，任何道德守则可能最多只是部分地被社会接受和遵守。一种合格的伦理规范（an adequate ethic）必须为有恶意的、不诚实的、有失公允的或仅仅被误导的人所造成的局面做准备。简言之，为了在真实的世界中应用，道德守则需要为处理人们不遵守的情况做准备。

81 但我并不是说，根据绝大多数人内化而不是绝对普遍的内化来表述这一理论的理由只是一个后果主义的理由。我们觉得一种后果主义的表述比另一种更可靠，其理由本身并不一定是后果主义的。我们之所以支持一个版本的规则后果主义而不是其他任何版本，可能是因为这个版本既与我们对道德的一般确信最融贯，也与我们对在特定情况下道德要求怎么做的确信最融贯。因此，重要的不是一般内化版本将比普遍内化版本产生多少更好的结果。毋宁说，重要的是一般内化版本更符合我们的确信。

一个常见的想法是，虽然独立的道德确信可以合法地帮助我们**在**理论**之间**做出选择，但道德确信**在**康德主义、契约论和后果主义的道德理论**中**应该很少或没有发挥作用。但是，我说道德信念可能是我们支持一种理论的一个版本而不是另一个版本的理由时，并不是在说独立的道德确信**在**规则后果主义**中**起某种作用。相反，正如第 1 章所指出的，我从一个广为接受的观念开始，即我们必须检验与我们的确信相悖的互竞理论。然后我补充说，我们同样必须检验与我们的确信相悖的任何特定理论的互竞版本。我们可能会把一个理论的互竞版本看作高度相似的互竞理论。就像我们检验与我们的确信相悖的截然不同的理论一样，我们也检验高度相似的互竞理论。

那么，让我转而谈谈支持一般内化版本而不是普遍内化版本的确信。例如，我们坚信，在必要时为了保护自己免遭身体攻击而伤害某人是可允许的。普遍内化版本如何才能与这一确信相一致呢？同样，它如何才能与我们对所允许的阻止和惩罚犯罪的方式的确信相一致呢？

对于一个所有人都内化一套理想守则的世界来说，这套守则当然会有反对对他人进行身体攻击、夺取或损害他人财产等诸如此类的规则。而且，即使每一个人都接受这些规则，想必仍然也需要有处理“不遵守”的规则。因为正如我之前指出的那样，一套守则被 100%的人**接受**并不能保证人们完美地**遵守**它。会存在这样一些人，他们完全接受最佳规则，但有时却受到诱惑物的引诱而错误地行为。因此，一个根据 100%接受来表述［其理 82
论］的规则后果主义版本，并没有设想不存在谋杀、强奸、抢劫、欺诈等等。由于存在这种实际和潜在的不当行为，理想的规则对此类行为将做出具体规定，例如规定什么罪行适用什么惩罚。它们可能也会具体规定，当你周围的人接受他们“应该帮忙救助他人”却没有这样做时，你该做什么。

我认为，我们必须将规则后果主义表述成这样，以便为针对一些不接受和不遵守［规则］情况的规则腾出空间。想一想，如果某人有道德良知而且接受正确规则，但他有时却不够在意道德，不能确保良好行为，需要什么来阻止他或使其恢复呢？与之相比，需要什么来对付纯粹的非道德主义者（完全没有道德良知的人）呢？同样，对比一下以下两种情况：需要什么来对付某个有道德良知且接受正确规则，但有时却不够在意道德以确保良好行为的人；需要什么来对付某个有道德良知却接受错误规则的人。如果我们想象一个 100%的人口接受最佳守则的世界，那么我们只不过是在想象不存在纯粹的非道德主义者和那些有良知却误入歧途的人。因此，我们已想象不存在任何规则后果主义理由让我们拥有一些阻止和对付这些人的规则。

这就是为什么想象一个 100%的人口接受最佳守则的世界就排除了任何支持这样一些规则的规则后果主义理由，这些规则是为了阻止和对付纯粹的非道德主义者和那些有良心却误入歧途的人的。根据规则后果主义的观点，添加到守则中的每一个附加规则始终至少会有一些与之相关的成本。每一个附加规则至少都要花费一点时间去学习，并且至少需要一点内存来记忆。考虑到这一成本，我们必须问一问，从接受该规则中是否能得到超过这一成本的好处。当然，我们可以制定适用于并不存在的情况的规则。例如，“善待智商超过 150 的蜘蛛”所描述的这种情况当然纯粹是虚构的。据我所知，守则中有这些永远不会被应用的规则并没有什么好处。但是，会存在与这些规则相关的内化和维持成本。因此，这种规则通不过成本效益分析。

83 如我之前提出的，还存在某些难题，其中一些难题在不守规则者缺乏触发禁律的道德动机的那些情形中尤为突出，另一些难题在对付那些具有道德动机但接受错误规则的人时很突出。对付那些做错了事却是违背其良知告诉其要怎么做的人是一回事，对付那些没有道德良知来抑制其行为的人又是另一回事。而对付那些有强烈的道德良知却被误导的人仍是另一回事。

但是，普遍内化的表述如何才能与这种区分相一致呢？我正在假设的是，内化某个道德守则涉及发展与该守则中的规则相对应的道德动机。因此，如果我们假设的是绝对普遍的内化，就消除了规则后果主义为“如何处理那些完全缺乏道德动机的人”做出规定的任何空间。同样，我们也消除了规则后果主义为“如何处理那些有道德动机但却接受了错误规则的人”做出规定的任何空间。但是，从直觉上看，一种道德理论应该为这些（熟悉的）情形做出规定。为了使规则后果主义能够做到这一点，它需要根据一般的而不是普遍的内化来表述。

我推迟到后面一章来解释为什么我根据**每个地方**所有人中的多数而不是**行为者所处社会中**的所有人来架构这一理论。

但是，我们仍然有一个问题，即“绝大多数人”是指所有人的 70％或 80％，还是 90％。① 答案的第一部分是，某些规则的可欲性并不恰好取决于它们被内化得有多广泛。反对任意伤害他人、盗窃、违背承诺等诸如此类的规则显然将是值得欲求的，而不管这些规则是被 70％还是 99％的人内化。然而，答案的第二部分是，其他规则的可欲性很可能恰好取决于它们被内化得有多广泛。

---

① 早期的规则后果主义者已经解决了这个问题，例如参见布兰特（Brandt，1967：sect. 8）。布兰特对此问题的最近一次讨论，参见其著作（Brandt，1992：149－54）。

因此，我们的问题是，在规则的可欲性确实恰好取决于它们被内化得有多广泛的地方，我们是否应该基于 99%或者 90%、80%甚或更低的接受度来进行这种成本效益分析？无可否认，任何精确的数字当然都会有点武断。不过，我们确实要考虑一些相关因素。一方面，我们想要一个足够 84
接近 100%的百分比来坚持这一观念，即道德规则是为了让**整个人类社会**接受的。[①] 另一方面，我们想要一个远低于 100%的百分比来凸显关于部分遵守规则的问题——这种问题不应该被认为是偶然的。我们承认，任何一个百分比都有点武断，我提议把新一代所有人中的 90%的内化用作成本效益分析的数字。

让我澄清一下这项提议的一些方面。首先，确实内化了正确规则的 90%的人和没有内化正确规则的 10%的人（他们要么因为没有内化任何道德规则，要么因为内化了错误的道德规则）之间的这种区别应该超越其他所有区别，如国籍和社会经济地位的区别。其次，我的提议绝不是，允许那些被设想为没有内化这些规则的 10%的人，以某种方式不遵守其他每个人必须遵守的规则。我们应该假设每个人都应该遵守这些规则，但也假设不是每个人都会遵守这些规则。

我承认，90%这个数字的任意程度是规则后果主义的一个弱点。但这个弱点似乎并不致命。首先，我提到的一些考虑因素应该对百分比的值有影响。其次，尽管我承认这些考虑因素并不要求任何一个精确数字，但由此引发的问题很难说是规则后果主义独有的。相反，该理论的大多数主要竞争对手也有相同的难题。

例如，契约论需要这样一种规则，即关于“在部分遵守的情况下该怎么做”的规则。为了产生这种规则，契约论必须被设计得能够为某个有着低于 100%的社会接受度的世界选择规则。因为，如果是 100%的社会接受度，那我所指出的部分遵守问题会被直接想象为不存在；然而，处理这些问题当然需要一些指导。

美德伦理同样也存在这种难题，即它很难具体说明如何对待那些持错

---

① 里根（Regan，1980）谨慎地阐发了一种理论，该理论聚焦于实际可能的遵守规则水平，即使该水平非常低。在阐发这一理论的过程中，他放弃了我认为我们必须保留的这一观念，即道德守则应该适合被一般大众内化。

85 误态度的人。康德主义亦是如此（Korsgaard，1986；Langton，1994）。与此同时，行为后果主义不需要面对这种难题，即不得不假设某种程度而不是实际程度的公共道德理解和遵守。然而，如我稍后将讨论的那样，对行为后果主义还有其他一些反驳。

3.4 公开化，是的；相对化，不是

众所周知，西季威克可能怀有这种想法，即应该对社会［成员］进行划分。一方面会有某个有见识的精英，他了解后果主义对大众道德规则的检验，进行计算，然后确定这些规则该是什么。另一方面，还会有无知的民众，［精英］将大众道德传授给他们，但不传授后果主义的理论基础（Sidgwick，1907：489－90）。

这种家长式作风的两面派，即使会使总体善最大化，在道德上也是不当的。因此，后果主义因为错误地坚持“表面不一和精英主义是否不当取决于其后果”而屡受抨击（Williams，1972：111－212，1973：138－9，1985：108－9）。

然而，**规则**后果主义（至少如我所表述的规则后果主义）一开始就排除了令人反感的精英主义和两面派。这一理论坚持认为，存在让所有人中的绝大多数内化的相同规则。如上所述，这个绝大多数应该被认为是所有人中的90%，超越所有的社会的、经济的、民族的和地理的差异。存在让社会的、经济的或受过教育的精英和我们其余人一样内化的相同规则。受过教育的（或其他任何）精英成员并没有超出适用于其他所有人的规则范围。因此，受过教育的精英成员并没有被要求去为那些受教育程度较低的人制定不同的规则，更不用说认可任何对民众的欺骗了。相反，规则应
86 该是**公开的**。① 因为正如康德可靠地假设，如果所有人（甚或只是大多数

---

① 关于“公开性条件”的文献非常之多。关于取样，参见以下文献：Sidgwick，1907：489－90；Baier，1958：195－6；Donagan，1968：194；Rawls，1971：130 n.5，133，181，582，1980：517，537－8，555；Hospers，1972：314－5；Scheffler，1982：46－52；Railton，1984：154－5；Parfit，1984：40－3；Williams，1985：101－2，108－9；Brink，1989：n.80，259－62，275；Gert，1998：10－3，225，239－40。布兰特在其著作（Brandt，1967［1992：136］，1988：348［1992：144］）中认可了规则后果主义的公开性。

人）都同意某一给定的规则，那么这个事实迟早会变得人尽皆知。鉴于康德的这一假设，一个主张通过参考会被每个人接受甚或仅仅被绝大多数人接受的守则来决定道德正当性的理论，将指向一种适合公众应用的守则。

但现在有些人会反对说，不应该对每个人都用同样的规则。[①] 想象一下一个有一百万个低能者和一个天才的世界。根据我的规则后果主义，如果有一套守则被该世界绝大多数人内化可以合情理地预期至少能产生与其他任何可识别的守则一样好的后果，而某个行为为这套守则所容许，那这个行为在该世界就是可允许的。因为在那个世界，几乎所有人都非常愚蠢，他们甚至连最简单的规则都记不住。他们的规则不得不超级简单。但是那个天才能够学习更为复杂和非常精细的规则，这些规则实际上使他能够创造更多的善。那个天才应该遵守那套由超级简单的规则构成的守则吗？

在此，我坚持自己提出的表述。那个天才应该遵守和其他人一样的规则。也就是说，即使那个天才通过遵守更复杂的规则可以做更多好事，他也应该遵守简单的规则。“即使他通过遵守更复杂的规则可以做更多好事”这个条款并没有处理“如果遵守超级简单的规则会导致灾难，那他应该怎么做”这个问题。正如我在 4.2 节中解释的那样，理想的守则会包含的一条规则是告诉人们阻止灾难，即使他们不得不通过违反其他规则来做到这一点。这条规则并不是我所主张的“所有人都用相同规则”的反例。因为任何人（无论是低能者还是天才）都应该在必要时违背任何一条简单规则来阻止灾难。

为何我认为对于那些智力（或情感能力）更高的人来说，道德要求不应该有所不同？我马上就会说出理由。首先，我想承认，对我所坚持的立场有一种反驳思路。我坚持认为，道德要求对有更高智力（或情感能力）的人不应该有所不同。

---

① 玛格丽特·李特尔在 1995 年圣安德鲁斯实践理性会议上扼要而有力地向我提出了这一反驳。针对我对饥荒救济看法的一个反对版本发表在莫尔根的作品（Mulgan，1996）中，该作品源于他 1994 年在牛津大学所写的博士学位论文。

87 这种反驳思路是，“不同群体是否应该有不同的规则”本身就应该是一个后果主义问题。换句话说，任何形式的后果主义都肯定认为，我们应该问一问，如果将社会以这样一种方式划分，即让不同群体内化不同的守则，会产生什么后果？接下来我们应该问，如果将社会以其他某种让不同群体内化不同守则的方式划分，是否会产生更好的结果？根据这一反驳路线，后果主义者应该支持任何能够产生最佳结果的社会划分方式。

规则后果主义**可以**被表述成这样，以便允许守则成为相对于不同群体的。但是，我自己对规则后果主义的表述显然不允许这种相对化。莫尔根（Mulgan，1996：sect. 2）指责我有“新的恶行”，即假定理想的社会将是一个每个人都有相同的道德品格并遵守同样规则的社会。他观察到，这种假定将“使之（相对）容易发现（规则后果主义）对我们的要求”。可是他论辩说，这种假定（他以为是我做出的）是无根据的。

规则后果主义者可以接受“对于所有的 x 而言，如果 x 是富有的，那么 x 就应该给援助机构捐款”这一规则。道德规则当然可以提到群体成员身份。[1] 莫尔根和我之间的问题不在于规则后果主义是否会拒绝任何提及群体成员身份的规则，而是不同群体中的人是否应该接受不同的规则。规则后果主义会认为无子女者和有子女的父母都应该接受“对于所有的 x 而言，如果 x 有一个孩子，那么 x 就应该供养那个孩子”这一规则吗？

我们有理由认为答案是肯定的。首先，只有**一套**守则供所有人内化是有优势的。这些优势包括便利。其次，将守则对不同群体相对化这种想法通往使之对从属群体相对化之路，而这条路的尽头是使之对个体相对化。沿着这条路走下去，就会背弃规则后果主义的一个传统吸引力，即它立根于这种想法：道德应该被看作一种**集体的**、**共有的**守则。正如戈特所写：“道德应该被教授给每个人，对它的坚守应该得到所有社会成员（其认可
88 被计入的）的认可，并且应该敦促每个人都遵从它。道德要求适用于所有理性的人。”（Gert，1998：216）[2]

---

① 当然，某些群体（例如种族群体）的成员身份与任何道德问题都不相干。

② 戈特承认，这里所阐发的规则后果主义形式“与对道德推理的正确解释密切相关”（Gert，1998：215）。规则后果主义确实很像戈特所论述的那样。

这当然不是后果主义特有的一种想法。但是，正如我先前所论证的，我们可能会赞成一个规则后果主义版本而不是其他任何版本，是因为这个版本既与我们对道德的**一般**信念最融贯，也与我们对于**在特殊情形下**道德要求什么的信念最融贯。如果规则后果主义被表述得没有使道德正当性相对化于［不同］群体，那么该理论就比它被表述为包含这种相对性具有更多可接受的道德蕴含。稍后对规则后果主义关于“富裕者需要为贫困者牺牲多少”的限制进行详细讨论时，我会阐明这一点。

3.5　规则的运行

对规则后果主义的一个常见的误解是，它是粗陋的和机械论的。事实上，规则后果主义者肯定认为，“一个规则是否适用”**可能**并不明确。关于法律规则，哈特有一句名言，“所有规则都有一个不确定的半暗带（penumbra)”（Hart，1961：12）。道德规则似乎也是如此。规则后果主义者和其他人一样意识到，要弄清楚一个规则是否适用，不仅需要注意细节，还需要敏感性、想象力、诠释力和判断力。①

而且，当规则明确适用时，它们也可能明显是相冲突的。规则后果主 89
义该如何处理规则之间的冲突呢？有两种答案初看很诱人。然而，经过进一步反思，这两种想法都被证明是错误的。

其中一个错误想法是，当规则发生冲突时，行为者应该放弃规则，做

① 卡里特写道：“所有人都会同意，道德规则再多也不能使我们免于运用直觉；我们始终有必要令自己确信某一行为是依规则而为的，而对于这一点，我们无法给出任何规则。”（Carritt，1930：114）在伦理学中我们不可能完全摆脱求助于判断力，罗尔斯在说“在许多方面，任何伦理观点在某种程度上都必然依赖于直觉”（Rawls，1971：40）时正是要承认这一点。另见以下文献：Scheffler，1992：43-51；Shafer-Landau，1997：601；Scanlon，1998：199，225，246，299；Crisp，2000b。在这里，我想回避与模糊性之本质相关的深层哲学问题。一方坚持认为，一些问题根本没有正确或错误的答案，比如我墙上的颜色是否是蓝色，或者堆成一堆需要多少颗沙粒。其他各方则认为，这种问题有答案，但这些答案是不可知的（Sorensen，1988；Williamson，1994）。在回避这场争论时，我将仅仅指出，无论哪一方是正确的，其对伦理学的影响都令人深感不安。

任何会产生最佳后果之事。其错误在于，将“做任何会产生最佳后果之事”这一行为后果主义原则当作解决冲突的规则，实际上会产生不好的后果。其中一个理由在于预期效应这一点：如果你知道，一旦承诺或实话与仁慈发生冲突，其他人就会舍弃承诺或实话，那么你对他们信守承诺和讲实话会有多大的信心呢？① 另一个理由是，这种解决冲突的规则的内化成本将高得令人难以承受。由于一般义务经常发生冲突（Ross，1930：41），因此行为后果主义的冲突解决规则屡屡见效。人们因此会**屡屡**被要求去做产生最佳后果之事。这个要求非常苛刻。让绝大多数人内化这样一个要求会涉及时间、精力、心理冲突等方面的巨大成本（同样，我会在后面更充分地讨论这个问题）。

关于规则后果主义会如何解决规则之间冲突的第二个误入歧途的想法是，它将在规则中嵌入例外条款，以防止它们发生冲突。不可否认，这个想法似乎明显进了一步，因为最佳规则肯定会有**一些**嵌入其中的例外条款。可以将一些例外条款嵌入规则而无须使其太过复杂，乃至不值得人们学习。例如，信守承诺的规则本可以嵌入这样一种例外条款，以使任何人都不会被要求遵守对任何一个通过撒谎获得承诺的人所做出的承诺。但规则后果主义者不应该试图通过在规则中嵌入例外条款来阻止规则之间的
90 所有冲突。嵌入一个又一个例外条款的问题是，这样一来规则就会变得更难学习。更苛刻和更复杂的规则会有更高的内化成本。② 在某一时刻，学习更复杂的规则所牵涉的额外成本将超过收益。

对于规则冲突的各种情形，更好的方法指向接受规则时所涉及的动机的相对优势。正如布兰特所说，规则后果主义者将——

---

① 如斯坎伦所写：“如果在做出承诺时明显可以预见到一个较小的不便甚或是巨大成本，这被视为未能履行承诺的充分理由，那么承诺的重要性就会丧失。”（Scanlon，1998：200）而且，“认识到……如果违背承诺或给他人造成伤害将使总福祉水平较低的人受益，那每一次处于这种情形下就允许违背承诺或给他人造成伤害。这种允许将会阻止这些原则（反对违背承诺和伤害他人）为人们提供它们本应提供的那种保证”（Scanlon，1998：233）。

② 爱普斯坦（Epstein，1995）认为，考虑到我们的动机和信息限制，支持更简单的法律规则的论据优于支持更复杂的法律规则的论据。

> 根据所造成的损害对各种行为类型可接受的反感程度进行排序……如果每个人都**觉得可以肆意从事**正在考虑中的那种行为——但不是每个人事实上肆意从事，那这种排序很可能就是可以进行的。每个人都觉得能自由行事的效果越糟，可接受的反感程度就越高。(Brandt，1989：95 [1992：84 - 5]；cf. Schauer，1991：ch. 6；Frey，1976)

如果某个行为将为这样选择的道德反感所禁止，那么根据规则后果主义，它在道德上将是不当的。当规则发生冲突时，与之相关的反感也会发生冲突。根据规则后果主义，更强烈的反感决定了什么行为是可允许的。当道德要求发生冲突时，人们应该像布兰特所写的那样，采取“任何能让道德上受过良好训练的人不满意度最小的行动路线”①。

在这方面我们应该注意四点。第一，这里与最近关于美德的讨论中一个重要主张有惊人的相似之处。这个主张是，至少有些时候，要是不参考一个有德者的性情，我们就无法确定道德的正当和不当。最好版本的规则后果主义承认，在不同的道德考虑彼此对立的一些情形下，这样做是正 91
确的。

这里需要要注意的第二点是，规则后果主义**不会**被规则之间的冲突弄垮。它有一种方法可以确定在这种情境下什么是正当的。并且（如上所

---

① Brandt，1963：sect. 6，p. 134. 布兰特在此提到了他的论述与罗斯的相似之处，后者将道德冲突描绘为是为了保持彼此相互反对的“表面义务”的平衡(Ross，1930：ch. 2)。另见亚里士多德《尼各马可伦理学》(1107a 1 - 2)。我应该补充一点，布兰特并不总是坚持这一路线。有时他会认真考虑这种可能性，即规则之间的冲突应该通过一个告诉我们去做任何将产生最佳后果的规则来裁决（Brandt，1979：292，1992：146)。这实际上也是黑尔（Hare，1981）的解决方案。但是，规则后果主义者接受这个解决方案是不明智的。因为如我将在第 4 章解释的那样，这条路线有（至少有一部分）蜕化为行为后果主义的危险。如布兰特（Brandt，1992：130，208）自己有时候承认的那样，这种蜕化会削弱规则后果主义的独特性，也会使规则后果主义成为许多针对行为后果主义的、直觉上令人信服的反例的受害者。我们认为，我们社会的道德推理中暗含规则后果主义，在这个范围内，我们不应该惊讶，依赖规则的内置权重似乎是“我们社会实际使用”的冲突解决机制(Brandt，1979：292)。

释），这种方法不是仅仅回撤到了行为后果主义的这一观点，即正当的行为是那种在那个场合产生最大善的行为。虽然规则后果主义有一种方法可以在规则发生冲突的时候确定什么是正当的，但我并不是说，我们可以在某组更深一层的规则中捕获**所有的**解决方案。我认为，布兰特关于会使受过良好训练的道德行为者不满意度最小的观点，就是承认在裁决某些情境下一般义务之间的冲突时判断力所起的作用。我稍后再回到这个问题上。

第三点需要注意的是，规则后果主义方法并没有过分简化道德冲突或对其漠然置之。它为棘手的情形留下了空间，在这些情形中，那些相冲突的道德动机力度大致相等。它甚至为悲剧情形留下了空间，在这种情形中，行为者道德动机的冲突很强烈，无论哪一动机输了这场战争，都会让该行为者遭到报复，使他的内心产生痛苦。成为一个“道德上受过良好训练的人”并不是接种预防道德痛苦的疫苗。

这里需要注意的第四点涉及“规则”一词的使用。规则后果主义认为，对规则的授受所涉及的**不只**是某些相关动机，它还涉及拥有某些敏感性、情感和信念——其实是一种特殊的性格和良知铸型。如果你**接受**了一个“禁止偷窃”规则，那你就有动机不去偷窃，仅仅因为这是偷窃（而不只是因为你会陷入麻烦）。你如果偷窃了，也会倾向于感到内疚，会倾向于憎恨别人偷窃并因此而责怪他们。你会想要他人拥有这些不偷窃的性情并对那些偷窃之人做出负面反应。你会拥有相关信念，比如偷窃是道德上所禁止的，而这种禁止是可证成的。我们可以通过说“接受一套守则不过是要拥有**某种形式的道德良知**”来总结出这一切。换句话说，当规则后果主义者考虑可供选择的由规则组成的守则时，他们是在针对人们的良知考虑供选守则的可能轮廓。

也许，在把“对由规则组成的守则的接受”设想为拥有某种形式的道
92 德良知时，规则后果主义对“规则”一词的使用比其正常情况的含义更宽泛。有些人可能把“规则”狭义地理解为无论在多么不寻常和不幸的处境下都不能被推翻或被破坏的东西。就“规则”的这种狭义解读而言，我正在讨论的规则后果主义版本实际上只包含极少的规则。但是存在一个更广义的“规则”，它允许将某个东西看成一个规则，即使它有时可以被合理地打破。

现在我已经勾勒出了规则后果主义的轮廓，也指出了规则后果主义与其竞争对手之一契约论的对比。当探讨规则后果主义回应其批评者的能力以及继续将规则后果主义与其竞争对手进行比较时，我为规则后果主义所绘制的草图将会发展为一幅更为全面的图景。

第 4 章　规则后果主义有蜕化或不融贯之罪吗？

4.1　引言

93 大约 35 年以来[①]，规则后果主义一直被普遍认为蜕化成了行为后果主义。这项指控是，规则后果主义最终会规定与行为后果主义完全相同的行为。这一反驳还说，如果规则后果主义确实摆脱了蜕化为与行为后果主义的外延相等，那它不过是通过变得不融贯来做到这一点的。如果规则后果主义不是蜕化的就是不融贯的，那它的确站不住脚。

但是，我将在本章表明，规则后果主义的最佳形式既没有蜕化为行为后果主义，也不是不融贯的。然而，我对规则后果主义如何避免不融贯的解释可能会引发进一步的反驳，即它实际上不过是其非后果主义竞争对手的一个版本。我将表明，这个进一步的反驳也能够得到回应。

4.2　蜕化为与行为后果主义外延相等

对规则后果主义蜕化为与行为后果主义外延相等这一反驳可以有三种不同的形式。

一种反驳形式声称，规则后果主义必须仅支持一个简单规则——“始终最大化预期价值”规则（Smart，1973：11-2）。该反驳形式假设，如果每一个人都成功地遵守一个要求最大化善的规则，那么善将会被最大化。

94 这种反驳可能不利于一种“仅关注人们成功地遵守规则的后果”的规则后果主义版本。在这些条件下会取得最佳结果一直受到人们质疑

① 原书出版于 2000 年。——译者注

（Hodgson，1967：ch.2；Regan，1980：ch.5；Kagan，1998：228-35，2000）。但是，每个人都遵守行为后果主义原则无论是否会产生最佳后果，这个反驳都不会不利于一种根据规则**内化**的预期后果来对规则体系进行排序的规则后果主义。① 因为正如我在前面一章解释的，规则的内化可能会有超出遵守它之外的后果。

如果只内化了一个行为后果主义的规则，那就只会有一种道德性情，即努力遵守行为后果主义的性情。如果只有这一种道德性情，那么人们在做道德决策时就会将行为后果主义作为咨询的原则。在当代哲学术语中，一个人做道德决策时所请教的那个（或那些）原则就是那个人的“道德决策程序”。

事实上，行为后果主义并**不是**一个好的决策程序。我将在后面的章节中更详细地探究这一点。现在，让我简单地指出，如果我们只有“最大化善”这一条规则，那么人们迟早会普遍意识到这一点。而意识到这一点将削弱人们信赖他人以协商一致的方式行事的能力。信任就会被打破。简言之，当杀人、盗窃会使善最大化时，公众将预料到这一规则会规定人们从事这些行为，这种预期会导致可怕的后果。②

---

① 这种回应思路至少从布兰特（Brandt，1963：sect.4）那里就出现了，另见他的另一著作（Brandt，1967［1992：130］）。同样，这一反驳也不会违背这些规则后果主义版本，这些版本支持其被颁布将产生最佳后果的规则，也不会违背那些支持在社会压力下将产生最佳后果的规则的版本。关于规则后果主义的颁布和接受（内化）版本之间的差异，参见特里亚诺斯基（Trianosky，1976）、威特（Witt，1984）和麦金托什（MacIntosh，1990）。关于社会压力版本的阐发，参见哈斯利特（Haslett，1994：sect.1.6）。就颁布版本和社会压力版本的要点而言，是为了确保广泛的内化，这些版本与根据内化陈述的版本是吻合的。然而，可能仍然存在一些差异。要颁布的最好规则可能比要内化的最好规则更严苛，就像公布的限速可能设置得要比人们驾驶的最佳速度要低一点一样（Brandt，1963：n.7）。现在，只要颁布的最好规则和内化的最好规则之间有这样一个区别，那么对与错大概应该与内化的最好规则联系在一起。

② Hodgson，1967：ch.2；Warnock，1971：31-4；Brandt，1979：271-7，1992：142-7，1996：126，144；Harsanyi，1977，1982：58-61，1993：116-8；C.Johnson，1991，esp.chs.3，4，9；Blackburn，1998：42.一种观点认为，如果完全遵从行为后果主义，那么诸如承诺和讲实话等有用的做法就不会被打破，对此可参见辛格（P.Singer，1972b）和麦凯（Mackie，1973）。关于这样一些结论性观点，即在某些情况下，行为后果主义不可能得到能使利益最大化的合作，参见里根（Regan，1980：esp.chs.2-4）。

95 再者，除了负面的预期效果之外，仅由“最大化善”这一个规则组成的道德会有极高的内化成本。这些成本不会源于记忆困难，学会背诵这样一个简单规则再容易不过了。困难源于如何将这一规则灌输到人们的动机之中。因为将这个规则内化，就相当于让人们始终倾向于不偏不倚地做最好的事。让人们始终保持完全不偏不倚，就是将他们远远推离对自己及所爱之人的自然偏爱。当然，让人们关心他人，并愿意为那些家人和朋友圈之外的人做出牺牲，也能从中获得收益。但是，让人们内化一种高于一切的、不偏不倚的利他主义所需要的时间、精力、关注度和心理冲突将是巨大的。

因此，规则后果主义者有原则性的理由拒绝一个仅由“最大化善”这一个规则组成的守则。如此一来，让我们转向讨论对规则后果主义蜕化为与行为后果主义外延相等的第二个反驳形式。

第二个反驳形式要求我们假设每个人都要内化这样一些规则，比如“不要杀人，**除非杀人将使善最大化**”，“不要偷盗，**除非偷盗将使善最大化**”，“不要违背你的承诺，**除非违背承诺将使善最大化**”，等等。一个由这样一些规则组成的守则实际上只不过是简易的“最大化善”规则而已。这样一个规则后果主义的守则确实蜕化为实际上等同于行为后果主义（Gert，1998：214－5）。但是，由于我前几段所概述的理由，规则后果主义者有原则性的理由拒绝这样一个守则。

第三个也是最常见的反驳形式首先承认，内化只有“最大化善”这一个规则的守则会带来不好的后果。该形式也承认，内化这样一种由多个规则组成的守则也会带来不好的后果，这个守则是由诸如“不要伤害他人，
96 除非这样做会使善最大化”和“不要违背承诺，除非这样做会使善最大化”这样的规则组成的。该反驳形式还坚持认为，问题不在于有例外条款，而在于所提出的那些个过于笼统的例外条款。而且，**更具体的例外条款**会产生好的后果。例如，规则可以是，“不要违背承诺，**除非违背去见某个人的承诺能让你见到其他某个人，而那个人从见面中获得的好处至少将稍微多一点**”。如果这种具体的例外条款会产生好的后果，那规则后果主义者肯定会欣然接受这些例外条款。同样的推理也将有利于针对“每一种遵守某个规则不会带来最佳后果的情况”添加具体的例外条款。一旦添

加了所有的例外条款，规则后果主义对于行为的意义将与行为后果主义相同。

对于以这种方式阐发的反驳，规则后果主义者的回应部分是相同的。如果你知道他人接受了条件如此之高的规则，你会对他们有多大的信心呢？麦凯观察到，“对于这样一个有原则的人——他对每种情形都有一个新原则，我们理所当然地表示怀疑”（Mackie，1977：156；see also Blackburn，1998：67）。对于某个有太多新的例外条款的人来说也是如此。

当我们记起，不同的可能规则之间的比较是它们的灌输成本的比较时，又出现了另一个问题。正如戈特所指出的，如果我们试图列出规则本身的所有例外条款，这些规则“肯定非常之长且非常复杂，乃至不太可能被明确地表述出来，更不用说传授了”（Gert，1998：214）。即使这样的规则可以被明确地表述甚至传授，传授和灌输一个过长的规则清单的成本也会过高。过于复杂的规则亦是如此。因此，那些传授和内化会产生最佳结果的规则在数量和复杂性上都是有限的。①

我的意思并不是说，规则清单必须足够简短，以便让大多数人背诵。我们可以在不能背诵的情况下学会一些东西。如布伦特所写：

> ［重要的是］足够好地［了解由规则组成的守则］，以便在受到相 97
> 关情境的刺激时能回想起相关规则。因此，学习某套道德守则就像是学习一条进入大城市的复杂路线：我们可能无法画出路线或向他人解释它是怎样的，但当我们驶入它并有了面前的地标时，就会记起我们要拐的每一个弯。（Brandt，1963：sect. 4，n. 6）

并且如考普所写：

> 即使人们并不知道如何明确地表述一个规则，也有可能打算遵守

---

① 索伦森（Sorensen，forthcoming）正确地评论了这种法律，“法律是一种指导体系，它必须对约束行为的成本和收益敏感。在恰当的一般性层面上进行指导是一个重要的技能。学习法律部分就是学习在恰当的细节层面上设定原则的技术”。同样，对道德规则的规则后果主义评价将非常渴望避免过度精确和不够精确。

> 它或希望它是通用的。人们必须**意识到**这条规则，但这并不需要知道该规则的确切表述。然而，如果一个人认同某个道德标准，那他就必须能够在许多情况下识别出是否符合该标准，并明白怎样会被视为符合。我并不是意指他肯定可以毫不费力或毫无疑问地进行绝对可靠的识别，我的意思只是，他可以大致准确地识别出怎样可以被视为符合。(Copp，1995：86)①

虽然学习一套守则可以不用达到能够将它背下来的程度，但我们所能学到的东西仍然有限。并且即使在可以学会的守则之中，学会那类包含更多和更复杂的规则的守则的成本也会更高。因此，理想的守则将包含的规则在数量和复杂性上都是有限的。这种守则在外延上不会等同于行为后果主义。因此，这种规则后果主义不会蜕化为行为后果主义。

但是，如果我们每个人都能够在口袋里随身携带一台小电脑，里面存有所有规则及其例外条款的清单，并且还附有索引，又会怎么样呢？我们将无须学习规则，只需要学会如何操作小电脑。此时，规则的复杂性不会增加内化成本。

然而，即使小电脑中由规则组成的高度复杂的守则在外延上等同于行为后果主义，负面的预期效果也有意义。我们所需要的是，让人们在某些情境下做出习惯性的、自发的，因而**很容易**预测的反应。每个人都迅速拿出口袋里的小电脑来看看彼此会如何行动并不符合这种构想。即使电脑中
98 的复杂规则极大可能被误用，也不会妨碍人们支持对公共生活非常重要的可靠性。

最后，我们必须再次考虑内化遵守这样一些规则的动机的成本，这些规则所要求的行为最终与行为后果主义相同。行为后果主义的要求极高。如果电脑中的复杂规则在外延上等同于行为后果主义，那么它们的要求也会极高。因此，人们如果有动机去遵守这些规则，那么常常会有动机做出

---

① 布莱克伯恩写道：“［态］度并不需要反映在完全确定的命题内容中，不需要在任何可能的背景下都认为每一个行为具有确定的优点。对大多数活着的人来说，感受到每天的压力就足够了：我们支持仁慈和人道，反对忘恩负义和撒谎。”(Blackburn，1996：99，ch. 3，n. 18)

巨大的自我牺牲，将这样一种动机内化的成本将会非常高。规则后果主义者由此就会倡导一套要求不那么高的规则。

可以肯定的是，阻止灾难将会是规则后果主义认可的一个动机。[1] 而这个动机应该比其他动机要强。[2] 因为我们做出这样一种预期是合乎情理的，即从长远看，如果人们更在意阻止灾难而不是违反其他规则，那么情况总体而言会更好。因而阻止灾难的欲求应该比信守承诺和避免撒谎的欲求更强。因此，规则后果主义认为，在阻止灾难时，如有必要我们应该违背承诺或者说谎。[3]

规则后果主义将包含一个能凌驾于其他道德规则之上的“阻止灾难”规则，这一事实与一种最常见的对规则后果主义的反驳有关。该反驳即规则后果主义可能会引发灾难。[4] 规则后果主义当然认可诸如“说实话”“信守承诺”等规则，但是盲目地遵守这些规则也**可能**引发灾难。例如，如果你实话实说，告知凶手他的目标对象在哪里，就会导致灾难。如果你 99
能看出你疯狂的邻居要用链锯杀死某人，但即便如此，你为了信守承诺，还是将链锯还给了他，那灾难就会产生。因此，如果规则后果主义要求人们始终不渝地遵守像“说实话”和“信守承诺”这样的好规则，那规则后果主义就太荒谬了。然而，更荒谬的是认为规则后果主义会要求人们盲目地服从这些规则。

但这并不是说，规则后果主义由于其阻止灾难的规则，就蜕化成在外延上等同于行为后果主义。行为后果主义认为，**只要**违背承诺会产生更多

---

① Brandt，1988 [1992：150－1，156－7]，1989 [1992：87－8].

② 此外，除了信守承诺、说实话、避免伤害他人、预防灾难等动机外，规则后果主义还将认为，我们应该有动机为他人做好事。但是，与阻止灾难的动机不同，为他人做好事的动机通常应该比信守承诺、说实话、避免伤害他人等动机要弱。因此，为他人做好事的动机在此并不相关。

③ 将这一规则后果主义立场与科尔斯加德（Korsgaard，1986）为了使康德关于说谎的观点看上去稍微可信一点而不得不做出的扭曲进行比较。我稍后将回到“什么时候允许违背承诺”这个问题上。

④ 请注意，这一反驳与规则后果主义蜕化为外延上等同于行为后果主义这一反驳是不相容的。

好处，那我们就应该这样做。因此，当违背承诺只会产生多**一点**的好处时，行为后果主义就告诉我们要违背它。“阻止灾难”这个规则并没有这种蕴含。相反，只有当可能的结果之间的预期价值差额足够大时，阻止灾难的动机才会开始发挥作用。① 因而，将“阻止灾难”的要求纳入理想的守则，并**不是**向行为后果主义投降。

我刚刚回应的反驳是，规则后果主义是极其**违反直觉的**，因为即使当信守承诺或说实话会导致灾难时，它也要求我们从事诸如此类的行为。对此我的回答是，如果该守则包含一个高于一切的“阻止灾难”规则，就会产生更好的后果。由于这一举措，规则后果主义被抨击为蜕化为在外延上等同于行为后果主义。我已经表明，这个反驳也是被误导的。规则后果主义并没有蜕化为行为后果主义。

4.3 为什么规则后果主义未必是不融贯的?

许多接受上述论点的哲学家现在已转向对规则后果主义的另一个反驳。该反驳是，每当规则后果主义告诉我们遵从一个规则时——尽管打破该规则会带来更多的善，即使这个善只是多了一点——它是**不融贯的**。如果最终目标是善的最大化，那么当人们知道遵从某些规则不会使善最大化
100 时，这种遵从岂非是不融贯的？如果规则实际上只是达到目的的一种手段，那么当一个人知道在即将到来的情形下坚守某些规则不会服务于那一目的时，他如何才能一以贯之地坚守这些规则呢？②

---

① 我稍后再回到这个问题上。

② 至于复杂的讨论，参见莱昂斯（Lyons，1965：chs. Ⅲ，Ⅳ）。另外参见以下文献：Williams，1972：99－102，105－8；Mabbott，1956：115－20；Smart，1956；Slote，1992：59；Raphael，1994：52；Scarre，1996：125－6；Darwall，1998：137－8。与此相关，里根抱怨道，规则后果主义者“只是半心半意的后果主义者”（Regan，1980：209）。除了我给出的答案，对这些反驳的不同回复，还可参见戴蒙德（Diamond，1997：sect. 7）以及麦克伦南（McClennen，1997）。其中麦克伦南写道：“个人内部和人际协调问题的逻辑结构是这样的，乃至一个后果主义的可行版本将是一个规则后果主义版本，其中对现存规则的理性承诺的概念占据中心位置。”（McClennen，1997：258）

许多规则后果主义者试图通过说明规则后果主义的一般内化如何实际上比行为后果主义的一般内化产生**更好的**后果来回应这个反驳。规则后果主义的一般内化之所以会产生更好的结果，是因为行为后果主义决策程序会导致低效、错误和负面的预期效应，还因为行为后果主义有过高的内化成本。

然而，针对这种思路，一些行为后果主义者声称，我们必须区分两个问题。① 一个问题是，一种道德理论的正当性标准是否是正确的。另一个问题是，相信这种道德理论并直接用它来决定如何行动是否会产生好的后果。诚然，如果我们相信行为后果主义的后果是次优的，那么行为后果主义本身就会规定，我们应该努力让自己**不**相信行为后果主义。换句话说，根据行为后果主义的道德正当性标准，使自己不相信行为后果主义才会是道德上正当的。但是，许多人现在认为，表明相信行为后果主义不是最优的并不会使行为后果主义的正当性标准无效。同样，如果将规则后果主义一般内化并相信它，结果是最优的，那也并不表明规则后果主义实际上是正确的，只不过表明它是有用的。

这场辩论以陷入僵局而告终。一方说，使一份“套餐”——由某些规 101
则加上相信规则后果主义理论组成——受欢迎的是，这份“套餐”促进了善。另一方可能同意，这份套餐的组成部分促进了善，但却继续否认这一点可以表明它们是正确的（Kagan，1989：37）。

大多数哲学家似乎都确信，一旦人们接受了使善最大化的首要承诺，对规则后果主义的捍卫就注定不会成功。假设人们接受了一个使善最大化的首要承诺，那么规则后果主义确实就注定了不会成功。这未必是规则后果主义的丧钟。因为支持规则后果主义的最佳论据并**不在于**它是从最大化善的首要承诺中导出来的。支持规则后果主义的最佳论据是，在与我们的道德确信相符并将这些确信联系在一起方面，它比竞争对手做得要好，它

---

① Mill，1861：ch. Ⅱ；Sidgwick，1907：405 - 6，413，489 - 90；Moore，1903：162 - 4；Smart，1956：346，1973：43，71；Bales，1971：257 - 65；Parfit，1984：24 - 9，31 - 43；Railton，1984：140 - 6，152 - 3；Brink，1986：421 - 7，1989：216 - 7，256 - 62，274 - 6；Pettit & Brennan，1986；Pettit，1991，1994，1997：99 - 102，156 - 61.

还为解决我们的道德分歧和不确定性提供了帮助。

规则后果主义可以通过诉诸它与我们的确信相符来得到辩护，这是一种旧想法。不过，为了消除关于内部不一致的反驳，我们需要表明，规则后果主义行为者未必有不融贯的心理。而且，我们需要表明该理论本身不存在内部不一致。

规则后果主义者不需要将最大化善作为他们的终极道德目标。他们可以有以下道德心理：

他们的基本道德动机是去做可得到不偏不倚的辩护的事情。

他们相信，按照可以得到不偏不倚的证成的规则行事，是可以得到不偏不倚的辩护的。

他们还相信，规则后果主义总的来说是对可得到不偏不倚的证成的规则的最佳论述。①

这种道德动机和信念的结合将引领人们像规则后果主义所规定的那样行事。

102 我相信，许多人遵守道德要求的基本道德动机是以可以得到不偏不倚的辩护的方式行事的愿望。这种愿望似乎甚至比仁爱更重要，原因有二：(i) 当仁爱离去时，它开始发挥作用；(ii) 仁爱有时会激发不当的行为，如针对行为效用主义的反例所表明的那样。

即使还不是很普遍，想要以可得到不偏不倚的辩护的方式行动的愿望也**可以**成为人们的基本道德动机。而且，拥有这些道德信念显然也是**有可能的**（在我的论证中，关于这一点我并不是说这些信念是正确的；在这里，我只是说有些人可以接受它们）。此外，拥有这种道德动机和信念的结合体会使人们成为规则后果主义者，即使他们不会将最大化善作为自己的终极道德目标。对于拥有这种道德动机和信念的结合体的人来说，当遵从规则不能使善最大化时，遵从规则也没有什么不融贯的。

即使我是正确的，即规则后果主义**行为者**不需要有一个压倒一切的对

① 为什么规则后果主义比一系列没有基本原则的规则要好呢？正如我在第1章中所指出的，一种为规则提供不偏不倚的证成理由并通过展示一个共同元素而将它们（规则）联系在一起的论述，比一种没有这么做的论述要好。

最大化善的承诺，难道规则后果主义这一**理论**本身就不能包含这样一个承诺吗？该理论可以被分解为（i）一个关于“哪些规则是最优的”原则，以及（ii）一个关于“哪些行为是可允许的”原则。该理论是通过规则的内化是否可以合理地预期能够使善最大化来选择规则的。然而，该理论并没有以这种方式来评价行为。相反，它是参照这样挑选出来的**规则**来评价**行为**的。这就是针对该理论关于最大化善的立场所要说的一切。换句话说，一旦我们理解了该理论关于应该如何挑选规则以及应该如何判断行为的观点，那么该理论本身是否有一个压倒一切的最大化善的承诺就不成其为问题了。

4.4　规则后果主义真的是隐秘的契约论吗？

如果规则后果主义者拒绝给予最大化善以压倒一切的承诺，反而诉诸以可得到不偏不倚的辩护的方式行动的愿望，那他们会因此而成为隐秘的契约论者（crypto-contractualists）吗？①

斯坎伦的契约论著作（Scanlon，1982，1998）可能会让一些人认为， 103
我所概述的理论**是**隐秘的契约论（crypto-contractualism）。他在 1982 年的文章中，通过指出效用主义与契约论借以生长的不同关注点，对两者进行了比较。这篇文章将效用主义与对（所有）个人福祉的关注相连，将契约论与对个人之间的合情理协议的关注相连，这里的个人是所有与彼此达成合情理协议相关的个人。

我已经提出，规则后果主义者的基本道德动机可以是一种对不偏不倚的可辩护性的关注。我当然没有说过，规则后果主义源于对所有个人（与彼此达成合情理协议相关的人）之间的合情理协议的某种关注。但是，如果对不偏不倚的可辩护性的关注被解释为对那些寻求达成协议的人之间的合情理协议的关注，那么任何诉诸不偏不倚的可辩护性的人都可以被认为应该是某种契约论者。

① 此处作者用的是 contractualist 这个词，指的是斯坎伦式的契约论，而非霍布斯式的契约论。——译者注

然而，虽然斯坎伦区分了对（所有）个人福祉的关注和对合情理协议的关注，但我区分了对最大化整体善的愿望和对以可得到不偏不倚的辩护的方式行动的愿望。我的区分在两个方面比他的区分更宽泛。一方面是，“整体善”可以理解得比仅仅是“总福祉”更为宽泛。另一方面是，“不偏不倚的可辩护性”可以理解得比“缔约者之间的合情理协议”更为宽泛：缔约者之间的合情理协议只不过是对不偏不倚的可辩护性的一个解释。

鉴于我的区分更宽泛，还有什么理由认为非契约论的道德理论不能诉诸以可得到不偏不倚的辩护的方式行动的愿望呢？难道答案是只有契约论才能诉诸这种愿望，因为只有它们提供了一个不偏不倚的可辩护性解释吗？好吧，契约论的确提供了一个不偏不倚的可辩护性解释，可它并不是唯一这样做的理论（Scanlon，1982：120－2）。各种形式的不偏不倚的后果主义显然也提供了一种不偏不倚的可辩护性解释。①

哪一种理论提供了最为可行的不偏不倚的可辩护性解释，这是一个进
104 一步的问题，在本节中并没有讨论。我承认，另一个进一步的问题是，任何一种提供不偏不倚的可辩护性解释的理论是否都必须认为，我们的压倒一切的道德关注都应该有不偏不倚的可辩护性。后果主义理论可以提供一个不偏不倚的可辩护性解释，但又继续认可对作为压倒一切的道德动机的总体善的关注。但是，或许更自然的是，后果主义理论可以既提供一种不偏不倚的可辩护性解释，又将对不偏不倚的可辩护性的关注作为压倒一切的道德动机。这就是我正在探究的那种后果主义理论。

4.5 规则后果主义真的只是直觉主义吗？

我主张，规则后果主义的最好论证是，它在这个方面比竞争对手做得更好：符合我们的道德确信并将我们的道德确信联系在一起，而且为我们解决道德分歧和不确定性提供了帮助。那么，我的观点真的只是直觉主义（intuitionism）吗？

在伦理学中，“直觉主义”这一术语有不同的意义。一种意义上的

① 非契约论形式的康德主义可能也是如此。

“直觉主义”是指这样一种观点：我们应该通过将根据各种道德理论所得出的结论与我们的道德确信相比较来检验这些道德理论。第二种意义上的“直觉主义”指的是一种规范的道德理论，一种关于“哪些道德确信是正确的”理论。

我们应该通过将根据各种道德理论得出的结论与我们的道德确信相比较来检验它们，对此我是接受的。正如我在本书一开头所承认的，我正在寻找一种符合并弄清楚我们经过深思熟虑的确信（或者是在这个术语的形而上学和认识论中立意义上的“直觉”）的理论。我承认，比起确信任何一种理论，我们更确信一些直觉（道德判断）。所以我承认，在道德理论化的过程中，我们所确信的共有直觉是核心。[①] 我认为寻求直觉和理论之间的一种相符是道德理论建构的第一步（因为是最稳固的一步），在这个意义上，我是一个直觉主义者。一个最终相信规则后果主义的人肯定会认为，评价道德理论的**第一步**就是看它能否与我们的直觉相符。

现在转向有时候被称为直觉主义的规范道德理论。这一规范理论是道 105
德多元主义（Moral Pluralism）的一种。其种属是：

道德多元主义

（1）存在多个道德价值或原则。

（2）没有任何原则构成它们的基础并为它们提供证成理由。

这种有时获称为直觉主义的道德多元主义在上述［主张］之外又进一步增加了以下几条。让我把这个理论称为罗斯式的多元主义（Ross-style pluralism）。

罗斯式的多元主义

（1）存在多个道德价值或原则。

（2）没有任何原则构成它们的基础并为它们提供证成理由。

（3）不同的价值或原则可能会发生冲突。

（4）这些原则并不是按照一种严格的优先次序来解决它们之间的所有冲突。

---

① 再说一次，这并不意味着它们是绝对正确的。

（5）为了解决一些冲突，不可排除地需要运用判断力。[1]

其他一些形式的道德多元主义接受（1）和（2），但随后拒绝接受（3），因为价值、（更有可能是）原则或世界是这样的，它们可以避免冲突。由于这些形式的道德多元主义拒绝接受（3），所以它们不需要接受（4）或（5）。有可能存在其他拒绝接受（4）从而不需要接受（5）的道德多元主义形式。

正如我所定义的“道德多元主义”，所有的道德多元主义者都认为，没有哪种理论能像规则后果主义、契约论或行为后果主义那样将我们的各种道德直觉联系在一起并证成这些直觉。因此，道德多元主义显然与规则后果主义、契约论和行为后果主义不相容。事实上，道德多元主义是这些理论的竞争对手。

106 正如前面所论证的，最可行的规则后果主义形式在选择一般义务时，一方面着眼于总福祉，另一方面着眼于处境最差者的状况。有鉴于此，罗斯式的多元主义者可能会说，无论规则后果主义和罗斯式的多元主义装扮得多么不同，它们内里都是一样的。这里的指控是，规则后果主义与罗斯式的多元主义具有相同的基本结构。唯一的区别是，规则后果主义只有两个首要原则，而罗斯式的多元主义有更多。

这并不是唯一一种认为规则后果主义是多元主义的方式。自罗斯以来，罗斯式的多元主义者就坚持认为，最可行的后果主义形式在善的问题上是多元主义的（Ross，1930：23；Gaut，1993：23－4）。经过认真地反思，我们大多数人都同意，个人福祉存在于不可还原的多个善中。如果在这一点上我们是正确的，那么规则后果主义不仅应该有一个既涉及福祉又涉及对处境最差者优先考虑的第一原则，而且应该有一个多元的福祉理论。

此外，关于我们的一般义务，规则后果主义者也是多元主义者。我们被要求去做许多不同的事情，例如避免伤害他人、信守自己的诺言，说实话，对别人为我们做的一切心存感激，对我们自己家人和朋友的福祉特别感兴趣，为他人做好事通常要达到自我牺牲总和的某个门槛。许多自认为

---

[1] 在20世纪，这一观点常被引证的权威章句来自罗斯（Ross，1930：ch. 2）。

是反后果主义者的哲学家断言，使一个行为正当的特征包括该行为是否涉及信守承诺、说实话、回报恩惠、帮助朋友、保护无辜者等等。规则后果主义者同意这一点。正当与否是由多个一般道德要求的相互作用决定的。

规则后果主义者还应该同意，至少在以下四个完全不同的广泛领域需要运用判断力：

（a）在评价可供选择的道德守则时，规则后果主义者将不得不依靠判断力来确定，什么时候对处境最差者的优先考虑比总福祉更重要。

（b）他们还需要运用判断力来确定福祉的一个组成部分何时比另一个组成部分更重要。

（c）规则后果主义行为者将不得不依靠判断力来解决一般义务之间的 107
某些冲突。

（d）规则后果主义者即使在试图查明某个规则是否适用于某个特定情形时，也不得不依靠判断力。例如，有时需要判断力来确定一个行为是否构成了违背承诺，或者一个行为是否构成了损害财产、偷窃或撒谎，或者一个事件是否会使某人的境况变得更差，或者某人与你的关系是否使他有权在你的实际推理中获得特殊分量。①

规则后果主义纳入了大量罗斯式的多元主义的考虑，但这并不是说规则后果主义不能作为罗斯式的多元主义的替代选择。再说，关于是否有一个原则构成了其他原则的基础，规则后果主义并不同意罗斯式和其他形式的多元主义。罗斯式的多元主义认为不存在一个将各种一般义务联系在一起的原则，而规则后果主义认为存在（见表 4.1）。因此，规则后果主义似乎比罗斯式的多元主义有更为系统的统一性（McNaughton，1996：441）。

表 4.1

罗斯式的多元主义	规则后果主义
对于特殊情形的蕴含	对于特殊情形的蕴含
一般义务/美德（例如）	一般义务/美德（例如）
不伤害	不伤害

① 参见本书 3.5 节。

续前表

罗斯式的多元主义	规则后果主义
诚信	诚信
行善	行善
忠诚	忠诚
感恩与赔偿	感恩与赔偿
不存在构成以上所列一般义务的基础的更深层的原则	一般义务的选择是基于其内化会带来多少（加权的?）福祉

4.6 规则后果主义不是真正的后果主义吗?

108 “后果主义”常常被界定得非常狭窄，以至于这个术语被缩减为“行为后果主义”的同义词。许多哲学家认为规则后果主义不如行为后果主义，他们在讨论后果主义时，心中想到的是行为后果主义。心中只有一种后果主义，使得他们所用的后果主义定义实际上只是行为后果主义的定义。因此，如德里克·帕菲特用“后果主义”这一术语指称的是这样一种观点：“我们每一个人都应该做的是，任何会使结果最好的事情。”[①] 而菲利普·佩蒂特写道，后果主义者说，“行为者被要求采取任何具有促进某种指定价值的特性的行为”（Pettit，1991：231）。约翰·斯科鲁普斯基写道，“后果主义”最好被用于指称这样一种观点，即“一个行为只有（在产生最大的可能价值方面）是最优的，它才是正当的”（Skorupski，1995：52)。通过使一个行为的正当性完全取决于该行为是否最大化了善，这些后果主义的定义指向了行为后果主义。

此外，如约翰·布鲁姆所观察到的，“［行］为者中立（agent-neutrality）通常被包含在后果主义的**定义**中”（Broome，1991b：5)。如果在对行为者不得不促进的事态进行描述时，要求必须提及行为者，那这一要求就是行为者相对的（agent-relative）［或者换句话说，是以行为者为中

① Parfit，1984：24. 但帕菲特并不是在试图将“后果主义”界定为当代伦理学中使用的术语；相反，他对某种理论（传统上被称为行为后果主义）很感兴趣，并给了它一个更简单的名称“后果主义”。他实际上只是在**规定**一个定义，这一点从他自己在几页后（Parfit，1984：30）说还存在其他形式的后果主义这一事实中可以清楚地看出。

心的（agent-centred）]。[①] 例如，你可能被要求帮助**你的**孩子。如果在对行为者被要求促进的事态进行描述时，要求不必提及行为者，那这个要求就是行为者中立的。例如，你可能被要求**一般性地**帮助孩子们，即不管他们是不是你的孩子。考虑到这一切，当弗朗西斯·霍华德-斯奈德写出以下话语时就不足为奇了：

> 使后果主义特别的是，它告知行为者可以在没有必要提及行为者 109
> 的情况下对所要引发的事态进行描述。例如，后果主义者告诉行为者，要产生包含最大幸福的事态，或最为和平的事态，或最少违背承诺的事态。此外，义务论者告诉行为者，要产生诸如"**他的**承诺得以信守""**他的**孩子尽可能茁壮成长"或"**他**不会杀人"此类事态。(Howard-Snyder，1993：271)[②]

正如霍华德-斯奈德正确地指出的，义务论者可以将行为者中立的要求纳入他们的理论中。[③] 任何试图根据行为者中立和行为者相对的要求之间的区别来解释后果主义和义务论之间区别的尝试都必须尊重这一点。所以她为我们提供了以下"后果主义"的定义：

> 如果一种观点没有包含任何以行为者为中心的要素，那它就是后果主义的。(Howard-Snyder，1993：274)

她的定义成功地使罗斯、内格尔和其他熟悉的义务论者成为非后果主义者，因为他们的理论包含以行为者为中心（行为者相对）的要素。

然而，她的定义也使规则后果主义成为非后果主义的。因为规则后果主义**的确**给了行为者以行为者相对的目标（Howard-Snyder，1993：272-

---

① 有关行为者中立与行为者相对（或以行为者为中心）之间区别的最仔细的讨论将在麦克诺顿和罗林（McNaughton & Rawling，1991）的著作中找到。关于早期有影响的讨论，参见内格尔（Nagel，1972：47-8，90-6；1986：152-3）以及帕菲特（Parfit，1984：143）。

② 早些时候，唐纳德·里根抱怨说，在规则后果主义下，"行为者被鼓励沉浸于一种庞修斯·皮拉多主义（Pontius Pilatism），认为只要他保持自己双手清白，其他行为者和后果就能自行解决"(Regan，1980：208)。

③ 例如参见以下文献：Ross，1930：ch. 2；Nagel，1979，1986：chs. 8，9，1991；Gaut，1993：esp. 28；Raphael，1994：54，76，78-80。

3)。规则后果主义告诉你，要产生这样一种事态，在该事态中，**你**会遵从一些其普遍接受会产生最大善的规则。你或许可以选择其他某些可替代的事态，这会使人们更好地遵守规则，即使你自己不得不违背规则。例如，可能会出现这种情况：你信守自己的承诺会降低其他很多人信守其承诺的程度。在这种情况下，规则后果主义可以告诉你要信守自己的承诺，而不
110 是使每个人对承诺的信守程度达到最大化。① 因此，规则后果主义在其关于行为的规定中包含了一个行为者相对的要素。根据霍华德-斯奈德的后果主义定义，这种行为者相对使规则后果主义成为非后果主义的。

我不确定的是，霍华德-斯奈德和其他人根据行为者中立与行为者相对的区别来解释后果主义与非后果主义的区别是否正确。② 但即便他们是正确的，也还有一种非常好的理解，即所有不偏不倚的后果主义形式（包括规则后果主义）都共有一种对**基本的行为者中立**的承诺。③ 出于这种考虑，我提议：

> 当且仅当一种理论仅仅根据行为者中立价值的产出来评价行为和（**或**）规则（或动机、社会守则、美德或生活方式）时，它是后果主义的。④

---

① 我用“可以”(could) 而不是“会”(would)，是因为规则后果主义者会认可某个要求我们在必要时违反任何其他规则来阻止灾难（除非自我牺牲会非常大）的规则。因此，规则后果主义可以告诉我们，在某些情况下要违背我们的承诺。

② 对这种观点的有趣论证，即目的论道德理论可以包含行为者相对的要求，参见以下文献：Sen，1982；Broome，1991b：sect. 1.2；Skorupski，1995：49－51。关于用我觉得最有说服力的方式限制“后果主义”这一术语的一个强有力理由，参见格里芬（Griffin，1992：120－6）。

③ 利己主义过去被称为“后果主义”的一种形式，因为利己主义将正当的行为认定为一种对行为者产生最佳后果的行为。这样使用“后果主义”这一术语，以使它能够纳入利己主义，现在可能已经过时了。无论如何，我所说的后果主义理论是指不偏不倚的后果主义形式。

④ 参阅斯科鲁普斯基对其所谓的“泛统的效用主义”(generic utilitarianism) 的定义，他用它来指称一类理论，即“认为善是个人福祉的而不是别的事物的一些积极的、不偏不倚的功能”(Skorupski，1995：54)。泛统的效用主义是一种关于善的观点。还有一个关于正当的进一步的问题。在我看来，泛统的效用主义在这个问题上悬而未决：一个行为的正当性是否仅仅由其自身的后果决定，或者至少部分是由规则或动机等其他事物的后果决定。

例如，行为后果主义声称，一个行为的道德正当性仅仅取决于该行为是否会促进行为者中立的价值。而规则后果主义声称，一个行为的道德正当性仅仅取决于人们普遍接受一个允许该行为的规则体系是否会促进行为者中立的价值。显然，规则后果主义中的行为者相对是**衍生的**。[①] 行为者相对的规则是通过其在促进行为者中立价值中的作用来得以证成的。因此，尽管霍华德-斯奈德是正确的，即规则后果主义在行动要求层面上包含了行为者相对的要素，但是在评价可替代的规则体系这一更深层面，规 111
则后果主义并不包含行为者相对要素。

霍华德-斯奈德的“后果主义”定义不如我的吗？理想情况下，名称应该揭示重要的联系。因而问题是，规则后果主义是与其他类型的后果主义有更重要的联系，还是与义务论有更重要的联系？答案是，它与两者都有重要的联系。

规则后果主义在某些方面类似于我们所熟悉的义务论观点，这一直是该理论一个很大的吸引人之处（Howard-Snyder，1993：276－7）。规则后果主义关于哪些行为在道德上正当的蕴含，非常符合我们常识的、义务论的直觉。或者换句话说，它的规则似乎反映了常见的行为者相对的要求。然而，规则后果主义在这些道德要求之上增加了一个不偏不倚的证成。它在根本层面上完全不偏不倚，这是规则后果主义与其他形式的后果主义共有的。

那么，总体来说，如何最好地定义“后果主义”呢？这并不非常重要。我们应该感兴趣的是一个理论的可行性，而不是它的名称。不过，比起霍华德-斯奈德的定义，人们有理由更喜欢我的定义。她的定义使规则后果主义的名称变得神秘。我的定义使规则后果主义的名称不再神秘。名称——至少是**姓氏**（last name）——应该表明家族成员身份。而且正如我表明的，存在一种可敬的定义后果主义家族的方式，以便规则后果主义刚好名副其实。

---

① 正如舍夫勒（Scheffler，1989：n.2［1994：n.155］）所指出的。

第5章　可预测性与习俗

5.1　引言

112 本章我将开始讨论关于规则后果主义的两个问题。一个问题是关于这一主张的结果，即我们只有在极少的情况下能够自信地预测，对传统上[①]公认的（conventionally accepted）规则的改变将是最优的。第二个问题是关于这种情形：我们可以自信地预测，改变将会是一种改进。我们可能会注意到，传统上公认的规则所产生的**总福祉**少于其他可替代它们的规则将产生的。或者我们可能会注意到，传统上公认的规则比可能的供选规则更不**公平**。问题是，在这种情况下，规则后果主义是否会令人难以置信地说，行为者应该始终遵守更好的规则。对这两种反驳的回答需要讨论传统上公认的规则的地位。

关于传统上公认的规则的地位，有一种我将其称之为**不受限制的传统主义**（unrestricted conventionalism）的可能观点。这种观点是，遵守被传统上公认为有道德约束力的规则**始终**是道德上要求的，因为这些规则本身就是［用以］确定正当与不当之物。第二个可能的回答是，**只要传统上公认的规则达到了某个合宜的门槛**，那么这些规则就确定了正当与不当。我将把这种观点称为**令人满足的传统主义**（satisficing conventionalism）。

我将反对这两种观点，因为它们还不够理想化。道德理论应该为我们提供改进的希望，不仅是在遵从已得到承认的规范层面上的改进，而且是

① convention有“习俗”“惯例”“约定”“公约”等意，其形容词conventional有“传统的”“依照惯例的”“遵循习俗的”等意。本章为符合中文语境，将convention译为“习俗”，conventional（ly）译为“传统的（传统上）”。——译者注

规范本身的改进。正如我将要展示的，恰当构思的规则后果主义做到了这一点。

规则后果主义确实有相反的问题——似乎**过于**理想化。特别是，规则后果主义似乎没留意到这样一个事实，即遵守传统上公认的规则至少有时是正确的，即使这些规则不太理想。我将这样来回应这一反驳，即证明规 113
则后果主义本身可以主张，与习俗妥协有时候是正确的。有时候，遵从传统上公认的规则是防止总福祉方面发生灾难的唯一方法。但我将说明，规则后果主义如何能在总福祉并没有处于损失巨大的危险情况下，也支持与习俗妥协。

5.2　可预测性

假设我们无法进行计算，甚至达不到一个可靠的概率，而这种计算对于确定哪种规则、情感和倾向是**最好的**将是必要的。这一事实会扼杀规则后果主义吗?

正如詹姆斯·格里芬所指出的，当我们试图提炼像仁慈和正义那样粗糙的、模糊的道德观念时，我们必须像立法者一样思考，他们会担心我们的实践和制度变化的长期后果。“道德立法者”当然将不得不注意关于“个人需要什么”的基本事实，并注意人类行为者的情感和认知局限。道德立法者还必须考虑连锁效应，比如对一种规范的改变可能会在何种程度上动摇其他规范。

但是格里芬（Griffin，1996：106－7，165－6）声称，我们无法充分可靠地计算出哪一套规则与倾向（要是它们在社会中占优势）从长远看会产生最大的善。或者更确切地说，他声称，我们无法足够频繁地进行计算，以防止规则后果主义被挤出道德生活的中心。他写道：

> 我们所知道的可能足以识别那些相当明显的不恰当的规则和倾向，但仍留有许多我们无法排序的规则和倾向。而正是在这一宽泛的地带内，它们会构成许多道德上将不得不做出的艰难选择，比如说，选择尊重生命应当采取的特定形式。(Griffin，1996：107)

在此，格里芬是在抨击最佳版本的规则后果主义吗？一个版本声称，当且仅当一个行为为一套由规则组成的守则所禁止，这套守则的社会普及**实际上**将会产生最佳后果时，这个行为是不当的。根据这一版本的规则后
114 果主义，为了知道哪些行为是不当的，我们必须得知道哪些规则实际上会产生最佳后果。如果格里芬是对的，我们通常并不知道哪些规则实际上会产生最佳后果，那么根据这个版本的规则后果主义，我们通常就无法知道哪些行为是不当的。如果我们无法根据这个版本的规则后果主义知道哪些行为是不当的，它就会陷入黑暗的阴影中［但请参阅斯瓦沃斯多蒂尔(Svavarsdóttir，1999：168－9)］。

我已经承认，规则后果主义应该根据对规则内化之后果的**合理预期**来进行架构。因此，考虑一下这个版本的规则后果主义，它认为当且仅当一个行为为一套由规则组成的守则所禁止，这套守则的广泛内化具有其他守则无法胜过的预期价值时，这个行为是不当的。如果格里芬是正确的，我们经常无法自信地预测哪些规则将是最好的，那这个版本的规则后果主义也会陷入困境。

在这一点上，我认为规则后果主义需要变得更温和。我们最希望的是能够找到一套守则，可以合情理地预期其一般内化可以产生的善至少与其他任何**可识别的**守则被合情理预期所能产生的善一样多。我们如果曾经认为自己已经找到了一套完全无可改进的守则——也就是说，一套其内化事实上**将会**获得尽可能多的善的守则，那就太愚蠢了。

因此，假设我们转而渴望找到这样一套守则，其一般内化可以合理地预期能产生与我们能识别的其他任何守则一样多的善。不止一套守则可以通过这个测试。也就是说，可能不止一套守则具有无可比拟的预期价值。规则后果主义必须有一个方法在这一组守则中进行选择。假设规则后果主义被表述成这样，以便它能够提出这一主张，即在这些具有非常卓越的预期价值的守则中最接近传统道德的那个守则将决定哪类行为是不当的。①我们将这种观点称为**谨慎的规则后果主义**（wary rule-consequentialism）。

---

① 参见以下文献：Sidgwick，1907：467－71，473－6，480－4；Brandt，1979：290，1988［1992：147，154］，1996：143－4；Griffin，1986：206，302。

有件事被视为对谨慎的规则后果主义有利，即它在认识论上很谦逊。我们从已知的、已经尝试过的事情开始。道德改革的尝试应该从现有的实践开始，然后在那些其改变似乎非常有可能增加整体善之处进行修剪、提炼和增补。

另一件被视为有利于这种谨慎的规则后果主义之事是，它解决了一个 115
协调问题，即我们如何确保每一个将彼此互动的人，会从那些通过我们测试的守则中挑选相同的守则。当然不能允许个人自己选择。这就像是让每个人决定在道路的哪一边驾驶一样。

现在我们来考虑一些对谨慎的规则后果主义可能的反驳。假设我们正在考虑要提倡哪一套规则，我们可以识别出的最佳可替代选择似乎都同样接近传统道德。这一情形说明，我所提倡的测试并不*一定*总能准确地决定要选择哪一套规则。

这个问题有多严重呢？这种情况有多常见，即我们面临两套或更多可能的守则，这些守则不仅有着彼此相同的预期价值，而且与传统道德有着完全相同的接近度？我认为这个理论问题在实践中很少会出现。与其责怪我们的原则没有为我们提供一个答案，还不如多思考一下我们可能倾向的守则的预期价值，以及它们与传统道德的联系。

对谨慎的规则后果主义的另一个可能的反驳是，它恰恰在我们需要帮助之处让我们失望了。因为如果谨慎的规则后果主义告诉我们，在具有非常卓越的预期价值的诸守则之间，我们应该选择那套最接近传统道德的守则，那么规则后果主义就得接纳传统道德的一些问题。其中一个问题是，在某些情势下，道德要求之间冲突的难解程度令人窒息。关于其中一些情势，传统道德并没有给出该做什么的明确答案。因此，要在多大程度上遵从传统道德，规则后果主义本身也缺乏一个确定的答案。

作为回应，我承认，在某些情形下，谨慎的规则后果主义不会比传统道德更具确定性。然而，在其他情况下，谨慎的规则后果主义明显比传统道德要好。[请记住如果对传统规范的改变会产生更大预期的（加权?）福祉，那么谨慎的规则后果主义就为批评传统道德提供了合理根据。] 但是，谨慎的规则后果主义有时是否也会比传统道德更糟糕呢？我将在本章的后
面论证，事实并非如此。如果我是正确的，那么谨慎的规则后果主义有时 116

候会比传统道德更好且永远不会比它更糟糕。因此，即使（就像在某些情形中谨慎的规则后果主义反映了传统道德的不确定性一样）谨慎的规则后果主义有时并不比传统道德更好，但其在总体上也可能仍然更好一些。

然而，对谨慎的规则后果主义进一步的反驳可能是，它过于保守。为什么要给“现状”特权呢？诚然，谨慎的规则后果主义固有的保守主义令人不安，但这是一种适度的保守主义。例如，谨慎的规则后果主义并没有计算让已内化一套道德守则的人放弃那套守则并内化一套新守则的成本。（当我们认为那套守则是那么愚蠢和偏执时）这真的是太过保守了。

但我没有看到有可替代的选择，哪怕只有它的一半好。因为首先，只要改革看上去有可能增加预期价值，那么谨慎的规则后果主义就允许（事实上是要求）进行这项改革。其次，更激进的方法将涉及给人们的无辜期望带来极大失望。换句话说，这里正在讨论的适当适度的规则后果主义形式认为，如果我们**能够**确认一套可替代传统守则的守则——我们可以自信地预测这套守则会产生更好的后果，那么我们就应该转向它。如果我们**不能**确认一套我们可以自信地预测会产生更好后果的替代守则，那坚持我们已拥有并了解的守则似乎是合理的。①

格里芬自己并没有抱怨谨慎的规则后果主义过于保守。因为在确定什么是正当的时，他自己赋予传统实践一个发挥很大作用的角色。在我们对各种守则会产生什么后果的预测达不到可靠的概率程度的地方，他认为传统和现存的习俗应该是我们的指南（Griffin，1996：96；see also 119－21）。

格里芬的抱怨毋宁是因为，对传统和习俗依赖到如此程度的规则后果主义使规则后果主义思想边缘化了（Griffin，1996：106－7，165－6）。
117 他写道，对传统和习俗依赖到这种程度的规则后果主义，无法再可靠地声称自己是道德理性的整体形式。

我看不出如何会得出这个结论。我们正在假设，我们对传统规则和规

① 西季威克对此特别担心，因为“这里和人类事务的其他方面一样，拆毁比建构更容易；削弱或破坏一个人们习惯性地、普遍地遵守的道德规则对人们内心的限制力量，比用一种新的并非同样由传统和习俗维持的约束性习惯代替它更容易”（Sidgwick，1907：482）。

范做出改变的唯一理由是合情理地预期这种改变会产生更好的总体后果。我们还在假设，只有当我们不能自信地确定对传统规则的哪些改变会产生更好的总体后果时，才应该坚持这些传统规则。鉴于这两个假设，谨慎的规则后果主义为道德变革提供了必要的和充分的条件。即使我们很少能够有信心地预测道德规则的改变将改善整体状况，这也是真的。

5.3　不受限制的传统主义

让我们把那些其内化真的会产生最佳整体后果的规则称为**理想的**或**最优的**规则。请允许我将其他所有规则称为**次优的**规则。显然，存在不同程度的次优性。在这个范围的一端是一些极其有害或非常不公平的规则，我们将这些规则称为**令人憎恶的**规则。

现在考虑一下这样一种观点，即正当与不当是由任何被传统上公认为有道德约束力的规则决定的，即使这些规则令人憎恶。根据这一观点，种族主义、性别歧视甚或种族灭绝规则，如果在一个社会中已得到传统的确立，那它们将在那个社会中决定正当与不当。我们称这种观点为**不受限制的传统主义**。

因为不受限制的传统主义可以让令人憎恶的规则来决定人们的道德义务，所以这种观点非常违背人们的直觉。我们并**不**认为，不管传统上公认的规则多么令人憎恶，只要它们为大多数人所接受，那遵守它们就是正当的。相反，我们大多数人都认为，努力消除令人憎恶的规则有着强有力的道德理由。例如，通过据理反对这些规则，甚至以公开地不服从这些规则作为一种表达不同意见的方式。

只有最强硬的相对主义者才会捍卫这样一种不受限制的传统主义观
点，即只要那些极其有害的或非常不公平的规则被传统上公认为具有道德 118
约束力，那道德上就要求人们遵守那些规则。所以，现在来考虑一下传统上公认的那些不令人憎恶的（也就是既非极其有害也非极其不公平的）规则。从伦理学的理论化角度看，这些［规则］比令人憎恶的习俗更为有趣。因此，本章其余部分讨论的唯一传统上公认的规则将是那种在特定意义上不令人憎恶的规则。

请注意，这里有一个复杂之处。如果一些传统上公认的规则虽然并不令人憎恶，但根据初审，它们似乎是次优的，那么一旦将所有的复杂性和进一步的影响考虑在内，这些规则有时候实际上比可替代规则更好。事实上，考虑到所有因素，鉴于巨大的社会变化通常会产生各种不可预见的效果，关于道德的公众争论往往是针对所提议的这种或那种社会规则的改变是否有可能长远地增加福祉或公平。我承认，我们需要对自己预测社会改变效果的能力保持谦虚。但是谦虚可能会过头。它不必总是被用作反对所提议的改进的借口。

5.4 令人满足的传统主义

当然，许多传统上公认的规则不会落入令人憎恶的类别。有一种观点认为，如果这些规则“足够好”，那它们就能决定正当与不当。我们将这种观点称为**令人满足的传统主义**。①

对于我们中那些认为正当与不当必须以某种方式与社会规则系在一起的人来说，令人满足的传统主义一开始可能很有吸引力。一旦我们考虑
119 到这些情形：遵守这种传统上已确立的次优规则，而不是遵守某种理想的规则将产生更大的总体利益，它的吸引力就尤其明显。

但进一步的考察揭示，令人满足的传统主义并不令人满意。因为在有些情况下，它给出了错误的答案。考虑一下可能有这样一种道德守则，它在社会中的确立将具有最高的预期价值。假设这种假定的理想守则允许撒

---

① 我在设想，要想“足够好”，这些习俗规则本身就必须包含某个阻止灾难的规则。明显支持令人满足的传统主义的例子有麦凯（Mackie，1977：148）的和格里芬（Griffin，1992：130－1）的。可以说，休谟也肯定了这一观点。使令人满足的传统主义引起别人注意的哲学家是迈克尔·斯洛特（Slote，1984，1985：chs. 3，5，1989），尽管他聚焦的是令人满足的行为后果主义，而不是令人满足的传统主义。

谎以保护隐私，或者至少保护道德上无罪的隐私。① 但是假设我生活在这样一个社会，其传统上公认的“足够好”的规则**不**允许为了保护隐私而撒谎。我的朋友琳达向我吐露，她和一个名人有染，他们俩都想保密，尽管这在道德上是无罪的。唉，谣言开始传播，记者们当面向我提出有关她爱情生活的问题。为了论证起见，假设我唯有撒谎才能保护她的隐私，而拒绝回答这个问题只会证实记者的怀疑。那么，说我必须遵从这里的传统规则，难道不是**违背直觉的**吗？

一些哲学家会回答：“是的，这是违背直觉的。这个事实说明了直接诉诸简单效用的吸引力。在这种情况下，使得遵守传统规则不当的仅仅是，在此遵守传统规则显然将比不遵守它产生更小的总福祉。”

但我们如果进一步探讨这个问题，就会发现这里起作用的并不是诉诸简单效用。为了更明确这一点，我需要稍微充实一下这个案例。我实话实说或拒绝回答这个问题会对琳达和她的情人造成更坏的后果，但这会使其他人得益。假设对琳达及其情人的总伤害将小于其他相关的每个人的总获益（记者会提升他们的事业；很多对名流感兴趣的人都喜欢阅读这种风流 120
韵事；只要说出真相我就能从记者那得到很多报酬）。② 在这种情形下，

---

① J. S. 密尔写道，反对说谎的规则，“虽然神圣，但也容许可能的例外……这种例外主要是，当某些事实的隐瞒（如隐瞒来自作恶者的信息，或对重症患者隐瞒坏消息）将保护某人（尤其是除自己以外的某个人）免受巨大且不应受的恶的伤害时，并且当这种隐瞒只能为拒绝接受所影响”（Mill，1861：ch. Ⅱ，para. 23）。密尔声称，这是“所有道德家所承认的”。关于同意密尔的允许撒谎以保护无辜者，特别是无辜者的隐私的哲学家的例子，参见西季威克（Sidgwick，1907：315，318）和麦凯（Mackie，1977：182－3）。但是，并不是每个道德哲学家都同意说谎有时是正当的（康德就是最名声不佳的例子）。尽管如此，对于我上文中的论证来说，至关重要的不是这一假设，即我们社会传统上公认的规则实际上禁止为了保护无辜者的隐私而撒谎。我所需要的一个测试情形只是一个想象中的社会，在这个社会中情况就是这样。

② 可以这样说吗？根据对人类善的最好理解，八卦的乐趣、记者事业的提升以及我的金钱，都抵不过琳达及其爱人的损失。好吧，记者事业的提升和我的金钱几乎肯定不会像琳达及其爱人的损失那样使我们获益颇多。但是那些八卦者的乐趣呢？乐趣也是一项重要的善。除非我们认为八卦者的乐趣不重要，那么因为有数百万这样的人，比起琳达及其爱人的总损失，他们的乐趣将汇聚成更多的好处。如果我们用效用主义来决定该做什么，但是这样一来又把福祉限定在**道德上**好的乐趣上，那么效用主义将是循环的。

因为我未能保护她的隐私将使总福祉最大化，所以直接诉诸总效用会告诉我，不要保护她的隐私。

但是，经过反思，通过撒谎来保护她的隐私似乎（即使在这种情况下）在道德上是正当的。如果我们坚持这个判断，那么这个案例就说明，我们相信存在这样一些场合：行为者应该遵从一些更高级的规则，而不是那种传统上公认的次优规则，即使（a）传统上公认的规则不是那种令人憎恶的规则，以及（b）在上述这种情境下，遵守传统上公认的次优规则实际上会使总福祉最大化。

有些人可能会反驳道，我关于琳达的案例并没有说明我声称说明了的东西。他们可能会声称，对于在这个案例中该怎么做，真正指导我们作出判断的不过是另一个传统规则，即一个要求信守承诺的规则，即使是那种含蓄的承诺。他们的建议将是，我应该保护琳达的隐私（即使这样做我不得不撒谎），理由是我明确或含蓄地承诺过要保护它。

我们应该拒绝对这个案例的这种分析。首先，可能并不存在含蓄或明确的承诺。其次，即使存在一个含蓄或明确的承诺，我们的传统规则也只有在该承诺不是做某件**不道德**之事时，才会认为它具有约束力。根据传统规则，为回应有侵害性的问题而撒谎**将**是不道德的。因此，根据传统道德，为回应这些问题而撒谎的承诺不会有约束力。

让我们仔细斟酌一下。琳达的案例对于这个论点来说显然是一个反例，即行为效用主义的推理使我们反对传统确立的“禁止对侵害性问题作
121 不诚实的回答”规则。但在描述的案例中，行为效用主义的推理反而会赞成遵从传统所确立的规则。因此，行为效用主义的推理不能解释为什么违反这一规则反而是正当的。琳达的案例也被认为不利于令人满足的传统主义。以令人满足的传统主义者为确定什么才算“足够好”的传统规则而提出的任何一种标准为例。禁止不诚实的传统规则当然符合他们的标准。然而，我们凭直觉认为，禁止不诚实的传统规则未能在我所描述的案例中确定正当与不当。

5.5　出于公平而与习俗妥协

我的结论是，当理想的规则与那种传统上公认的、可识别的次优规则相冲突时，我们**有时候**应该遵从理想的规则。然而，我并没有主张我们永远不应该与习俗妥协，这种说法本身就极其违反直觉。目前存在的问题不是我们**是否**有时应该遵从传统上公认的次优规则，而是**为什么**我们有时候应该遵从。正如我已经指出的，理由不是“这样做将使总效用最大化”（虽然它将使之最大化）。理由也并非衍生于令人满足的传统主义。事实上，尽管这似乎并非显而易见，但谨慎的规则后果主义可以解释为什么我们时常应该遵从传统已确立的规则，尽管它们被辨识为是次优的。

之前，我提到过一个规则，即如果遵守其他规则会以灾难告终，那就要求我们放弃那些规则。正如我所提出的，防止总福祉遭受重大损失的强烈要求将是任何具有高预期价值的由规则组成的守则的构成部分。以这一规则的名义可以要求做多大的自我牺牲是有限度的。但这是一个我想推迟到后面讨论的问题。这里重要的一点是，受严苛性要求的限制，我们不能遵从一套具有高预期价值的守则，除非我们遵守防止总福祉遭受重大损失的要求。因此，规则后果主义者会主张，如果有必要以违反其他规则的方式来阻止灾难，那么这么做在道德上是正当的。

关于公平也可以说类似的话。正如在一个有可能出大乱子的世界中， 122
我们需要一个“阻止灾难”的强规则，我们也需要一个要求我们遵守传统的次优规则的规则，如果我们不这样做就会导致严重的不公平。考虑一个规则，其一般内化不会产生不公平。因而，这一规则是理想的，至少在公平方面如此。但在现实世界中，如果其他人不遵守这一规则，那么根据这一规则行动实际上就会造成严重的不公平。

有一种情形涉及人们的“无辜预期”（innocent expectations）。为了便于论证，假设我们认为，一个关于长期契约的理想规则应该坚决要求在同意之前有一段反思期。我们可能认为，［在同意］不同种类事情的契约之前应该有不同时长［的反思期］。并且我们可能认为，在某些类型的情况中，各方都努力在竞争对手对某物给出有约束力的投标之前先这么做，法定的反思期可能会非常短。但假设我们认为，某一特定种类的契约要有约束力，契约各方在有能力对契约的最终形式予以有约束力的同意之前必须有 14 天的考虑时间，除非由于濒临死亡或其他某个大灾难的威胁缩短了这 14 天的反思期。让我们假设，使契约的约束力取决于是否有 14 天的反思期，将促进总福祉和公平。

有了这个设定，我现在可以陈述自己关于无辜预期的观点了。假设杰克和吉尔生活在这样一个社会，其中传统所确立的规则**不**要求有一个 14 天的反思期，他们双方订立了一份契约，该契约要求每一方将自己收到的第一个百万美元礼物、报酬或奖金中的四分之一赠送给对方。假设杰克和吉尔只深思了十天就签署了这份契约，该契约签署十年后，杰克出演一部电影得到了 100 万美元的报酬。

请记住我们是在假设，一个关于长期契约的理想规则将需要一个 14 天的反思期。显然，如果将这一规则适用于本案例，那杰克将不用付钱给吉尔。但是，杰克可以诉诸这个理想规则吗？在杰克和吉尔签署契约时，社会所确立的由规则组成的守则并没有要求一个 14 天的反思期。吉尔一直认为，她和杰克都受他们所签署的契约的约束。正因如此，在过去的十
123 年里，每一方都对对方的前途有着特别浓厚的兴趣，并一再为对方提供情感支持。

对杰克来说，他觉得在这种情况下自己可以借由理想规则一推了之，这对吉尔将是严重不公平的。她有着完全合情理的预期，并且她合情理地依赖她和杰克的契约。虽然关于契约的理想规则可能要求有一个 14 天的反思期，但她并不知道这一点，而且不可能合情理地指望她当时就知道这一点。如果杰克不履行他应该履行的契约，这种不公平对吉尔就会非常糟糕，即使理想规则一开始就不会认可这样一份契约。

当然，已确立的规则可能是如此之有害，以至于应该立即放弃它们，即使这样做会让那些基于这些规则形成期望的人感到不安。但在其他情况下，传统上公认的规则并没有坏到足以证成这些措施的地步，正如前面所讨论的吉尔案例中所说明的那样。我不知道，第一个案例和第二个案例的

分界线在哪里。[①] 然而，这里至关重要的一点是：当人们基于传统上公认的规则达成协议时，尽管这些规则是次优的，但以一种无视这些协议的方式对待这些人本身可能就是严重不公平的。

考虑这样一个规则，遵从它可能会很麻烦，但这种遵从仍然是理想的，因为当（尽管是仅当）大多数人都遵从它时，一项重要的公共善才会得到保障。如果每个人都避免污染一条河，结果就会很美妙。但如果我是唯一一个做出这种努力的人，那么这条河仍将受到严重污染。在这种情况下，我自己付出了代价，却没有使任何人得益。再举一个例子，如果每个人都支持人道主义党派（the Humanitarian Party）的候选人，那将是最好的。但如果只有几个人这么做，那他们就浪费了时间和金钱而没有达到完成某件善事的门槛。

如果实际上其他人对一个理想规则的遵守远远不够，那么在这种情况下，行为者道德上是否会被要求遵守这个理想规则呢？根据假设，我们离
确保公共善所必需的公共合作的门槛还有很长一段路要走。假设我们不太 124
可能有机会达到这一门槛。在这种情况下，行为者对理想规则的遵守对他来说就会是个沉重的负担，并使他相对于其他人处于不利地位（Lyons，1965：131）。

但是，如果道德不要求他在这些境况下遵守这个理想规则，那规则后果主义如何才能解释这一点呢？假设根据行为者自身的福祉，遵守这一规则所牵涉的明显负担还不足以被视为灾难。不过，当其他大多数人都忽视一个规则时，为了公共善而要求某人遵守这个负担沉重的规则是不公平的。[②] 规则后果主义将道德与最好的、可识别的规则联系起来的尝试，似乎注定要失败，除非它能提供一种避免这些不公平的方法。

---

① 这个领域充满了模糊性。正如我们在本书 2.5 节所看到的，公平要求遵守人们实际达成的协议（不是将会达成的协议），但前提是该协议不是通过欺诈或一种侵犯某人道德权利的威胁引起的。模糊性可以出现在协议的背景中，出现在欺诈的概念中，以及出现在关于什么可以算作侵犯某人道德权利的威胁的详细说明中。

② 用戴维·莱昂斯的措辞说，如果规则效用主义要求一个人在“最小化条件”下遵守最优规则，那它似乎是不公平的（Lyons，1965：128－32，137－42）。另见莫菲（Murphy，1993）。

5.6 公共善与好性情

在一个相当理想的社会性世界（social world），也就是一个其他人已遵从理想规则的世界，规则后果主义似乎是无懈可击的。当传统上公认的规则也是规则后果主义所支持的规则时，规则后果主义显然会要求行为者遵从它（除非灾难来临）。① 设想一下，在我之前，已经有足够多的人遵从了某个好规则，该规则将产生一些惠及所有人的公共善。假设遵从这个规则对他们每一个人来说其实都是一种负担，和他们一样，遵从这个规则对我也是一种负担。由于好处已经得到了保证，不需要我做出额外贡献，**行为**后果主义可能会允许我不与他人的良好行为保持一致。行为后果主义是否允许我逃避该习俗诸规则所定义的义务，取决于我是否会通过逃避开创一个不好的先例。

但是，**规则**后果主义肯定不会让我无视一个别人已遵守的良好习俗的规则。正如布兰特所解释的：

> 125 几乎没有一个公共规则允许人们在有足够数量的其他人工作时逃避……对大多数人来说，相信有足够多的人在工作太容易了……有这样一个规则，其大意是：如果有一个人绝对知道有足够多的他人在工作，那他就可以逃避工作，拥有这样一个规则还会是一个好主意吗？这似乎非常令人生疑。
>
> 规则效用主义的批评者似乎已经通过这个事实——最好的体制会将最大的产出与最少的努力结合起来——得出了这一结论：最好的道德守则将包含这样一个规则，即建议人们在已有足够多人［在工作］的情况下不要工作。这是一个不合理的结论。（Brandt，1967：n. 15）

莱昂斯（Lyons，1965：141）正确地提出，他所谓的“最小化条件”

---

① 参见莱昂斯对他所说的“最大化条件”的讨论（Lyons，1965：128，141）。另见以下文献：Parfit，1984：64－6；Griffin，1986：206－15。

（minimizing-conditions）对规则后果主义者来说更加困难。这些都是其他人不接受也不遵从最佳规则的情形［参见关于保证问题的文献，如罗尔斯（Rawls，1971：270）］。我关于琳达和吉尔的案例说明了这类情形。莱昂斯特别关注的是这种情形：如果你遵从了一个规则，要是每个人都遵从它，那你的遵从就会是最好的，但在其他人都不遵从的情况下，你的遵从对你而言可能是非常不公平的。

规则后果主义肯定不会要求行为者为那些能够遵从却不会遵从同样的规则的人做出牺牲。① 规则后果主义旨在让人们成为好人，而不是成为“容易上当受骗者”。正如麦凯（Mackie，1978，1982a）和其他人［如阿克塞尔罗德（Axelrod，1984）］所指出的，一个族群中“容易上当受骗者”的存在会让“骗子”猖獗。我所谓的“骗子”，指的是那些有意搭对他人善良之人或自我克制之人的便车的人。为了阻止人们成为或继续成为这种类型的搭便车者，理想守则不会要求对那些无意于回报之人保持善良或自我克制［对那些减轻责任之人（如幼儿）所承担的义务自然例外］。

① 请注意，与霍布斯式契约至上论的标准形式相反，规则后果主义认为，我们可以对那些不能回报之人（后代、目前一代中的极弱者、动物）负荷沉重的义务。但是，就像任何一个可行的道德观点一样，规则后果主义看到了互惠的巨大重要性。这一规则后果主义承诺体现于我在上文所表达的命题中。顺便说一句，请注意，西季威克是多么好地理解了善待那些本身性情良好之人所带来的喜悦，尤其参见西季威克（Sidgwick，1907：433）。

第 6 章　禁令与特殊义务

126 正如我之前指出的，大多数人都坚信，以某些方式伤害他人通常是不当的。道德就“我们可以对彼此所做之事”施加了禁令。大多数人也相信，个人对与其有某些类型关系的他人有特殊的义务。本章解释规则后果主义怎样为常见的道德禁令和我们对特定他者的特殊义务提供一个不偏不倚的证成。稍后一章将讨论帮助他人的一般道德义务。

6.1　基本的规则后果主义禁令

我们相信，至少一般而言，身体攻击、折磨、偷盗、违背承诺、说谎等是道德上不当的。规则后果主义赞成这一点。整体而言，如果存在人们普遍接受的禁止身体攻击、折磨、偷盗、违背承诺、撒谎等规则，后果会好得多。事实上，至少这些规则的最低形式对社会而言是不可缺少的。①只要看一看那些没有普遍接受和遵守这些规则的地方，事情是如何进展的。正如霍布斯预测的那样，这样一些地方的生活会陷入混乱、肮脏、粗野和短暂。哈特观察到：“目前情况是，人类利他主义范围有限而且是间歇性的，如果不对攻击性倾向加以控制，那它们的发生频率就足以对社会生活造成致命的伤害。”（Hart，1961：192）而且，正如他和其他很多人所指出的那样，鉴于竞争资源和“不可避免的劳动分工与长期合作的需
127 要”，保护财产和使人们能够通过作出承诺来约束其未来行为的规则是必不可少的。因而，用哈特的话来说，规则后果主义将规定“保护个人、财产和承诺”的规则。

---

① 关于这一点我所知道的讨论最好的是哈特（Hart，1961：190－5）。

规则后果主义者长期且一贯地坚持这一点。① 但即便一些非后果主义者也承认，规则后果主义在证成这样的禁令和相关权利方面做得很好。例如，托马斯・内格尔写道："反对直接施加伤害和反对侵犯被普遍认可的权利的规则具有相当大的社会效用，如果这些规则不再具有社会效用，那它们将失去许多道德吸引力。"（Nagel，1986：177）② 然而，一些哲学家会反对说，那些可以合情理地预期其内化将使总**效用**最大化的规则，有可能允许对某些人做出某种直觉上被禁止的行为。事实上，我之前暂时宣布放弃了规则效用主义，转而支持一种更宽泛的规则后果主义，这种规则后果主义不仅根据总福祉，还根据处境最差者的地位来评价规则。但这就足够了吗？是否存在这样的行为：（1）它们将为一套其内化将使预期价值最大化的守则所允许，然而（2）经过反思，它们显然是不道德的？至少初看，答案似乎是否定的。

6.2　我们对禁令的直觉

有些人认为，某些行为是不当的，**不管**不从事这些行为的**后果如何**。这些人认为，必须遵守道德禁令，即使不服从它们是阻止灾难的唯一方法。假设阻止一场核灾难的唯一方法是撒谎、违背承诺、拿走或损害他人财产甚或伤害一个无辜的人。我们大多数人都相信，如果撒谎是唯一甚或仅仅是最好的将杀人者引向错误方向的方法，那么对杀人者说谎就是正当的。③ 或者考虑一下这种情况：我答应过我的邻居，无论他什么时候要求 128

---

① 参见以下文献：Harrod，1936；Toulmin，1950；Urmson，1953；Harrison，1952/3；Rawls，1955；Brandt，1959：chs. 15－6，1963，1967，1979：pt. Ⅱ；1988，1989；Hospers，1972；Harsanyi，1982，1993；Haslett，1987，1994：ch. 1；C. Johnson，1991；Barrow，1991。

② 另外参见以下文献：Nagel，1991：145，1995：91－3；Frankena，1993：44。但是这一思路在麦克诺顿和罗林（McNaughton & Rawling，1998）以及蒙太古（Montague，2000）那里遭到反对。

③ 康德认为，即使是为了拯救受害者，撒谎也是不正当的。大多数哲学家以此说明，要么康德的绝对命令是不可信的，要么康德自己误解了其绝对命令的要求。关于这一点的一个有趣的讨论，参见科尔斯加德（Korsgaard，1986）。

我归还电锯，我都会还给他，而他却在因嫉妒而发狂并威胁要谋杀某人的时候要求我归还电锯（Plato，*Republic*，331c）。在这种情况下信守承诺会使人严重地误入歧途。因此，似乎确实存在这样一些类型的行为，虽然这些行为通常情况下是不被允许的，但如果有必要用它们来阻止巨大伤害，那它们就是可允许的，甚至是义务的。“当暴君、刽子手、紧急情况和其他伦理噩梦介入时，忠诚、尊重财产、说实话、信守承诺等［绝］对义务，很难诉诸理论上无罪［这个理由］。”（Blackburn，1996：98）

后果得有多糟糕，才能证成对某人做某些通常不被允许之事的合理性呢？朱迪斯·贾维斯·汤姆森写道：

> 你所选择的任何主张（权利）都不存在什么尺度，这项权利是可允许侵犯的，当且仅当侵犯它会产生那一尺度的善增量……简言之，所需善增量的大小似乎随该权利主张的严格程度而变化：该权利主张越严格，所需善增量就越大。（Thomson，1990：153）

这似乎是正确的。如果这正确的话，那么至少道德判断的算法肯定很复杂。但事实上，许多哲学家都认为，这样一种算法要么根本不存在，要么至少完全超出了我们的能力。如果这是正确的，那么当一般的道德考虑在特殊情况下发生冲突时，就必不可免地需要道德判断力来裁决冲突［Aristotle，*Nicomachean Ethics*，1137a 31－1138 a 3，1142a 11－15）。①正如伯纳德·威廉姆斯所写：

> 对重要性的判断普遍存在……可能很明显的是，一般来说，一种……伦理考虑比另一种更重要，但这是一个判断问题，即在某个特定的环境条件组合中这种优先性是否持续：其他因素改变了平衡，或者说它是那个通常获胜的考虑的一个非常弱的例子。（Williams，1995：189－90）

① 刚才引用的汤姆森这段话让我们看到了这种可能性，即有一些权利主张是如此之严格，再多的善都不能证明打破它们的合理性。我将回过头来谈谈她对此问题的看法。

常识性道德观点更进一步。它认为，在不同原则的要求之间存在冲突 129
的情况下，关于该做什么有一种“真正的不确定性”（Gaut，1993：36）。在 6.3 节，我对判断力在裁决义务冲突中的作用作了更宽泛的评论。

先考虑一下这种观点：某些行为永远不可能正确，无论其后果有多么好。在《奥赛罗》（*Othello*）中，苔丝狄蒙娜（Desdemona）批评了通奸行为，“如果我会**为了整个世界**而做这样的错事，请诅咒我”①。在《卡拉马佐夫兄弟》（*The Brothers Karamazov*）中，陀思妥耶夫斯基（Dostoevsky）写道：

> 想象一下，你自己正在建立人类命运的大厦，其最后的目标是让人们快乐，最终给他们以和平和宁静，但为了达成这一目标，必须且不可避免地要折磨死一个、仅仅是一个小小的生物，比如上述那个用其小小的拳头捶打自己胸膛的小孩，用其得不到雪耻的眼泪去建造这座大厦，你会同意在这样一些条件下成为这座大厦的建筑师吗？……②

用一个尽可能事关重大的案例来说吧。假设由于命运的某种离奇扭曲，将一个恰巧在不同星球上的孩子折磨致死，是将**整个人类物种**（以及所有其他物种）**从极度痛苦以及随之而来的痛苦死亡中拯救出来的**唯一方法。③ 假设这真的是**唯一的**方法：没有仁慈的上帝来挽救局面。我们能否真诚地否认，当现在和未来可能存活的每一个个体的生命都危如累卵时，

---

① 在第四幕第三场，增加了重点强调。爱米利娅回答苔丝狄蒙娜说：“唉，错事不过是这个世界的错事，而在因你的劳作而拥有的世界里，它是一个你自己世界里的错事，你可以很快使其成为正确的。”

② 引自戴维·麦克达夫（David McDuff）的译本（Penguin，1993）中的第 5 卷第 4 章第 2 部分第 282 页。我应该提一下，陀思妥耶夫斯基在这里直接关注的不是后果主义，而是一个传统的问题，即如何调和不应得痛苦的存在与对一个全能的、道德上完美的上帝的信仰。关于陀思妥耶夫斯基聚焦于后果主义的例子的详细阐述，参见詹姆斯（James，1897 [1956：188]）和勒金（Le Guin，1980）。

③ 参见以下文献：Fried，1978：31；Nagel，1986：175－85。关于假设的（提前）同意可以证明为了拯救他人而伤害某个人的合理性的观念，参见拉科夫斯基（Rakowski，1993：1105－7，1129－50）以及瑞本坦兹（Reibetanz，1998）。

考虑到各种因素，折磨这个孩子将是应该做的事情？

一种观点认为，这种情况很简单：牺牲这个孩子显然是正确的。另一种观点坚持认为，这种情况很简单，但其方向相反：拒绝牺牲这个孩子显然是正确的。第三种观点是，有某些道德困境，行为者在其中做任何事都
130 是不当的。就第三种观点而言，问题是，全面地考虑在这种情形中是否存在行为者真正应该选择的某个可供选择的方案。如果存在的话，这个得到支持的可供选择的方案是折磨这个孩子以拯救其他人，还是拒绝这样做，随之发生其他人被折磨和杀害这种可预见却不想要的结果？

或许，如果上帝在那里保护我们，我们就可以怀着上帝会以某种方式来拯救我们的希望，拒绝折磨这个孩子（Pettit，1997：150，152）。但这里考虑的情形并非如此。我们这里所考虑的情形不包含上帝前来拯救。在当下这种情形中，我相信，拒绝以一个无辜孩子为代价来拯救世界，在道德上会比牺牲这个孩子更糟糕。毕竟，这真的是拯救其他**数十亿**人的唯一方法，事实上是拯救人类未来的唯一方法。

但是，伊丽莎白·安斯康姆（Anscombe，1958：16）认为，无论怎样，某些行为都是不当的，甚至连考虑“这些事情是否该做”这个问题都“流露出一种堕落的心思”①。汤姆森同意安斯康姆的这一看法，认为有些事情是绝不允许的（Thomson，1990：168），他对那些持相反看法的人表示了怀疑，那些人认为如果足够多的生命危在旦夕，可怕的行为就是可允许的。

> ［那些人］为这种情感……所打动，即如果可以将数十亿人（甚或只是数百个人）从痛苦中拯救出来，一个人应该自愿去承受这种痛苦，并且如果可以将数十亿生命（甚或只是数百条生命）从死亡中拯救出来，一个人应该自愿献出他的生命。（Thomson，1990：167）

但汤姆森本人接着表示，关于自愿这一点恰恰是不相关的。考虑这种**你**只有通过牺牲自己才能拯救很多人的情况是一回事，考虑那种**其他人**只

① 安斯康姆的嘲弄也许很有趣，但却是一个通过回避手头问题的实质进行辩论的范例。

能通过强迫你做出牺牲来拯救很多人的情况又是另一回事。混淆这两种情况的人可能是从“你有义务自己做出牺牲”的想法滑到了“道德上允许其他人将这种牺牲强加于你”的想法。

假设我们现在清楚地看到了这两种情况之间的区别。不过我们可能仍然相信，在最极端（且不太可能）的情况下，**所有**关于伤害他人的正常禁令都可以被推翻。汤姆森并没有做任何使人对这一信念产生怀疑的事。

我并没有假装已经证明了，在某些极为牵强的可能情况下，考虑到所 131
有因素，甚至像折磨和杀害无辜者这样可怕的事情也可能是道德上正当的。我所能做的就是提供测试用例。仔细思考一些案例，比如折磨孩子真的是拯救其余人类（和人类未来）的唯一方法。假设没有上帝来阻止灾难。如果这么多的人危在旦夕，难道你不同意折磨或杀害这个无辜者肯定是“较小的恶”吗？如果同意，那你就承认了，在最极端（和最不可能）的情况下，正常的伤害他人的禁令应该被推翻。

6.3　规则后果主义、禁令与判断力

我认为，当不说谎与不违背承诺会让一场我们本可以阻止的灾难发生的时候，（至少）说谎和违背承诺有可能是道德上正当的。规则后果主义的蕴含与这一信念一致。规则后果主义仍然使某个行为的道德可允许性取决于它是否为这样一组动机所允许，这组动机的内化可以合理地预期会产生与我们可识别的其他任何一组动机一样好的后果。正如我在 4.2 节中所论证的，规则后果主义会认可的一个动机是阻止灾难的动机。这个动机应该比其他动机更强有力，因为从长远看，如果比起违反其他规则，人们更关心阻止灾难，那么整体而言情况会变得更好。因此，规则后果主义认为，在阻止灾难时，若有必要，我们应该违背承诺或说谎。

规则后果主义的“阻止灾难”规则并**没有**规定，当违背承诺只会产生稍多**一点**善的时候，我们应该违背承诺。正如我在 3.5 节所指出的，规则后果主义认为，规则应该被赋予不同的力量[①]。接受反对伤害他人的规则

---

① “规则应该被赋予不同的力量”是布兰特（Brandt，1989：95）所说。

在一定程度上就是不愿意伤害他人，反感的程度与伤害的程度有关。如果每个人都觉得可以自由地从事某种行为的效果越差，对这种行为的反感程度就应该越高。

因此，受过良好规则后果主义训练的人对于杀害他人会有一种极其强
132 烈的反感，对给他人造成严重身体伤害的行为会有一种强烈的反感，但对给他人造成非常小的伤害的行为的反感要弱得多。同样，他们也会非常强烈地反感宣誓时撒弥天大谎，以及在重要事情上违背郑重的承诺，但对撒小谎或违背小承诺的反感要弱得多。至于仁慈的义务，规则后果主义行为者对让他人遭受灾难（福祉上的巨大损失）会有一种非常强烈的反感，但对让他人遭受小损失的反感要弱得多。

再者，规则后果主义认为，当规则（因此也是反感）相冲突时，更强烈的反感决定了什么行为是正当的。正如我在第 3 章所指出的，最好形式的规则后果主义认为，用理查德·布兰特的话来说，人们应该采取“任何能让道德上受过良好训练的人不满意度最小的行动路线”。为了说明这一点，假设拥有规则后果主义所规定的反感模式之人面临这样一种情境，在这种情境中，违背承诺是防止福祉损失的唯一方法。他们会违背承诺吗？如果是在阻止某人的巨大损失和信守一个小承诺之间进行选择，那他们就会违背承诺。如果是在阻止某人的一个小损失和信守对一件重要事情的郑重承诺之间进行选择，那他们就不会违背承诺。

这种方法并不意味着，义务和反感可以在任何为普通的道德确信所否定的意义上按照词典次序排序。规则后果主义同意，一般义务的严格性与相应的反感因环境而异，特别是因危机状况而异。由于一般义务是有限度的（pro tanto），而不是绝对的，因此在一组环境中对两个义务之间冲突的正确解决方案可能与在其他环境中的正确解决方案不同。

一般义务发生冲突可能会有无限多的情况。因此，实际上一般义务之间可能存在无限多的特殊冲突。尽管如此，有可能存在一个无限长且复杂的排序原则，一个由所有无限多可能的特殊冲突的解决方案结合而成的原则。但是，正如贝伊斯·高特（Gaut，1993：18）所暗示的那样，没有这种“可用于并教导人们进行日常生活中的道德决策”的排序原则。规则后
133 果主义者和日常道德确信一致认为，在日常生活中，当规则发生冲突时，

有时候除了判断力之外，我们无法诉诸任何原则去决定该如何做。

无论是从直觉上还是从规则后果主义的视角看，似乎都有**一些**一般的冲突解决原则。一个例子是，不伤害他人的义务**通常**比使他人获益的义务要强（Ross，1930：21）。“通常”这一条件允许，如果伤害和获益的尺度之间的差异足够大，那就逆转优先次序。

另一个例子是关于承诺的。正如斯坎伦所写：

> “信守承诺会不方便或不利”这一事实通常不是一个违反承诺的充足理由，但这里的“通常”涵盖了许多条件。例如，存在相称性问题（为了证成食言而不能诉诸的那种不利条件，取决于该承诺中什么才是休戚相关的）。(Scanlon，1998：199)

当然，郑重的承诺比福祉的小损失更重要，而福祉的巨大损失比小承诺更重要（Ross，1930：19；Audi，1996：106；McNaughton，1996：445）。然而，这些冲突解决原则几乎不能排除对判断力的需要。因为这种一般的冲突解决原则显然涉及程度问题，需要运用判断力来确定。比如确定某个特殊承诺是一个郑重承诺还是只是一个小承诺，或是介于两者之间的某种承诺，以及确定一个具体的损失是微小还是巨大，或是介于两者之间。

当一种考虑的危急程度与另一种考虑的危急程度差别不太显著时，我们需要用判断力去解决冲突。一个例子是，在信守一个相当有力（但并不郑重）的承诺和阻止一个重大（但并不巨大）的福祉损失之间做出选择。其中一些案例会有高特指出的“真正的不确定性”（见前一节）。

即使是一个有着凌驾于其他任何规则之上的最好主张的规则后果主义规则——该规则要求行为者阻止灾难，也不能幸免［于运用判断力］。
因为要确定在特殊情境下怎样才算是灾难，当然需要运用判断力。① 在此 134
也可能存在这样的情况，即我们概念中的模糊性没有给我们留下可知的正确答案。

---

① 正如布莱克伯恩所写：“人们需要判断力和训练，以明白哪种情势是真正的紧急状况，在为了避免伤害或做好事之时，人们应该迎难而上，改变或放弃规定的角色。”(Blackburn，1998：44)

在所有这些类型的冲突中，都没有精确的可以机械应用的公式。这种见解使人们有时在决定如何对待他人时非常困难，而且它也极大地增加了对“他人会如何对待我们”形成预期的困难。因此，在反感这些困难的情况下，我们可能开始试图否认道德中普遍存在模糊性和不精确性。① 但是，规则后果主义当然可以承认，没有完全消除它们的可行方法。②

6.4 规则后果主义和绝对禁令

然而，规则后果主义究竟是否会允许故意杀害不愿意［牺牲自我］的无辜之人——即使是为了阻止灾难——似乎还不清楚。这里我们需要考虑三种可能性。(a) 我们可以有对于某些行为的**绝对**禁令，例如杀害无辜者。(b) 我们可以有非常严格的禁令，但要附加例外条款。(c) 我们可以认为这些非常严格的禁令没有例外，但在一些极端情况下却有可能被“阻止灾难”规则推翻。事实上，在此我看不出 (b) 和 (c) 有什么真正的区别。

对任何一套守则的规则后果主义的成本效益分析，都不仅要计算其普遍内化的收益，而且要计算灌输与保持对该守则忠诚的成本。在战争之外，很少有人会真的处于需要杀死一个无辜者以拯救其他许多生命的境地。因此，对于任何一个随机个体来说，不太可能的是，那个人将因内化“允许人们为了拯救其他人而杀死一些人”这一例外条款而受益。

135 现在，让我们来考虑一下成本，一个是向每个人教授这些例外条款的纯粹成本，另一个是它们将会被误用。这是人们对其所处境况错误估算的

---

① 因此，鲍勃·迪伦（Bob Dylan）的《昔日的我》（*My Back Pages*）中有这样的台词：

> “好”和“坏”，我定义了这些术语，
> “相当清楚”，“毫无疑问”，“不知怎地”。
> 但那时我已经这么老了。
> 我现在比那时还年轻。

② 契约论也可以这样。它可以认为，我们将需要判断力来解决契约论第一原则所选取的一般规则之间的冲突。

危险，即认为自己处于与例外条款变得相关的境况，或处于禁令为“阻止灾难”规则所推翻的境况。

如果普通道德行为者的错误估算可能很普遍，而且传授例外条款也未必会有收益，那么成本效益分析似乎就会支持绝对禁令。规则后果主义可以认可绝对禁令。

不过，我自己的直觉是，成本效益分析最终支持的是非常强却不完全绝对的禁令。回到不完全绝对禁令的收益问题。任何随机个体面临只有故意杀死一个无辜者才能拯救未来人类物种这种情况的可能性微乎其微。然而，在这种情况下，杀死这个无辜者的潜在收益几乎是无限的。所以我们有非常小的概率需要这一条款，而这要乘以几乎无限的可能收益。假设任何概率都大于零，当它乘以一个几乎无限的值时，就会得出一个很高的期望值，我断定，成本效益分析支持将关于这些极端情况的条款纳入守则之中。该条款将由“阻止灾难”这一规则提供，该规则凌驾于其他规则之上，包括不夺取无辜之人的生命。①

显然，人类物种的灭亡算一场灾难，但是还有什么算灾难呢？一个道德规则越重要，要证成不得不违反这一规则的危急性灾难就越大。它用一个小灾难的威胁来证明违背一个小承诺的正当性，用一个较大的灾难来证明偷窃的正当性，以及用一个更大的灾难来证明给无辜者造成严重人身伤害的正当性。

正如上一节所预示的那样，这并不是说，规则后果主义将**准确地**说出什么时候一个结果会糟糕到足以证明违反其他道德规则的正当性。我承认，如果这个理论在此坚持准确性，那它将是**不**可靠的。为了使之可靠，规则理论必须允许规则之间的相互影响纳入“模糊的程度引语”（“过多” 136
“平衡”“没有足够关注”）②。显然，规则后果主义的冲突解决规则的这种模糊性限制了该理论解决我们的道德不确定性的能力。这是规则后果主义

① 麦凯（Mackie，1977：167 - 8）同样得出结论，“道德的对象”——他认为这个对象接近规则后果主义（Mackie，1977：199 - 200）——最好不要由绝对禁令来服务，而是由那种“近乎绝对”的禁令来服务。

② 在此我借用了威廉姆斯（Williams，1985：97）的提法。

的不足之处。

但是请注意，对于“遵守规则的后果得有多糟糕才能使打破规则显得必要”，普通的道德意识似乎同样不准确。[1] 事实上，或许我们不相信任何道德理论能准确地说出后果刚好有多糟糕，才能证明“为了阻止这些糟糕后果有必要从事通常令人憎恶的行为”的正当性。正如斯图亚特·汉普什尔所写：“哲学家在其研究中，不能为了证成谋杀和合情理背叛而制定规则。”（Hampshire，1992：177）普通道德意识没有明确指出任何一个分界点。我认为，规则后果主义也无法说出任何分界点。普通的道德确信和规则后果主义都为让判断力来填补这里留有很大的空间。

6.5　对他人的特殊义务

除了对某些类型行为的禁令外，道德还包含一些为他人做好事的义务。其中有对家人、朋友和其他与行为者有特殊关系之人的义务，也有对与行为者没有这种特殊关系之个体的义务。这里，我将聚焦于对那些与行为者有某种特殊关系之人的义务。

正如我在第1章中所指出的，我们大多数人都认为，在分配你自己的私人资源时，你应该给你的（至少是亲密的）朋友和家人以优先于其他人的考虑。当然，在许多场合下，特别是在职业场合，严格的不偏不倚在法律上和道德上都是强制性的。但是在职责之外，你被广泛地允许甚至被要求对那些与你有特殊关系的人予以特别考虑。假设你的钱只够为自己饥饿
137 的孩子或一个同样饥饿的陌生人买一顿饭。当你本可以用自己的资源为自己的孩子提供同样多的利益时，你却将其用于为一个陌生人争取利益，这就有点不合常理了。即使你给自己孩子的好处比给陌生人的好处要少一点，同样也可以说不合常理。

其他因素当然也可以发挥作用。你可能扮演一个特殊角色，这个角色要求你完全不偏不倚。或者你可能处于这样一种情形，即让陌生人受益转

---

① 关于一个极好的讨论，参见以下文献：Ellis，1992；Shafer-Landau，1997：602－3。

而又会让其他许多人受益，但让你自己的孩子受益却不是这样。在这种情形下，让陌生人而不是你自己的孩子受益可能是对的，因为让陌生人受益会进一步惠及其他人。你在道德上被允许惠及陌生人而不是你自己的孩子的另一种情形可能是，你的孩子不知怎的丧失了某项作为你优先考虑对象之一的权利。或者你可能承诺过那个陌生人而没有承诺过你的孩子。但是，如果没有这些特殊情况，在你决定让谁受益时，朋友和家人应该得到特别重视。

规则后果主义如何才能容纳这些普通信念呢？乍一看，规则后果主义似乎会赞同这样一些规则，“在努力为他人做好事时，始终旨在以使不偏不倚考虑的总体善最大化为目标”。但我们必须现实一点。麦凯写道：“自私这一大元素（或者用一个更古老的措辞‘自爱’）是人性中完全无法根除的一部分。”（Mackie，1977：132；see also Brandt，1979：287）无论自私是否无法根除，现实主义都要求我们承认，它是无处不在和顽固的。

的确，这并不是人类动机的全部。人类会自然地发展出对特定的他人的依恋，这通常是从他们自己的家庭成员开始的。这些依恋包含对特定他者的关注，即对那些在这个［关注］圈之内的人的利他主义，或用戴维·休谟的话来说，“有限的慷慨”（Hume，1740：bk. Ⅲ，pt. ii，sect. 2，p. 495）。即使是这些最为自然的利他主义，也不利于完全地不偏不倚。正如詹姆斯·格里芬所写：

> 与几个他者有基因关系。许多物种，其中包括人类，都有较大的自我牺牲能力，尤其是为了保护后代。但是，我们怎能期望像这样极 138
> 度自私和有着非常有限的利他主义的存在物能够完全不偏不倚，把每个人都算作一个，且没有人能算作多个？（Griffin，1996：87）

麦凯承认，他不知道人性能否被改变。他写道：

> 当然，考虑到大众说服的技巧，青少年可以变成希特勒青年或流行音乐粉丝，但就其中的每一个技巧而言，我们所做的都只是对基本相同的诸动机进行了相当肤浅的重新定向。更令人怀疑的是，是否有任何机构能够引发更根本的改变，这种根本改变是使一种普遍关怀的

> 道德变得切实可行所需要的。当然，没有任何普通的教育过程能够引发这种根本改变。(Mackie，1997：133)

内格尔写道：“人们在动机上很复杂，而且道德论证不可能把他们变成一种完全不同的存在。一种革命性的、新的政治安排也做不到。”(Nagel，1991：26) 他补充说：“利他主义在社会主义社会似乎和在资本主义社会一样稀缺，而采用强权手段来弥补这一缺失并没有成功。”(Nagel，1991：28，see also 72－3，110) 无论是道德教育、道德论证还是政治变革，都不可能将人性改变得能使不偏不倚的利他主义变得普遍。

我们也不应该太过受这样一个事实的影响，即**处于头脑极度发热状态**的人能够做出巨大牺牲。处于头脑极度发热状态的人能够做出巨大牺牲，并不表明他们可以被训练得一天到晚为不偏不倚的善做巨大牺牲（Griffin，1996：88－90）。

并且，人类天生的偏倚性并非唯一不断将我们拽向关注自我利益之物。仔细反思我们的自我利益的本质也是如此。因为美好生活的核心组成部分是成就和深厚的友谊。①

成就和深厚的友谊与我们这里的讨论有关，因为它们涉及“长期的、人生规划的（life-structuring）”目标和焦点：

> 对特定的人有深切的依恋，将获得诸多动机，这些动机会塑造一
> 139 个人人生的诸多方面，并贯穿那个人的大部分人生。要用一个人的人生完成某件事，就需要献身于特定的活动，这通常会收缩和吸引一个人的注意力。许多审慎的价值涉及忠诚——对特定个人、机构、事业和职业。如果一个人不在很大程度上成为偏倚的，那他就不能过上审慎的美好生活，就不能充分繁荣。这种偏倚性成为一个人的一部分；它不是一个人可以在心理上随意拥有和摆脱的东西。(Griffin，1996：85；see also 1986：196，198，199)

---

① Moore，1903：ch. 6；Griffin，1986：chs. 2，4，1996：ch. 2；Brink，1989：233；Hurka，1993：ch. 8，and sect. 10. 3. 我讨论了互惠在非工具性友谊中的作用（Hooker，1999b）。

因此，个人利益的两个组成部分是成就和深厚的友谊，而这些组成部分要求偏倚性。这种偏倚性阻止人们**始终**将从事“使不偏不倚的善最大化”的行为作为目标（Griffin，1996：104）。

为何追求成就需要一种偏倚呢？格里芬当然是对的，围绕某些目标建构一个人的生活需要奉献和专注。专注于你的职业、专注于帮助本地学校或发展你的艺术天赋，会将你的注意力从其他事物包括不偏不倚的善上移开。但是，若是你把“使不偏不倚的善最大化”当作高于一切的个人目标会怎么样呢？如果你的确将这个当作高于一切的个人目标，那么个人成就会要求你使不偏不倚的善最大化，而不是与这一目标竞争。然而，正如格里芬正确地指出的那样，这种成就只是个人善中的一种，它可能会以牺牲其他的个人善为代价，比如深厚的友谊和各种享受［参见赫卡（Hurka，1993：ch. 7）关于面面俱到的生活的讨论］。

为什么深厚的友谊与持续不断的不偏不倚不相容呢？乔纳森·丹西写道：“想要不偏不倚地对待所有人就是不爱任何人。”（Dancy，1993：191）为什么？因为这是两个事实的结合。第一个是我之前所指出的：深厚的友谊必然包含强烈的情感和关怀。第二个是经验事实：人类不可能对任何一个人都强烈地关怀，不可能对所有人都平等地关怀。这一事实已广为人知。西季威克写道：“［似］乎大多数人都只能对少数与之有某些亲密关系的人产生强烈的感情，尤其是家庭成员。如果这些感情被抑制，那么他们对其同类的感觉通常就会像亚里士多德说的那样，‘只是一种寡淡的善意（watery kindness）’。”（Sidgwick，1907：434）罗纳德·德沃金这样说：“如果我们对爱人、朋友或同事的感觉莫过于对所有同胞最强烈的关怀，那么这将意味着爱的灭绝，而不是爱的普遍。”（R. Dworkin，1986：215）

简言之，将**强烈地**关怀任何一个人与**平等地**关怀所有人相结合，在经 140
验上是不可能的。人类当然可以**强烈地**关怀其他**某些**人。或许他们也可以**平等地**关怀其他**所有人**。但他们不能**平等和强烈地**关怀其他**所有人**。因此，正如格里芬所写：“人们只有通过减少自己对特定之人和项目的忠诚，才能提高自己对人类的完全不偏不倚和普遍热爱的能力。”（Griffin，

1996：77)①

家庭成员之间和朋友之间的深切依恋本身就是个人利益的组成部分，持这一观点的规则后果主义者有强有力的理由认为，任何一套好的道德守则都必须保护和促进这种依恋。这就需要为随之而生的偏倚留出一些运作空间。

而且，后果主义者将注意到，家庭成员之间和朋友之间的依恋是快乐的一些主要来源（Parfit，1984：27，30）。② 这为我们提供了另一个避免消除这些依恋的后果主义理由。的确，人们也可以从对不偏不倚的善的成功追求中获得快乐。但是，一种只专注于增加不偏不倚的善的生活，很可能会比一种包含更广泛的规划（包括一些亲密的朋友关系）的生活所包含的乐趣要少。

几乎每个人都需要其他一些人的特别关怀。事实上，人们需要确保自己的福祉将在其他某个人的实践慎思中**始终**受到特别重视。而我们不能靠喜爱来确保能够适时地获得这种关注和审慎的优先权。喜爱不够可靠，一
141 旦受到愤怒、嫉妒或失望的侵扰，它就很容易被忘记或忽视。因此，在喜

---

① 另见以下文献：Parfit，1984：27－8，30，32－5；Crisp，1992：149。苏珊·沃尔夫做了一个更普遍的观察：“当人们反思到……爱的圣徒，一提到道德，他立刻就能轻松而愉快地放弃自己的钓鱼之旅，放弃立体声音响，放弃巧克力圣代，人们往往不会惊讶于他有多么热爱道德，而是惊讶于他对其他这些事情的热爱竟多么少。”(Wolf，1982：424 [1997：83])

② 更普遍地说，正如威廉姆斯所写的那样，“人类在社会中和彼此之间所珍视的许多品质显然都是非功利的，无论是在他们所涉及的思想方面，还是在他们倾向于产生的行动方面。我们有充足的理由认为，人们的幸福以各种方式与这些品质联系在一起。”（Williams，1973：131）同样，苏珊·沃尔夫（Wolf，1982：420 [1997：80]）认为道德圣徒等同于拥有一种“由致力于改善他人或整个社会的福祉主宰”的人生，她随后写道：“一个每个人甚或许多人都达到道德圣徒境界的世界——甚至是一个他们努力达到这一境界的世界，可能比这样一个世界所拥有的幸福要少，即一个人们在其中实现各种不同的、涉及个人的、完美主义的价值的理想的世界。”(Wolf，1982：427 [1997：87])

爱不能胜任这份工作的相当常见的场合，就需要忠诚的道德要求。[①] 换句话说，对家庭和朋友的特殊道德义务由此可以得到证成，因为这些义务的内化给了人们某种保证，即其他一些人会始终对他们有特殊兴趣。这种保证满足了人们的一种强烈的心理需求。

让我来总结一下。对所有人同等关怀的代价是，对任何人都只有微弱的关怀。对他人仅有微弱的关怀就会妨碍人们获得深切的个人依恋。缺乏深切的个人依恋本身就是一种损失。除此之外，它会剥夺我们很多的快乐和安全感。

即使成功地将人们培养成为平等地关怀其他所有人之人的**运行**成本（ongoing costs）实际上并不存在，**转变**成本也会是天文数字。想象一下，要让新一代所有人中的绝大多数孩子都内化一种压倒一切的对其他所有人的平等关怀，需要倾注多少心理和财力资源。成本将会超过收益。我将在“规则后果主义与为世界做好事”这一章（第 8 章）中捍卫这一观点。如果我在那里的论证是正确的，那么规则后果主义就为一个出了名的难题——道德要求相当富裕的人为贫困的陌生人做多少——提供了一个直觉上吸引人的答案。

---

① 布兰特写道：“迈克尔·斯托克（Michael Stocker）似乎认为，内化最优道德的这种反感（等等）与爱、友谊、感情和共同体等动机的存在是不相容的。我不明白为什么。当直接情感失败时，这里的道德动机将作为直接情感失败时的一个‘备份’系统来运行。”（Brandt，1989：n. 22 [1992：n. 85]）另见以下文献：Sidgwick，1907：434 – 5；Railton，1984；Pettit，1994，1997：97 – 102；Mason，1998；Powers，2000。

第 7 章　行为后果主义

142 重复一下，行为后果主义是这种观点：当且仅当一个行为能将被不偏不倚地解释的（实际或预期）价值最大化时，该行为才是道德上正当的。但是，行为后果主义告诉我们，应该通过求助于规则来做出绝大多数道德决定，事实上，这些规则与规则后果主义所认可的规则几乎相同。这模糊了行为后果主义和规则后果主义之间的差异。其实，规则后果主义往往被描绘为仅仅是行为后果主义的一个特殊部分，甚或仅仅是行为后果主义的一个混乱的“私生子”（bastardization）。然而，在本章中，我将揭示行为后果主义和规则后果主义之间的冲突。

7.1　作为正当性标准而非决策程序的行为后果主义

人们一开始可能会认为行为后果主义是这种观点：

> 在任何场合下，行为者都应该通过确定哪个行为会有最大的预期价值来决定应采取哪个行为。

事实上，据我所知，没有一个后果主义者持有这种观点。后果主义者反而赞同我们日常道德思考的**决策程序**应该如下：

> 至少在正常情况下，行为者应该通过参考经检验而靠得住的规则来决定如何行动，比如“不要伤害他人”“不要拿走或损害他人财产”“信守承诺”“说实话”等等。

为什么？理由有很多。第一，对于我们可能采取的各种行为，我们经常缺乏这些行为可能产生的效果的信息。

143 第二，我们常常没有时间去收集这种信息。在这两种情况下，如果我们在知道哪个行为具有最大预期价值之前无法决定该做什么，那我们做决定的能力，尤其是相当快地做出决定的能力，就会受到严重限制。

第三，人类的诸局限和偏见使我们无法成为精确算出诸备选行为（对每个人）的预期后果的计算器。例如，我们大多数人都有这样的偏见，即我们常常低估使我们受益的行为对他人的伤害。因此，如果我们用“最大化预期价值”作为自己的决策程序，那我们的天然偏见将屡屡使我们犯错误。

第四，预期效果同样与此相关。如果其他人知道我们通常使用行为后果主义的决策程序，尤其是如果他们记得我们有偏见，而这些偏见会以种种方式扭曲我们尝试进行不偏不倚的计算的努力，那他们可能就不愿意信任我们了。他们害怕，一旦（我们说服自己）违背自己的承诺、拿走他们的财产、对他们撒谎甚或从身体上伤害他们将使不偏不倚地考虑的预期价值最大化，我们就会愿意这样做。当然，社会中的信任会为这件大家都知道的事情所毁灭：一方面，大家都知道行为者通常会使用行为后果主义的决策程序；另一方面，大家都知道行为者存在系统性偏见，这些偏见会以种种方式扭曲不偏不倚的计算。

基于我刚才概括的四个原因，行为后果主义者规定，我们向自己和他人灌输并保持遵从某些规则的坚定性情，包括不伤害他人、不拿走或损害他人财产、不违反承诺等。因而，哈斯利特写道：

> 由于错误的计算和理性化，由于人们行为的不可预测性以及由此不可避免地导致整个社会的不安全，简言之，由于人类的易错性，如果人们一旦相信违反这些规范会使效用最大化，就会身体力行，那将导致弊远大于利。（Haslett，1994：21）①

唐纳德·里根写道：

> 任何明智的后果主义者（**与**将这个视为一种矛盾修辞法的读者**同**
> **步**）肯定都会以某种方式相信一种“双层”理论（“two-level” theo- 144
> ry），并且必须承认，审慎并非始终且仅仅根据**最终**有价值的事物来

① 另见以下文献：Brandt，1979：271 - 7；Harsanyi，1982：56 - 61；C. Johnson，1991：esp. chs. 3，4，9。

> 行进。许多决策可能是在丝毫没有刻意关注终极善的情况下非常恰当地做出的。但是，如果要证成没有刻意致力于最终善的一些思维习惯或审慎模式，那么任何证成最终都必须诉诸终极善。（Regan，1997：132）

这个设想是，我们日常的道德思维将由自己的性情与关注模式来主导。而且，正如亨利·西季威克（Sidgwick，1907：413）指出的那样，如果人们有这样一些关注模式（patterns of concern）——非后果主义的动机在其中占主导地位——会产生更大的整体善，那么后果主义本身会更喜爱这些其他的关注模式。[①] 事实上，鉴于我们的心理局限，行为后果主义可能更倾向于让我们的道德性情变得根深蒂固，以至于我们无法让自己去做那类成问题的行为，即使在某些情况下，从事这些行为**会**带来不偏不倚地计算的最佳后果。在心理上可能产生的几组性情中，这些可能就是那种会产生最大善的性情。

因此，行为后果主义与规则后果主义就人们应该如何进行日常道德思考意见大体一致。它们的不一致之处在于，什么使得一个行为是道德上可允许的，也即道德正当性的标准。

> **行为后果主义**声称，当且仅当**一个特殊行为**与其他任何可供行为者选择的行为所产生的实际（或预期）总价值至少一样大时，该行为是道德上可允许的。[②]

区分了行为后果主义的正当性标准和它所偏爱的关注模式后，我将主要聚焦于它的正当性标准。当我关注的是行为后果主义对关注模式的限制而不是它的正当性标准时，我都会采取这样的说法。

---

① 对于一些人试图从中获得好处的批评，参见以下文献：C. Johnson，1989；Griffin，1992：123－4，1996：105。

② 对比一下本书所阐发的规则后果主义版本。这一版本的规则后果主义主张，如果一个行为没有为一套由规则组成的守则所禁止，这套守则被每个地方新一代中绝大多数人内化会在加权福祉方面产生最大预期价值，那么这个行为就是道德上可允许的。

7.2 “行为后果主义关于禁令”对“规则后果主义关于禁令”

无论行为后果主义对人们的日常道德思维说些什么，行为后果主义的 145
道德正当性标准都暗示，**只要**杀死一个无辜者、拿走或损害他人财产或违背承诺等会使善最大化，这些行为就将是道德上正当的。规则后果主义否认这一点。相反，它主张，对个人的谋杀、折磨、违背承诺等行为可能是错误的，即使做这些行为比不做这些行为会产生稍多一些善。根据规则后果主义，道德并不是个人行为的（预期）后果问题，而是对由规则组成的守则的一般内化所产生的预期价值问题。而对这样一套守则——禁止身体伤害（除非是出于保护无辜者的必要或者是作为自愿进行的竞技游戏的一部分）、禁止偷窃和肆意损害财产以及禁止违背承诺和说谎——的一般内化显然比对一套没有禁止这些行为的守则的一般内化会产生更多的善。

20 世纪 30 年代，罗斯提出下面的例子以表明，即使信守自己的承诺所产生的善要**稍微**少一点，这样做也可能是正当的（Ross，1930：34－5）。① 下面是他的例子［数字表示善（或预期善）的单位］：

	对 A 产生的效应	对 B 产生的效应	总体善
信守你对 A 的承诺	1 000	0	1 000
违背你对 A 的承诺	0	1 001	1 001

但罗斯的例子现实吗？如果承诺被违背了，被承诺者在某些方面不会受损吗？通常情况下，如果承诺被违背，至少会给被承诺者造成不便。

考虑到这一点，让我们来修改一下罗斯的例子（罗斯本人表示这种修改是可能的），由此假设：

	对 A 产生的效应	对 B 产生的效应	总体善
信守你对 A 的承诺	1 000	0	1 000
违背你对 A 的承诺	－100	1 101	1 001

① 罗斯声称，即使不偿还债务会产生稍多一点效用，我们也应该偿还债务（例如信守某种承诺）。罗斯的这种说法是在回应约瑟夫·巴特勒（Joseph Butler）和理查德·普莱斯（Richard Price）。

146 我们可能较为担心罗斯例子的人为性。其中只考虑了两个人。难道一直都不涉及其他人吗，至少有可能涉及吧？例如，违背自己的承诺会对你产生何种影响呢？违背它可能会让你感到内疚，或者开始毁掉你自己的品格和声誉。

然而，正如罗斯正确地强调的那样，所有这些对他人的影响，包括对行为者本身的影响，都可以在这个例子中被中和。我们只是嵌入了一个假设，即对他人的所有影响都会相互抵消。所以让我们最后来看看这个例子的真正教训。

我们大多数人都将同意罗斯的这一观点，即当违背承诺所产生的总体善仅仅比信守承诺所产生的总体善稍多一点时，信守承诺就是道德上正当的。当然，行为后果主义并不同意这一点。它认为，违背承诺在此才是道德上正当的，因为那是具有最大善的可替代选择。因此，如果我们在这一点上与罗斯意见一致，就必须拒绝行为后果主义，即拒绝“使善最大化的行为始终是道德上正当的”这一观点。

我们大多数人也相信（如罗斯接下来所说），如果违背承诺将比信守承诺产生更大的善，那违背承诺可能就是正当的。我们相信其他类型的行为也有类似的情况，例如对无辜者造成伤害、拿走或损害他人财产、撒谎等等。如我之前所说，行为后果主义当然承认，如果**有必要以违背承诺、拿走或损害他人财产、撒谎或伤害无辜者来阻止灾难**，那这样做就是正当的。但是，行为后果主义还认为，如果**做这些事所产生的善**比不这么做产生的善**仅仅稍多一点**，那做这些事也是正当的。我们大多数人并不接受这种看法。与此同时，规则后果主义会同意我们关于这两方面的信念，即什么时候我们可以、什么时候我们不可以为了总体善而从事通常被禁止的行为（这是我在前面一章论证的）。

7.3 世界贫困经济学

147 在接下来的这一节，我将处理行为后果主义要求你为穷人包括最贫困国家的穷人做多少事情这个问题。在开始处理这个问题之前，我想要解决下面的问题：是否有什么事情是你或其他任何人能够为最贫困国家的穷人做的。

世界上贫富之间的差距很惊人。20个最富有国家每年的人均国内生产总值（gross domestic product，GDP）超过2万美元。而最贫穷的15个国家，人均GDP不到250美元。人均GDP的这些差异与更重要的事情密切相关。日本、几乎整个欧洲、澳大利亚、新西兰、美国和英联邦国家的平均寿命都超过76岁。塞拉利昂、马拉维和乌干达的平均寿命低于40岁，赞比亚、津巴布韦、阿富汗、卢旺达、莫桑比克、安哥拉、索马里、埃塞俄比亚、乍得、博茨瓦纳和其他几个国家的平均寿命在50岁以下。①

相对于世界上最贫穷的十亿人，经济发达国家的绝大多数人都很富裕。在本书中，经济发达国家的绝大多数人被我称为"相对富裕者"或"处境相对好的人"。而"穷人"，我指的是那些生活于严重贫困中的人，这些人目前有10亿～15亿。

一个反对将资源从相对富裕者转移到非常贫困的人那里的较有影响的论证已经存在了大约200年。托马斯·罗伯特·马尔萨斯（Thomas Robert Malthus）在18世纪末提出，如果给饥饿者提供其所需要的资源，那他们直接会大量繁殖，直至人口增长超过食物供应增长。他预测，食品短缺由此只会变得更糟糕。

他是完全错误的。当世界人口爆炸时，不仅生活于贫困中的人的百分比在下降，而且这些人口的绝对数量甚至都在下降。换句话说，即使人口在迅速增长，平均物质生活水平和平均寿命也在持续上升。而且，相对于制成品，粮食已变得便宜得多，1982年至1992年期间，粮食［价格］便 148
宜了大约38%（Sen，1994：sect. 2，esp. n. 21）。

这并非否认人口增长带来的其他社会问题和经济问题（尽管它也是由其他社会问题和经济问题引发的）。② 但是请注意，"低收入"国家的人均

---

① 这些数据均来自《经济学人世界数字》袖珍书（*The Economist Pocket World in Figures*，2000：40，86－7）。

② 还有环境问题。如今，许多人似乎受到了这样一种思想的伤害，即不断增长的世界人口很快会使环境退化到让这个星球不适于居住的地步。但是请注意，北美或西欧的普通人造成的污染大约是印度或其他低收入国家普通人的15倍。从环境保护的角度来看，改变富人的消费模式可能比降低世界上非常贫困的人的生育率更为重要。但它并不能否认这一点，即世界人口的增长从环境保护的角度看并不好。

国民生产总值（GNP）的平均增长率（1980—1992 年平均每年为 3.9%）比“高收入”国家（2.4%）要高得多。① 换句话说，穷国变得“更富裕”的速度比富国要快。

问题是，一个国家的经济可以在增长的同时，让一些人过得更糟糕。或者很明显，即使其他大多数人［生活］还过得去，甚至变得更加富有，灾难也可能突然降临到一些人身上。

捐款可以帮助穷人与保护弱势群体。可以肯定的是，尝试援助的有效性很大程度上受制于人民需要帮助的国家政府所奉行的政策。捐款最终陷入资金纠纷或使贫穷国家已富裕的人更富，则可能会使过得不好的人的处境恶化。因此，捐赠者需要谨慎地挑选好的慈善机构。

的确，人均国民生产总值低的国家本身可以在提高其公民的平均寿命和识字率方面取得巨大进展。贫穷国家怎么能负担得起为其公民做这么多事情呢？让·德雷兹（Jean Drèze）和阿马蒂亚·森指出：

> 基础教育和卫生保健在其供应方面都是极其劳动密集型的，贫困经济的特点之一是劳动力廉价，以及为基础教育和基本医疗服务培训劳动力的廉价。因此，较贫穷的经济体不仅花在提供这些服务上的钱要少，而且在提供这些服务上所需要的钱更少。（Drèze & Sen，1989：270；see also chs. 11 - 2）

149 在这些经济体中，相对少量的捐款可以大有帮助。而防止人们失去获得足够的食物供应能力的最有效的方法，通常不是直接提供食物。直接提供粮食往往会导致当地粮食价格暴跌，从而使当地的粮食生产者没有足够的经济刺激将其资金和劳动力投入进一步的粮食生产。通常有效的反而是，公共部门以现金工资的方式为那些能工作的人提供就业，以无条件救济那些既不能工作也不能靠别人提供支持之人的方式为补充（Drèze & Sen，1989：ch. 7；Lucas，1990：640）。如果主要的资源供给来自公共部门所提供的就业，而不是无条件的施舍，那么我们就可以考虑两种好处。首先，穷人可以获得购买食物所需的工资，这当然对他们有益。其

① 这里我不过是在改述森作品（Sen，1994：sect. 2）中的内容。

次，他们所从事的工作也产出了效益。

在一个最贫穷的国家，只要这个国家的贫困抑制了需求**和通货膨胀**，那么一个人每年只需不到250美元就可以免于挨饿。大量资金流入一个非常贫穷的国家对其经济会产生什么影响呢？如果流入渠道恰当，该资金可以有极好的效果。向最好的慈善机构捐款确实会挽救许多生命。

7.4 行为后果主义与穷人

行为后果主义通常被认为具有不合情理的严苛性，它将人们原本视为超义务的自我牺牲解释为义务。① 为了充分理解这个反驳，我们必须牢记以下四点。第一，正如我前面所主张的，捐款可以拯救生命。第二，金钱和其他物质用品**通常**具有递减的边际效用。第三，同样多的钱在（比如）埃塞俄比亚可以购买的粮食比在一个工业发达国家所能购买的要多得多。
第四，其他相对富裕的人不会捐赠很多。鉴于这些事实，我们必须承认， 150
如果我把自己的大部分物质用品都捐给合适的慈善机构，就会使善最大化。因此，捐出我的大部分物质用品是行为后果主义要求我做的事。当然，我不应该以造成或维持一种“依赖性文化”（culture of dependency）的方式交出［这些物质用品］。但这并不是不捐赠给最好的慈善机构的借口，因为它们的项目避免了这个问题，并且以促进自给自足为目标。当然，我必须考虑到我当下的行为对我未来捐赠能力的影响，例如，我需要足够体面与健康，以免丢掉自己的工作（P. Singer，1993：223，n. 1）。尽管如此，如果按照世界标准我是富裕的，那么我被允许留给自己的东西可能非常少。

也许我甚至应该换一份更赚钱的工作，这样我就会有更多的钱捐给慈善机构。② 我当一名公司律师、银行家、股票经纪人、会计、八卦专栏作

① 这一反驳在大多数当代行为后果主义的讨论中都有提及。早期重要的讨论文献有：Godwin，1793：325；Mill，1861：ch. 2，para. 19；Sidgwick，1907：87，434，492，499；Baier，1958：203－4。

② 昂格尔（Unger，1996：151－2）同样强调了这一点。

家或赏金猎人，或许可以赚更多的钱。如果一个人理应自愿做出任何牺牲，这一牺牲［所付代价］比他人由此获得的好处要小，那么我就应该换一份薪水更高的工作，这样我就会有更多的薪水捐给穷人。这样我将不得不捐给援助机构更大比例的收入。其结果就是一生都致力于赚钱——加上几乎拒绝了所有我能用这笔钱为自己买到的奖励。毕竟，捐给援助机构的钱若用于为自己购买享受、舒适、方便和其他好处，与这笔钱可以挽救的那些人的生命相比，我的享受、舒适、方便和其他好处都是微不足道的。

考虑到这一切，谢利·卡根这样说肯定是正确的，他说："考虑到现实世界的人口参数，毫无疑问，（最大限度地）促进善将要求一种艰苦、克己与简朴的生活。"（Kagan，1989：360）

但是，我们中许多人在反思后可能会认为，要求人们为了他人而做出
151 这种程度的自我牺牲**在道德上是不合情理的**。① 这并非要否认，道德有时可以要求人们为他人做出重大的自我牺牲；也不是要否认，将一个人拥有的大部分［资源］都捐给穷人既是可允许的也是非常值得赞许的。但是，无论这种自我牺牲多么值得赞许，我们大多数人都十分相信，为了那些家人和朋友圈之外的人而使自己永久贫困是超义务的，是某种"超出了义务要求"之事，而不是某种道德**要求**我们之事。②

我承认，一种道德理论因其要求严格而遭到反对是令人不快的。严苛性反驳（the demandingness objection）针对的似乎是出于帮助他人的强烈要求而遭受大损失的那些人以及听任自我利益蒙蔽其道德判断的那些人（Carson，1982：243）。但是，基于这样的根据来驳回这个反驳是不恰当的。一种反驳不能作为"关联性过失"（guilty by association）而被合法地驳回。我们必须根据其自身的优点来评价它。而且，即使我们承认严

① 参见克里斯普（Crisp，1992）和奎因（Quinn，1993：171）的观点："我们认为，仅仅因为社会所需要的平衡朝这个方向倾斜，人们就被迫成为农民或长笛演奏者，这在道德上是有毛病的。我们认为，除非有大的突发事件，否则人们的生活必须由他们自己引导。"

② 如果某事超出了义务的要求，那么不做此事是无可指责的。它并不是某人应该受到法律、公众舆论或"自己良心责备"惩罚的事情。然而，如果某事是被要求的，那没那么做就应受指责，除非有某个好的借口。

苛性反驳可能会诉诸一些不光彩的人物，这个反驳似乎仍非常有力（Murphy，1993：274）。

我一直在讨论这个反驳，即行为后果主义要求我们做出巨大牺牲，以便最大限度地为饥荒救济做贡献。行为后果主义的这个特征是其另一个更一般的特征的后果。这个更一般的特征是，**一旦**自我牺牲能使整体善最大化，行为后果主义就要求做自我牺牲。而这个更一般的特征还有另一个后果，就是即使他人从行为者的自我牺牲中所获得的好处只比行为者付出的成本**稍微**多一点，行为后果主义也要求行为者做出自我牺牲。不过这更加讲不通。

例如，考虑一下我们大厦里的大办公室。办公室是根据级别来分配的。假设你可能是想要这间大办公室的级别最高的人。但是，如果你不占有这间办公室，它就会转给一个你认识之人，她待在办公室的时间比你多10%。假设我们由此可以合理猜测，她搬进这间办公室的获益将比你搬进去多一点。这不是一个生死攸关的问题，她也不会因为没有得到这间大办公室而沮丧到工作或家庭生活严重受损的地步。不过，她从更好的办公室 152 得到的乐趣会比你多一点。但是，因为有所需的级别，你还是把这间办公室占为己有。没有人会认为你这样做不合情理或不道德。我们认为，道德不会真的要求你为了让别人得到稍多一点利益而牺牲你自己的利益（特殊情况除外）。

因此，现在我已提供了两个对行为后果主义严苛性的反驳。(1) 行为后果主义要求你做巨大的自我牺牲；(2) 即使你牺牲自我利益只让整体善增加了**稍微**多一点，行为后果主义仍然要求你做出牺牲。我们可以将这些更为具体的反驳合并为一个，并称之为“行为后果主义具有**不合情理的严苛性**（unreasonably demanding）”反驳。

在这里，行为后果主义的一个回应可能是指出，当我们应该为所有人的利益效力时，我们反而常常自私地行动，或者为了那些与我们有特殊关系的人的利益而行动。这当然是真实的。但这个反驳很难消除。要反驳行为后果主义具有不合情理的严苛性，我们没有必要否认人们常常是自私的。

同样，为了反驳行为后果主义具有不合情理的严苛性，我们也无须明确指出，一个行为者刚好在什么时候为他人做的事要与道德所要求的一样多。换句话说，我们无须明确指出义务和超义务之间的分界线刚好在哪里。我们无须为了知道分界线不在哪里而弄清楚它刚好在哪里。并且我们知道，在从完全不偏不倚的利他主义过渡到完全利己主义的这一谱系中，这条分界线并非刚好在利他主义一端。

实际上，行为后果主义本身就必然会使义务和超义务之间真的不存在界限。对于行为后果主义者来说，义务在哪里停止，可允许性就在哪里停止。[1] 换句话说，行为后果主义势必会使这样的事情不存在，即不存在道德上是可允许的却超出义务要求的自我牺牲。根据行为后果主义的观点，某种极高程度的利他主义是其所要求的，但任何该程度之外的行为都是不当的。这非常违反直觉。

153 一些行为后果主义的捍卫者可能会声称，就该理论的实践蕴含而言，上述反例是错误的。我们对于如何帮助自己和自己的至亲好友的了解，比对如何帮助那些离我们很远且不熟悉的人的了解要多得多，而且我们有更多机会去满足我们自己、家人和朋友的需求。[2] 因为我们更了解自己周围的那些人，所以这种辩护认为，我们将通过关注自己和他们来使总体善最大化。密尔（Mill，1861：ch. 2，para. 19）声称，只有在极少数的情况下，某个人（“千分之一的人除外”）才能大幅增加幸福，即做一个“公众捐助者”。根据密尔的说法，只有在这些极少数的情况下，行为者才会被“要求考虑公共效用；在其他任何情况下，个人效用、少数一些人的利益或幸福就是他不得不关注的一切”。因此，这一辩护的结论是，我们不必为贫穷的陌生人牺牲那么多。

这种行为后果主义的辩护现在应该远不如密尔和西季威克提出它的时候有说服力。[3] 在他们那个时代，人们很少有关于灾民当前需求或不同慈善机构的相对效力的详细信息。与之相比，有关自然灾害的时事新闻在

---

① 这个需要略加限定。在行为者有两个或两个以上无法超越的预期价值选项的情况下，这些选项都不是行为者的义务，但每一个选项都是可允许的。

② 参见以下文献：Sidgwick，1907：431，434；Brink，1989：266，275；Jackson，1991。

③ 麦凯（Mackie，1977：123）也提出了类似的观点。

我们身边四处可见。我们只要打电话把信用卡号码报给某个高效慈善机构的人，比如牛津赈灾会（OXFAM）①、联合国儿童基金会（UNICEF）或国际救助贫困组织（Care），就可以做一些事情来帮助受害者。

行为后果主义者能否通过诉诸一种区分来充分回应严苛性反驳，即他们的正当性标准与他们关于决策、关注模式及性情的建议之间的区分？行为后果主义者通常声称，对我们自己和那些与我们亲近之人有某种程度的日常偏倚符合行为后果主义，因为行为后果主义是一个正当行动标准，而不是一个日常道德思考程序，也不是一个关于应该如何激励人们的规定。虽然行为后果主义认为，只有当一个行为能最大化整体善时才是道德上正当的，但行为后果主义无须主张一个人应该始终以对最大化整体善的关注为**动机**，或那个人应该始终**有意识地以之为目标**。

但是，这一辩护路线可能会遭到许多反驳。如下两个主张完全不是一 154
回事。其中一个主张是：与每个人都采取绝对不偏不倚的关注模式相比，每个人都保留对自己、家人和朋友的特殊关注将产生更多的总体善。另一个主张是：鉴于其他每个人或多或少都将保留这种相同的特殊关注（他们当下就保留这种关注），那么与你或我采取绝对不偏不倚的关注模式相比，我们保留对自己、家人和朋友的特殊关注将产生更多的总体善。这两个主张之间的区别很重要，这一点会逐渐清晰起来。

我已经论证，如果每个人都以对所有人的平等关怀为动机，其代价就是消除强烈的情感和深切的依恋；那么如果**每个人**都保留对自己、家人和朋友的更大关怀，则会产生更大的善。但这一主张是将“每个人都保留其特殊关怀的后果”与“**每个人**都成为不偏不倚之人的后果”相比的。为了捍卫他们的理论，行为后果主义者有时也试图用这样的主张来反驳那种认为它过于严苛的指控。然而，不应该允许他们就此脱身。② 因为即使我的生活在没有强烈感情和深切依恋的情况下会很痛苦，他人从这种事态中的获益也足以超过我的损失。

---

① OXFAM（Oxford Committee for Famine Relief）又译作乐施会。——译者注

② 在此，我借用了帕菲特无出其右的讨论（Parfit，1984：30-1）。另见沃尔夫（Wolf，1982：428［1997：87］）。

事情怎么会这样呢？无论我身上发生了什么，世界上绝大多数人仍将继续持有某种大致如其目前所持有的关注模式那样的东西。消除我对家人、朋友与自己的特别关心，不会危及这一点。诚然，我提出过，如果**所有人**都丧失了强烈情感，那么世界很可能变得更加贫穷。但是，如果**只有我的**强烈感情被消除，那么只有我和与我有关系的相对较小圈子的人会遭受损失。同时，我变得不偏不倚对他人的好处如下。由于我现下对家人、朋友和自己特别关怀，我们所有人已经相对富裕了，我在帮助减轻这个世界的巨大痛苦方面做得相对较少。但是，如果我对自己或那些与我亲近之人的关心开始不再比我对其他每个人的关心多，那我就会把金钱和精力投
155 入到帮助最贫困的人之中。由此我将减轻很多人的痛苦。因而，虽然消除（甚或只是严重地减少）我对家人、朋友和自己的特殊关怀会威胁到我与这些人的关系，并致使我做出其他巨大的个人牺牲，但不偏不倚地考虑的话，获益将会大于损失。

面对这一事实，行为后果主义不允许一个人对朋友、家人和自己的关心比对其他每个人的关心更多。行为后果主义反而要求一个人对朋友、家人和自己**不**应该有比他人更多的关心。因此，它对一个人应该有什么样的关心模式的要求是非常严苛的。

罗杰·克里斯普质疑这里所讨论的这种不偏不倚是人们能够达到的。他观察到：

> 儿童是在传统和文化中被养育的，而人类中已形成的所有传统和文化都体现了偏倚性。社会中的父母、老师和其他人都与孩子建立了特殊关系，这使得把他们培养成理性的（rational）成为可能。很难想象一个不依赖这种偏倚性的教育体系，或者很难想象一旦获得了理性思考能力就能去除这种偏倚和依恋。（Crisp，1997：106-7；see also LaFollette，1996：208）

如果这是正确的并且道德上不会要求人们去做他们无法做的事情，那么就不能要求人们成为完全不偏不倚的（Scheffler，1992：59；Horton，1999）。

但是，即使存在一种超出人类能力因而超出行为后果主义（或其他任

何道德理论）所能要求的不偏不倚水平，行为后果主义所要求的不偏不倚程度可能仍然比道德似乎真正要求的要高（我并非暗示说这是克里斯普所否认之事）。

我之前提出，行为后果主义对**行为**的要求是极为严苛的。我现在提出，行为后果主义对**关注模式**也提出了严格要求。然而，重要的是要看到，行为后果主义对行为的要求太过严苛，即使它对关注模式的要求远不如我认为的那么严格。

因此，为了便于论证，假设我对行为后果主义的攻击存在某种致命缺 156
陷，我攻击的是：你拥有某种如目前关注模式这样的事物，也就是一种对你的朋友、家人以及你自己的规划的特别关注占主导地位的关注模式，而行为后果主义试图将这种关注模式理性化。假设行为后果主义将允许你有这种关注模式。如果这是对的，那么行为后果主义可能在关注模式方面就摆脱了困境。不过，在其正当行为的标准方面，它可能仍处于困境之中。

行为后果主义坚持认为，当且仅当一个行为最大化了总体善时，该行为是正当的。正如塞缪尔·舍夫勒关于行为效用主义所写的那样：

> 它要求行为者在将精力与注意力分配到他最在意的规划和人那里时，要按照与从非个人立场看他这么做所产生的价值严格地成比例的方式，即使人们通常所获得的和对自己投入之事的关心与他们从拥有和关心这些规划和人——被以一种整体事态的非个人排序方式分配——中所获取的价值完全无关且不成比例。(Scheffler，1982：9)

我在前面讨论过，为了按照这个正当行为标准做正当之事，你必须经常为了陌生人做出**极端**自我牺牲的行为。我还提过，行为后果主义要求你为他人做牺牲，即便是他们从中所获取的好处只比你付出的代价**稍**多一点。行为后果主义对行为的要求因而具有不合情理的严苛性。无论行为后果主义对于关注模式说些什么，对行为后果主义关于行为要求的这一反驳都有效。因此，这一反驳不能通过诉诸区分该理论的正当性标准与其对动机的规定来规避。

还有一种方法试图捍卫行为后果主义，以对抗“它具有不合情理的严苛性”这一反驳。戴维·布林克写道：

> 我们有同情、仁慈、爱和友谊的社会能力，这些能力的实现使我们的生活比在它们未能实现的情况下更好……家庭关系、友谊及涉及互相关怀和尊重的社会关系都锻炼了这些能力。(Brink，1989：233)

我已经提到过，一些福祉理论会把友谊视为一个人自身福祉的构成部分。这为布林克的观点——实现一个人的社会能力是其自身福祉的构成部分——
157 提供了一些可信度。但这一观点是否支持布林克的这个主张，即行为后果主义“不会要求人们做巨大的自我牺牲”？(Brink，1989：242）布林克提出：

> 为了使一个人对其规划的追求和实现有价值，除了别的方面，这些规划必须是道德上可接受的。追求那些会给他人施加可避免的困苦的规划本质上是没有价值的。而且，那些涉及相互关怀和忠诚的个人和社会关系是行为者福祉的一部分。因此，行为者的福祉在某些方面与他人的福祉直接相关。如果另一个人的福祉得以提高，那一个人就会过得更好，尤其是当这个人提高了另一个人的福祉的时候；同样，当他人受苦时，这个人也会受苦，尤其是在这个人导致他人受苦的时候。(Brink，1989：243)

这里似乎有两条论证思路。我将依次考察它们。

其中一条思路声称，我的一个规划的顺利完成不能构成我的一种好处，除非它能避免给他人施加可避免的困苦。这似乎是不可行的。假设萨拉在纯数学的极其深奥的一隅阐发出某种出色的理论。补充一下，她在一心一意追求这项成就的过程中，赢得了职位、补助金、晋升以及赞誉，如果将这些东西给其他人，就会避免其他人的困苦。如果她没有顺利完成自己的规划，别人的困苦原本是可以避免的。

有人可能会回复道，在这个例子中，困苦肯定会落到某些人身上，而不管这个受苦群体是否包括萨拉。所以在某种意义上，即使**其他人**的困苦是可避免的，**有些人**的困苦却是无可避免的。

那么，让我们假设，如果萨拉没有赢得职位、补助金、晋升等等，她将不得不忍受一些困苦。与这些困苦相比，萨拉的对手不得不忍受的那些困苦要更糟糕。所以这里有一种可识别的感觉，与她若没有成功将产生的困苦相比，她的成功施加了更糟糕的困苦。我们可能会说，她的成功给他人施加了可避免的困苦**程度**。

尽管如此，从任何可行的福祉观来看，萨拉的成功让她的生活从自利的角度看变得更好。事实上，即使行为者之规划的顺利完成涉及将可避免的困苦施加于他人，它们往往也改善了行为者的生活。

布林克那段话中的另一条论证思路是，行为后果主义不要求大量自我
牺牲的一个理由是，涉及相互关怀与忠诚的个人和社会关系是行为者自身 158
福祉的一部分。因而，如果我为了自己与家人或朋友的关系而牺牲金钱、舒适或职业机会，那我可能是在维系构成我很大利益的关系。事实上，我可能在做比我所能做的其他任何事情都更能增加我自身福祉的事情。

但是，行为后果主义不断要求我将自己的金钱和精力投入能帮助**除了**我的朋友和家人**以外**之人的活动，即捐给那些与我没有相互关怀和忠诚关系之人，比如世界另一边的饥荒受害者。布林克所说的相互关怀和忠诚的关系对我的好处，丝毫无法动摇这一想法，即我付出大量的时间和金钱来帮助那些人将是一种巨大的［自我］牺牲。尽管布林克进行了论证，但行为后果主义仍然具有令人无法容忍且讲不通的严苛性。

第 8 章　规则后果主义与为世界做好事

8.1　引言

159 在本书第 1 章和第 2 章中，我声称，规则后果主义为这些问题提供了直觉上有吸引力的答案，即相对富裕之人有义务为穷人做多少。其他作者对这一说法进行了质疑。① 相对富裕之人有义务为穷人做多少，这个问题是规则后果主义讨论中最有趣的领域之一，事实上，也是整个道德理论中最有趣的领域之一。大多数文明人很少认真考虑对他人进行身体上的伤害。② 但我们常常感到疑惑，在帮助他人方面，我们是否是在做道德要求我们做的事情。在这个问题上，任何一种熟悉的道德理论是否有直觉上可接受的分界线，对此我们还完全不清楚。

我已经抨击了行为后果主义的这一要求，即持续为他人做牺牲，直到进一步牺牲从长远看产生的总体善较少。本章首先简要考察其他几个解决此问题的方法的不足。其余部分则说明，规则后果主义的方法实际上是直觉上可接受的。

8.2　大差距原则

160 考虑以下援助原则：只要他人从我们的援助行为中得到的好处比我们

---

① 参见以下文献：Kagan，1989：35，395 - 7；Carson，1991，1993；Mulgan，1994b，1996。

② 在本书开头，我指出，某些竞技运动允许甚至要求运动员彼此进行身体攻击（在限制范围内）。这是可证成的，仅仅因为运动员想用这些规则玩游戏。我也承认，医生被允许在人的身体上动手术。只有当这么做是为了患者的利益并在患者能够同意（如果患者有同意的能力）时，才能证明其合理。此外，军队和警察必须考虑对他人进行身体伤害，但他们只应该在保护无辜者所必要时才能伤害他人。

付出的牺牲大得多，我们就被要求去援助他们。亨利·西季威克评论道，这一原则是“常识道德”的一部分，甚至“广义上说”，这一原则是“无可置疑的”（Sidgwick，1907：348－9，see also 253，261）。相反，这一原则似乎不合情理地严苛。在帮助他人的过程中，在达到这一点——我们的牺牲将不再比其给他人带来的利益少很多——之前，我们大多数人将不得不牺牲掉自己大部分的福祉。[1] 然而，要求我们为了那些并非因我们的过错而受苦的陌生人牺牲自己的大部分福祉，这似乎是不合情理地严苛的，尤其是在能提供帮助的其他人中**大多数**并没有这么做时。

8.3　作为一个不完全义务的慈善

几个世纪以来，人们已经区分了两种道德义务：完全的和不完全的（perfect and imperfect）。

完全义务是那种每个人都应该**始终**履行的义务，也就是说，抓住每一个机会去履行的义务。每个人都应该始终克制自己不做虚假承诺，不对无辜的他人使用暴力，不在未经他人同意的情况下拿走他人合法获得的财产（除非是在执行法院的命令）。每个人都有不让这些事情发生在他们［自己］身上的道德权利。换句话说，每个人都有不对他人做某些事情的完全义务，这些完全义务通过每个人都有不让这些事情发生在自己身上的权利反映出来。

相比之下，**不完全**义务是那种每个人一般都必须履行但可以选择场合的义务。你不可能帮助每一个需要帮助的人。但你有帮助其他一些人的不完全义务——帮助哪些人由你做主。我没有权利让你帮助我而不是别人。

完全义务和不完全义务之间的区分——作为一种通过权利反映出来 161
的义务和不通过权利反映出来的义务之间的区分——可以追溯到所谓近代自然法理论的创始人雨果·格劳秀斯（Grotius，1625）那里。塞缪

① 这一主张类似费士金（Fishkin，1982）的一个中心观点。另见内格尔（Nagel，1986：190）的观察：鉴于现有的世界环境，不仅行为效用主义，而且任何具有实质性非个人成分的道德都会提出贪婪的要求。

尔·普芬多夫（Pufendorf，1672）随后指出，完全义务和不完全义务之间的区分与另一种区分相关。① 对完全义务的一般履行恰恰是社会存在所必要的。相比之下，不完全义务的一般履行对社会存在而言是有益的，但并非绝对必要的。自格劳秀斯和普芬多夫以来，这些大致相同的区分已得到广泛认可［最著名的是得到伊曼纽尔·康德（Kant，1785）和密尔（Mill，1861：ch. 5）的认可］。

完全义务和不完全义务的这种区分显然很有吸引力。你可以避免未经无辜者同意而杀害他们；你可以避免拿走或损害他人的财产。如果谨慎一点，你可以避免违背承诺和说谎。所以这些可能是你必须始终避免的事情。但是有太多的贫困者，你无法帮助他们所有人。你无法做到的事，就不可能有义务去做。所以你不可能有义务去帮助每一个贫困者。然而，你却有义务去帮助一些人。你有义务去帮助哪些人？道德应该将这个问题留给你自己决定，这难道不是合情理的答案吗？

然而，在不完全义务观表面的可行性之下，潜藏着严重问题。假设我面对着两个陌生人，每一个都需要帮助，但其中一个的需求更大，倘若他得到帮助就可以比另一个人得到帮助的获益多许多。根据不完全义务观，我可以直接选择帮助哪一个。但这个答案似乎是错误的。在其他因素相同的情况下，我应该帮助更困苦的那个人。不完全义务观在此给随意选择留下了太大空间。

或者假设，今天早上我拯救了某个人的生命，现在我可以拯救另一个人的生命而无须付出任何代价。我是否继续救第二个人，这在道德上真的是可选的吗？肯定不是！

现在考虑一些帮助他人的确涉及某些自我牺牲的情形。想象一下，有太多的人要救，且每救一个人，我都不得不做出一些额外的自我牺牲。
162 在此，道德要求我做多少牺牲呢？不完全义务观对我们没有帮助。②

---

① 我从施尼温（Schneewind，1990：49）那里了解到这些关于格劳秀斯和普芬多夫的事实。

② 与之相比，提供了相当大帮助的观点参见沙勒（Schaller，1990：198－200）。其他重要讨论包括以下文献：Hill，1971；Baron，1987；Nagel，1991：ch. 5；O'Neill，1986：ch. 8；Murphy，1993：272 n. 13；Cummiskey，1996：ch. 6。

我并不否认，为他人做好事的义务可能相当复杂，其应用时需要进行谨慎的判断。不完全义务观的根本问题是，它忽略了这些问题，即要提供多少帮助，要做出多少牺牲，以及如何在潜在受益者之间做出选择。

不完全义务观可能不能要求人们为他人做足够多的事情。要明白这一点，请聚焦于（在许多可能的供选择策略中）你可能有的两个供选择策略。一个策略是，至少在某些时候为他人做好事，但是只**在较小的方面**，并且仅仅在**你的牺牲对你来说微不足道**的时候（不仅在那种场合，甚至在加总你其他所有这种牺牲的时候）。另一个策略是，至少有时候以会**改变他人生活前景**的方式为他们做好事，即使这样做**对你来说代价远非微不足道**。不完全义务观蕴含着，第一个策略就足够了。这种蕴含违反直觉。一种可行的观点必须允许这一点，即你可以被要求做出重大牺牲以帮助贫困者，并且，至少在其他条件大致相等的情况下，你应该多做而不是少做帮助穷人之事。

8.4　做如果每个人都做就会使善最大化之事

考虑这样一个规则，它要求你去做如果每个人都做将产生最大善的事情。① 假设每个相对富裕之人都遵从一个规则，该规则要求他们至少将收入相对较小比例的部分捐给最好的慈善机构，这不仅足以养活世界，而且足以满足大多数其他基本需求。尽管对许多人来说，做出任何一点贡献似乎都很困难，但是要求一个人至少捐出较小比例的收入似乎并非不合情 163
理。因此，如果所有富裕者的小的捐献能有效地终结世界饥饿，并满足大多数其他非常基本的需求，那么规则后果主义似乎可以为援助义务这个问题提供一条可行思路。

但是，从每个富裕者那里得到相当少的捐献，其综合效应真的会如此之好吗？我不是一个发展经济学家。不过，我主张，只要捐献给最好的慈

① 关于一个特别重要的讨论，参见帕菲特（Parfit，1984：31）。比较以下文献：P. Singer，1972a：233，1993：ch. 8，esp. 244－6；Fishkin，1982：162－3；Kagan，1991；Murphy，1993，1997。

善机构，那么从每个富裕者相当小的捐赠中得到的综合效应将产生极好的结果。①

我承认，如果为了确定道德要求我们做什么，规则后果主义要求我们成为政治经济学专家，那它就是不可靠的。规则后果主义应根据规则的一般内化所产生的**预期**价值来表述，而不是根据其**实际**后果的价值来表述。如果道德要求我们遵守这样一些规则，这些规则的一般内化与我们能识别的其他任何规则的一般内化所产生的预期价值一样多，那这涉及怎样的关于援助穷人的规则呢？答案可能是这样一个规则，它要求按世界标准过得相对富裕的那些人至少捐献其年收入的1%至10%。

要求的捐款数额应该是“累进”的。因此，那些按世界标准本身就很穷的人很少（但有时）有义务进行捐款。他们很少需要进行捐献的原因是，他们太接近边缘，对他们来说，他们所能给出的大部分捐献都包含巨大的牺牲。那些按世界标准勉强称得上相对富裕的人，被要求至少捐献1%。那些过得更好的人有义务付出更多，不仅在绝对数额方面，而且还以他们收入的百分比的方式。

关于要求那些按世界标准相对富裕的人至少捐献年收入1%至10%的规则，让我强调以下一点：我并不是在主张，这个规则会导致最佳后果。
164 我只是在主张，如果**所有**相对富裕者都捐出他们收入的更大的一个百分比，那就有可能导致经济混乱和管理不善。有鉴于此，在供选择的可能规则中，这一规则的**预期**价值至少和其他任何规则一样多。

8.5 在自私的世界表现得体

但是，假设其他人实际上都没有遵从这样一条规则，那遵从它真的可以得到辩护吗？如果规则后果主义要求的仅仅是这些，那么对规则后果主

① 请注意，世界银行（World Bank）和联合国（United Nations）的经济学家小组呼吁富裕国家贡献其国内生产总值的0.7%。怀着应有的谦逊，我尝试着研究了一下经济学（Hooker，1991b）。布兰特（Brandt，1996：ch.8）明言，他从规则后果主义角度讨论了经济学，但他对我的计算提出了异议。

义的抱怨显然就是，它通过参考“每个人都接受理想规则”的**假设**后果来评价行为，而忽略行为的**实际**结果（事实上，一个行为的后果从不包括每个人都接受理想规则）。

如果规则后果主义认为，“我应该贡献多少”对“其他人实际上贡献了多少”完全不敏感，那它是讲不通的。假设我和其他九个人看到十个人从船的甲板上掉入海中。我们每个还在甲板上的人都可以轻松地给落水之人扔一件或多件救生衣。假设我把一件救生衣扔给了水里的人，随后注意到甲板上其他人没有提供任何帮助。对于这种情况的直觉很清楚：我应该继续把救生衣扔进海里，直到水中的每个人都有一件。在这里，因为别人没有帮忙，所以我应该做更多。

或者举一个更著名的例子，一个确实对当代关于慈善的辩论极为重要的例子。[①] A 和 B 都在去机场乘长途航班的路上，他们看到两个小孩在一个浅池塘里溺水。A 和 B 都可以轻松地蹚进去救出孩子们而自身不会有任何风险。两个孩子在池塘里处在这样一个位置，A 和 B 各救一个孩子，他们还能赶上航班；但如果 A 或 B 一方花时间独自救这两个孩子，那么那个人就会错过航班。

假设 A 救了一个孩子而 B 什么也没做。无疑，A 现在应该去救另一 165
个孩子。

规则后果主义当然同意。记住我在 4.2 节中的论证，规则后果主义会规定一个阻止灾难的要求。因为我可以通过给海里的人扔更多的救生衣或通过救第二个孩子来阻止一场灾难，所以我应该这样做。因为如果 B 不救第二个孩子，那么 A 可以通过救他来阻止灾难，所以 A 应该救那个孩子。因此，通过纳入一个阻止灾难的规则，规则后果主义使“行为者应该做多少”对“其他人正在做多少”敏感。

我们是否应该由此得出这样一个结论：一旦其他人能够帮忙却没有这

---

① 这场辩论是辛格（P. Singer，1972a）发起的。另见以下文献：Kagan，1989：esp. 3 - 4，231 - 2；Cullity，1994：esp. 104 - 5；Unger，1996：chs. 1，2，6。至于上面文本中这个例子的变体，参见以下文献：P. Singer，1972a：231 - 3，1993：229；Kagan，1991：224 - 5；Murphy，1993：291。

样做时，规则后果主义的观点是，阻止灾难的规则适用，所以与你在这样一种情况下——每个人都遵守规则后果主义——本该付出的相比，你必须付出更多？这一结论有使规则后果主义本身变得严苛的危险（根据常识性道德确信）。① 因为无辜之人的饥饿被当作一场灾难，而你往往可以通过给最好的慈善机构捐款来拯救其中一些生命。但是，有不计其数的生命需要拯救。因此，**无限的**阻止灾难的要求似乎意味着你应该继续捐款——至少捐到你自己穷困潦倒。做到这种地步可能是令人钦佩的，甚至是神圣的。但这似乎真的不是道德所**要求的**。

规则后果主义可能不会被迫为这一观点辩护，即如此多的自我牺牲是道德上所要求的。因为正如我在4.2节和6.5节中论证的，该理论可以指出灌输和维持每个人为贫困的陌生人做出重大自我牺牲这种性情的心理
166 代价和其他代价。比起不那么严苛的规则，向每个人灌输和维持更为严苛的阻止灾难和提供援助的规则的难度和成本要大得多。让人们内化一个非常严苛的规则所需要的时间、精力、注意力以及［产生的］心理冲突会极其庞大。

并且，这些内化成本会随着每一代新人的诞生而产生。婴儿一开始似乎并不像他们的父母那样最终内化了那么多利他主义。相反，每一代新人的基因构造刚开始都与上一代大致相同。每一代新人都需要从主要关心即时满足、个人舒适和自作主张的人转变为愿意为他人做出几乎无尽牺牲的不偏不倚的人。因此，内化成本将不是一次性事件；相反，它们将无限期地重复。

我声称过，内化一个极其苛刻的阻止灾难的规则，其成本将是巨大的。如果我对这些成本的看法是正确的，那这些成本将如此巨大，以至于试图让每一代新人内化一种完全不偏不倚的利他主义，无法被可靠地认为

---

① 道德的严苛性是有限制的这一观念不仅对阻止灾难的义务有影响，而且对其他义务也有影响。这一点的表达在我之前关于互惠性的讨论中是含蓄的。一个人在与拒绝遵守某些规则的人打交道时，他就不被要求遵守这些规则。但是甚至可能超出了这一点，例如，我说实话的义务可能不再要求我诚实地回答宗教法庭关于我是否是一个无神论者的问题。这种限制可能隐含在一些国家的法律中，在那里不要求自证其罪和作出不利于配偶的证词。

能使预期价值最大化。除此之外还有一点是，进一步发展所需的成本超过了收益。

有了这些明确的观点，让我来表明我认为规则后果主义会对援助规则做出什么规定：

> 随着时间的推移，行为者应该帮助那些更需要帮助的人，特别是处境最差的人，即使帮助他们所涉及的个人牺牲加起来对行为者来说是一个巨大成本。行为者的成本应该被加总评价，而不是迭代评价。

行为者当然会**被允许**做超出“巨大的个人加总成本”（significant aggregative personal cost）门槛的牺牲，但不会要求他超过这个门槛，即便是为了拯救生命。①

什么是巨大的个人加总成本？这显然是模糊的。定期向好的慈善机构 167
捐出一点财富或时间的人，或者不定时向它们捐出大量时间或财富的人，似乎都达到了所要求的门槛。但这个门槛并没有高到这种地步，即要求行为者放弃任何其他个人规划或深厚的个人关系。

加总地而不是迭代地评价个人牺牲这一点是想要表明，每当**在那种特殊场合**都提供牺牲相对较少的帮助时，这个规则就不要求一个人去帮助另一个急需帮助的人。② 因为这种要求如果推进到逻辑的极端是非常苛刻的。无限重复的微小牺牲可以累积成一个巨大的牺牲。如果在每一个你可以帮助贫困者的场合，你都不得不忽略自己过去做出的任何牺牲，并且再多牺牲一点你所拥有的剩余物，那如果这种场合足够多，到头来你自己只会所剩无几。

---

① 加总成本和迭代成本的区分来自卡利提（Cullity，1995：293－5）。我于1998年首次认可了卡利提的区分（Hooker，1998a，1999a）。斯坎伦写道：“如果你面临这样一种情势，你只要做出轻微的（甚至是适度的）牺牲就能够阻止非常糟糕的事情发生，或减轻某人悲惨的困境，那么不这样做就是不当的。做出这一假设是完全讲得通的，即这一原则……不能够，至少在牺牲的门槛被理解为将以前的贡献纳入考虑的条件下不能够被合情理地拒绝（因此，如果牺牲被分成足够小的增额，那么这一原则就不会要求无限的牺牲）。”（Scanlon，1998：224）

② 事实上，这里需要添加一个例外情况，即为了拯救世界甚或仅是某个相当大比例的人类而有必要牺牲某个人的生命的情况。我将在下面回头看这类情况。

因此，如果援助他人的规则是以迭代的而不是加总的方式来评价行为者所做的牺牲量，那么该规则将是极其严苛的。因而，让绝大多数人内化该规则的成本将非常高。将这些内化成本考虑在内的规则后果主义理论因而将支持对个人牺牲不那么严苛的、加总的评价，而不是迭代的评价。

拟议的这一规则将非常广泛地适用于各种情况，而不仅仅是针对饥荒救济。这一规则也不仅仅是关于富人应该怎么做。因此，虽然它适用于一个富人可以帮助一个穷人的情况，但也适用于一个穷人可以帮助另一个穷人的情况，以及一个穷人可以帮助一个富人的情况。它甚至可适用于一个富人可以帮助另一个富人的情况（如乔可能很富有，但如果他在河里溺水，那他就非常需要救生用具，乔安娜可以很轻松地扔给他）。

我所论证的规则后果主义将支持的规则似乎接近这一观念，即慈善义务是一种不完全义务。毕竟，规则后果主义者的规则和“慈善是一种不完全义务”的观念，都聚焦于随时间推移的行动模式，而非从这些模式中提
168 取出来的个人决策。但我认为，规则后果主义者的规则比“慈善是一种不完全义务”这个观念更明确。规则后果主义者的规则指出了帮助更贫困的人比帮助不那么贫困的人要有优势，并且它试图表明一个人一生中理应自愿做出的自我牺牲的大致水平。

让我即刻来处理一个反驳，该反驳不是关于这一规则所获得的规则后果主义支持，而是它的直觉可行性。这是对帮助陌生人所要求的自我牺牲量做出**任何**限制的一个反驳，或至少是对除严重苛求的自我牺牲之外的任何限制的反驳。假设你已经做了我所提议的原则要求你做的事，你已经注意到另一个你可以救的人。① 在这里，任何允许你说你已经尽了你那份帮助他人之力，现在想要去从事其他你感兴趣的事情的原则，听上去都违背直觉地吝啬。“关闭人类的怜悯之门”怎么可能竟然是道德上可允许的呢？

与此同时，一旦我们意识到你实质上有无限的机会不得不赶去救援，那么任何告诉你必须抓住**每一次**机会赶去救援的原则，看起来都将是违背直觉地严苛的。我不知道，在不画出某条线限定你帮助陌生人的义务的情况下，如何才能不使道德太过离谱地严苛。但任何这样的线都会遭到关于

① 关于这种反驳的一个例子，参见昂格尔（Unger，1996：59－61）。

吝啬性反驳的反对。[①] 因此，必须达成一种妥协。考虑到妥协的压力，我认为规则后果主义会认可的援助他人的规则，直觉上似乎是可行的。为什么？考虑一下以下想法。

我们大多数人都相信，道德当然要求人们去援助贫困之人，即使自己要付出不小的代价。我们大多数人还相信，除了非常特殊的情况外，道德可以合情理地要求人们做出多少自我牺牲是有限制的。换句话说，对于道德在日常情况下要求多少，我们共有的道德意见似乎接受了一个下限和一个上限。在上下限之间，有许多不同层次的、道德可能要求的自我牺牲。我们大多数人都非常不确定在这些层次中哪一个才是正确的。但我认为，根据我提到的内化成本，我们可以相当自信地说，规则后果主义对于援助他人和阻止灾难的供选可能规则的成本效益分析会处于上下限之间。因 169
此，直觉和规则后果主义在此不会发生冲突。[②]

我论证过，规则后果主义关于阻止灾难的规则包含了对行为者成本的一个限定性条件。为了处理最为极端的情况，还需要增加另一个限定性条件。规则后果主义大概会支持这样的规则，比如“在拯救世界有必要时，甚或仅仅是拯救相当大比例的人类有必要时，一个人可能会被要求做出一种极端的自我牺牲，甚至最终牺牲自己［的生命］”。大多数人可能永远都不会觉得自己处于一种可以通过牺牲自己的生命来拯救大批人的境况。的确，任何人都觉得自己处于这种境况的概率非常低。但请考虑一下，结果表明**可能**关系到多大的利害。有人可能觉得自己能够牺牲掉生命来拯救数百万无辜之人。他甚至能够牺牲自己来拯救人类物种免于灭绝。鉴于可能关系到如此之大的利害，我认为通过灌输一种要求人们在那样一些特殊情形下做出极端自我牺牲的规则会使预期价值最大化，在那些情形下，这种自我牺牲是获得某种类似于拯救相当大比例的人类这种善的唯一方法（请注意这里与我之前所讨论的禁令的类似之处）。

---

① 莫菲（Murphy，1993：290 n.41，1997：84）注意到了这一点。

② 关于规则后果主义要求相当富裕的人为世界上的穷人做多少事情的其他讨论，参见以下文献：Ihara，1981；Carson，1991，1993；Mulgan，1994b，1996；Haslett，1994，2000；Brandt，1996：199－236。

卡利提（Cullity，1995）提出，在一系列情况下，道德要求的加总牺牲至少与在例外情形下（即非迭代情形下）道德会要求的牺牲一样多。我认为，由于关于有差别的内化成本的诸多要点，这比规则后果主义所要求的还要多一些。我还认为，经过仔细反思，它似乎比直觉所暗示的也要多。

8.6 其他可能的世界

现在让我们来考虑一下规则后果主义关于假想（即其他可能）世界的
170 蕴含。即使规则后果主义在目前世界的条件下不是非常苛刻，但这些条件是否可能是如此这般的，乃至规则后果主义将来会变得极其苛刻呢？想象这样一个世界，它只有 1 万名非常富裕之人和 10 亿名饥饿之人。如果每一个富裕者都捐出他所拥有的一切，那这 10 亿人就全能得救。在这个可能世界中，援助的最佳规则有没有可能是一个要求富裕者做出这种牺牲的规则？

规则后果主义者可能会诉诸一个极其严苛的规则的灌输成本。但这样一个诉求能成功吗？托马斯·卡森（Carson，1991：119）指出，许多极度贫困之人的需求肯定会超过向少数富人灌输一个非常严苛的援助规则的成本。

他的观点是正确的，但远非决定性的。卡森聚焦的是向少数富人灌输这一非常严苛的规则的成本。但我一直在讨论的规则后果主义版本认为，当且仅当一个行为为这样一套守则所允许，这套守则被所有人中的绝大多数内化会产生与我们可辨识的任何一套可供选择的守则一样高的预期价值时，这个行为是正当的。因而我们必须考虑它被灌输进**所有人**中的绝大多数人心中的成本。也就是说，不仅灌输到相对富裕的人心中，而且灌输到穷人心中。向绝大多数穷人和相对富裕之人灌输遵从一个非常严苛的援助规则的性情，其成本将是天文数字。很大一部分资源，特别是如果它们是稀缺的，将不得不致力于灌输和维持对这一规则的承诺。因此，让每个人内化一个不那么严苛的规则，其后果可能会更好。

关于让穷人内化一个严苛的援助规则的成本这一点，对于我捍卫规则后果主义以抵抗以下指控至关重要，这项指控是：在一个有不同贫富比例的可能世界里，它可能是令人难以置信地严苛的。所以让我详细说明这项捍卫如何进行。

在比较供选择的可能援助规则时，所有版本的规则后果主义都计算穷人［由规则而］得到食物、药物等的好处，没有这些规则他们就得不到这些东西。所有版本还计算了相对富裕者捐赠的代价。正如我在 2.8 节中提到的，物质产品有着递减的边际效用。因此，相对富裕者向有效率的慈善机构捐赠，其给穷人带来的好处通常远远大于相对富裕者付出的代价。

但是，我也坚持认为，我们应该考虑**让相对富裕者**内化援助规则的成 171
本。由于人类天生自私，比起内化不那么严苛的规则，内化较为严苛的规则的成本更高。然而，如果唯一起作用的成本是相对富裕者的捐赠成本和向相对富裕者灌输规则的成本，那么规则后果主义的援助规则将根据相对富裕者与穷人的比例而大不相同。而且，基于这些假设，在一个有 500 亿穷人的世界里，规则后果主义可能非常严苛。

然而，本节我正在强调的是，向**穷人**灌输规则的成本也应该计算在内。如果将这些成本计算在内，那么随着穷人数量的增加，不仅从援助规则中受益的人数会增加，而且灌输援助规则的总成本也会增加。

这是真的吗？或者真相反而是，让穷人接受一个较强的援助规则，会比让他们接受一个不那么严苛的规则**更容易**？毕竟，穷人从每个人都接受一个较强的规则中获得的好处肯定比从每个人都接受一个较弱的规则中获得的更多。既然他们从较强的规则中将获益更多，那为什么教他们较强的规则不会变得更容易呢？

想必将一个规则灌输到某个主要将受益于该规则的人心中，一般比将该规则灌输到某个主要因该规则而处于不利地位的人心中要更容易。因此，向穷人灌输较强的援助规则可能比向相对富裕者灌输它更容易。但这并非切题的比较。切题的比较是，比较向穷人灌输一个较强规则的成本和向他们灌输一个较弱规则的成本。

穷人会从绝大多数人内化一个较强的援助规则中获益更多。但让穷人自己内化较强的援助规则的成本仍然可能更高。将一套道德守则灌输到现实人类心中，并不真的像商谈一个有约束力的社会契约那样。许多熟悉的道德规则是那种完全的理性行为者会很高兴地内化的规则，前提是这**真的**是让其他每个人内化它们的必要条件和充分条件。但是让现实的人类内化那些完全相同的规则很困难。一方面，所有人类都有强大的、非理性的本
172 能、感情以及征服的冲动。另一方面，他们的理性本身也可以成为障碍。毕竟，即使是小孩子，也有足够的智慧怀疑，他们牢记任何一套特殊的规则，既不是其他人这样做的必要条件，也不是充分条件。

我一直在抨击一种宽泛的契约论观点，即是什么决定了向穷人灌输一个较强或较弱的援助规则的相对难度。我自己的观点是，决定灌输一个规则相对难度的是，它会要求该行为者做出多少自我否定，而不是该行为者将从**其他人**都遵从该规则中获益多少。一个较强的援助规则会要求更多的自我牺牲。这使得较强的规则更难被内化。因此，让穷人来内化一个更严苛的规则会牵涉更多的心理成本和其他成本。一旦我们将这些成本纳入计算，那么不清楚的是，比起规则后果主义为穷人数目仅是500亿中一小部分的世界所指定的援助规则，它为有500亿穷人的世界所指定的援助规则之严苛性是否将成倍上升。

可以肯定的是，这两个规则的严苛性很可能有一些差异。但是，随着饥饿人数的增加，规则后果主义对我们的要求可以增加多少，这一事实并不一定对规则后果主义不利。假设尽管灌输成本很重要，但如此这般的世界条件使得这一援助规则（其内化可以产生最高预期价值）将是一个极其严苛的规则。在这种情况下，规则后果主义的确会规定一个极其严苛的援助规则。但对我而言，这种可能性本身似乎并不反对规则后果主义。事实上，这种可能性是道德规则应该从一种不偏不倚的视角来选择的结果。而这种不偏不倚性是规则后果主义的一个非常吸引人的特征。

规则后果主义的另一个非常吸引人的特征是，规则后果主义在相当大的程度上与我们对“在特定情况下怎样是正当的”的确信相融贯。规则后果主义的反对者可以试着让这两个有吸引力的特征彼此对立。他们可以尝试通过引入一个可能的世界来做到这一点，在那个世界中，规则后果主义将支持这样一个援助规则，该规则的要求远远超出我们直觉上认为会对**那**

个世界的人在道德上做出的要求。①

要做到这一点，规则后果主义的反对者肯定不能仅仅描述一个规则后 173
果主义在其中要求极端苛刻的世界。事实上，我已经承认，规则后果主义可以在现实世界中要求人们做出极端的自我牺牲。规则后果主义的反对者必须做的是，描述一种可能的情形，该理论的援助规则在该情形中有**违背直觉的**严格性。规则后果主义在一些可能的世界规定了极其严苛的援助规则，而这些世界并没有使规则后果主义处于窘境——只要那些规则与我们对“道德将怎样要求那些世界中的人”的确信相符。

8.7　为什么要计算穷人内化援助规则的成本?

我已指出了穷人内化有关援助穷人的规则的成本。但是，我们究竟为何要把向穷人灌输这些规则的成本计算在内呢？相反，我们可以只计算向每个**可以合情理预期有机会遵从这些规则的人**灌输和维系这些规则的成本。

一些规则后果主义者接受这样一种观念，即道德守则应该相对于［不同］社会甚至［不同］社会中的［不同］群体。出于我在 3.4 节中给出的理由，我抵制这种观念。相反，我支持一套适用于每个人的守则。但是，即使我们认为一套道德守则应该适用于每一个人，为何还要担心让所有人中的绝大多数将其**内化**的成本呢，其中可能包括那些没有机会按照它来行动的人?

一个一般的后果主义答案将是，比起向不同群体传授不同的规则，向每个人灌输相当一般的道德规则会产生更好的后果。就援助穷人的规则而言，有这样一个后果主义观点：要求人们去援助其他有迫切需要之人的规则，是那种非常贫穷的人有时也可能有机会遵从的规则。即使极度贫穷的人有时也有机会营救他人。再者，一个穷人也有可能变得相对富裕。

然而，我并没有将我的论据建立在这种后果主义的考虑上。正如我之
前所说，我们发现一个版本的后果主义比另一个版本的后果主义更可行的 174

① 莫尔根（Mulgan，1996）特别想使这两个特征彼此对立。

理由本身不一定是后果主义的。我们支持一个版本的规则后果主义而不是某个其他版本的后果主义，可能是因为这个版本有直觉上更可行的正当与不当的蕴含。

我论证过，一个包括向穷人灌输援助规则成本的规则后果主义版本，可以产生以下规则。行为者被要求去帮助那些更需要帮助之人，尤其是处境最差者，即使帮助他人所涉及的个人牺牲会累积成行为者一生中的一个巨大代价。接受这一规则的行为者将倾向于帮助那些更需要帮助的人，并且这样做至少要达到“巨大的个人加总成本”的门槛，尽管行为者当然被允许做出超越这个门槛的牺牲。

这个规则直觉上是可行的。提出一个直觉上可行的援助穷人的规则（据我所知）是其他后果主义理论没有做过的事情。所以我们（至少我）有一个非后果主义的理由来支持这个版本的规则后果主义。

第 9 章　帮助解决实践问题

我评价道德理论（1.2 节）的最后一个标准是，它们应该帮助我们处 175
理那些我们没有信心的或意见不一致的道德问题。规则后果主义实际上确实为我们提供了一种解决道德分歧和不确定性的方法，这种方法直觉上具有吸引力、相对易理解、可公开辩护，而且的确经常在实际中得到应用（尤其是为那些不指望在宗教中找到所有道德问题的明确答案的人所用）。一个难题是，你被要求做多少事情来阻止陌生人的灾难。上一章尝试表明，规则后果主义是如何回答“道德上要求人们为世界上的穷人做多少自我牺牲”这个问题的。本章将阐明规则后果主义如何能够帮助解决其他一些道德问题。

9.1　规则后果主义与性

规则后果主义的论点如何在西方文化的道德思想中占有一席之地的一个例子与婚前性行为有关。一个世纪前，最强的道德禁令之一涉及婚前性行为。当然，这一禁令得到了大多数西方宗教的坚决支持。但是，在可靠的避孕方法出现之前，这个禁令很可能有一个规则后果主义的理据。

当然，冒婚外怀孕的风险是非常不谨慎的，因为一旦被发现，随之而来的就是社会惩罚。考虑到这些社会惩罚，我们可能会说，未婚者之间的性禁令基于规则后果主义是可证成的。但为什么要把那个年代的社会习俗和道德信念当作既定的（givens）呢？如果这套道德守则可以彻底重新设计，从而**可以**消除对婚外性行为的社会惩罚，那么这些社会惩罚不应该被 176
消除吗？

理想的道德守则需要某种机制以让父母双方为自己的孩子负责。想必只有在预期寿命很短、社会保障几乎不存在、没有可靠的避孕方法可用、除了婚姻之外没有让父母双方为子女负责的可靠机制时，未婚男子和育龄妇女之间的性交禁令才能够得到证成。想象一下婴儿在这样一个时代的前景，在这个时代，父母的预期寿命是如此之短，乃至父母双方都不大可能活到婴儿成长为自给自足的成年人。在这些条件下，最好的道德守则需要找到某种方法，让父母**双方**都对孩子负责。把婚姻作为性行为的前提条件就是一种尝试这么做的方法。

我当然不是说这种思路在当时盛行。那时候大多数人都会诉诸宗教来证成他们的道德禁令。不过，随着可靠的避孕方法的出现，大多数人对这一禁令的承诺都减弱了。或者换句话说，当他们不再看到与婚前性行为相关的危害时，这项禁令似乎就成了毫无用处的妨碍物。当禁令似乎已经过了其世俗功能的有效期时，它就被抛弃了。

如果我们坚持认为道德禁令应该有可得到辩护的世俗目的，那么其他一些性禁令也将消失。例如，对同性恋的道德禁令不利于而不是促进加权福祉。某些同性恋行为是有害的（如同性恋强奸、肆意传播疾病），但这同样适用于异性恋的同类行为。因此，强奸、肆意传播疾病以及其他某些行为都被正确地禁止，与它们是异性恋行为还是同性恋行为无关。

一个经常被用来反对允许同性恋活动的可怕论点是，如果每个人都只与其他相同性别的人发生性行为，人类物种就会消失。这一论点错误地将所提议的许可解读成了这样一个要求，即不要与异性生孩子。当然，规则后果主义对同性恋的允许既不要求人们有同性恋关系，也不禁止所有的异性恋性交。正如我在本书一开始指出的那样，对于规则后果主义者来说，
177 问题不是“如果每个人都**做了** x 会怎样?”，更甚的是问题也不是“如果每个人除了做 x 外什么都不做会怎样?”，问题反而是“如果每个人都**觉得可以自由地**去做 x 会怎样?”。道德对同性恋性交的允许很难导致异性恋性交的消失。

考虑这样一个类比。假设我侄子告诉我，他拒绝要孩子。如果每个人都拒绝要孩子，那人类物种就会消失。这将是一个灾难性后果，但这与我侄子的决定是否道德无关。相关的是，每个人都觉得可以自由地拒绝要孩子不会导致人类物种灭绝。许多并不觉得自己有义务要孩子的人仍然**想要**生孩子——而且，如果可以自由地这样做，他们会要孩子。因此，没有必要

有要孩子的道德义务，也没有任何必要有要与异性恋性交的一般道德义务。

9.2　各种安乐死

我希望前面的讨论表明了，规则后果主义如何为与性相关的道德问题提供一种直觉上可行的方法。我认为，规则后果主义同样为商业伦理、法律伦理和其他领域的胚胎实验、基因工程、死刑、代孕、枪支管制、强制性药物测试、安乐死、医生协助自杀等道德问题提供了一个很有前景的视角。

要讨论所有这些问题需要另写一本书（而且大大超出了我现有的知识）。让我只聚焦于其中一个问题，以更详细地阐明规则后果主义如何为解决实践问题提供了一种有助益的方法。我将聚焦于关于安乐死的辩论。

“安乐死”这个词源于希腊语，意为轻松、无痛苦地死亡。然而，我们现在经常听到“被动安乐死”这个词，它指的是出于对某个个体的关怀而放弃将其从死亡中拯救出来的机会。如果被动安乐死确实是一种安乐死，那么安乐死就不能意指“无痛地杀死”。因为放弃拯救某个人的机会，也就是被动安乐死，可以说不是**杀死**。而且，被动安乐死所涉及的死亡往往很**痛苦**。所以，让我们用“安乐死”这个词意指，“出于对某个人的关 178
怀，要么杀死那个人，要么放弃拯救那个人的机会”（请注意，根据这个定义，纳粹所说的“安乐死”并不是安乐死，因为它并不是出于对病人的关怀而做的）。

我们需要区分三种不同类型的安乐死，或者更确切地说，可以将安乐死与被杀死之人的意愿联系起来的三种不同方式。假设我请求你，如果我的身体状况变得非常糟糕，以至于神志不清且无法康复，那么你要么杀了我，要么任由我死。如果你之后依从了我的请求，那我们就有了通常所说的**自愿安乐死**（voluntary euthanasia）。它是自愿的，因为被杀死或允许自己死亡的那个人确实请求这么做。

现在假设我陷入了一种不可逆转的昏迷，却从未告诉任何人我想在这种情况下发生什么。如果接下来我被杀死或任由我死，那我们就有了通常所说的**非自愿安乐死**（non-voluntary euthanasia）。非自愿安乐死的显著特征是，它是对某个没有对此事表达意愿的人实施的安乐死。

但是，如果不管我的身体状况有多糟糕，我确实表达了一种既不愿被杀死，也不愿任由我死的愿望，则又会怎么样呢？那么杀死我就会构成所谓的**不自愿安乐死**（involuntary euthanasia）。完全撇开其道德地位不谈，不自愿安乐死似乎也会令人困惑。必须为了被杀者好而实施的，才是安乐死。然而，如果这个人不希望实施安乐死，那又怎能为了此人自身好而实施呢？好吧，不自愿安乐死可能是道德上不当的（我们一会儿会讨论原因），但我们开始就必须承认，人们并不总是处于最佳状态，知道什么对自己最好。有人甚至在"他死了是否比活在某种状态下更好"上会犯错误。其他人可能会认为，他们面前的这个人刚好犯了这种错误。如果他们不仅这么想，而且有动机去做对这个人最好的事情，那他们可能会考虑安乐死。这样一来，他们当时正在考虑的将是不自愿安乐死。

正如我已经说过的，被动安乐死涉及出于对某人自身利益的关怀而**放弃阻止那个人死亡的机会**。主动安乐死涉及出于对某人自身利益的关怀而**积极地杀死**那个人。主动安乐死和被动安乐死之间的区别涵盖了自愿、非自愿和不自愿安乐死之间的区别。

179 换句话说，无论是经过我的同意，还是不知道我现在或过去的愿望是什么，或者违背我的意愿，你都可以杀死我。同样，无论是经过我的同意，还是不知道我现在或过去的愿望是什么，或者违背我的愿望，你都可能会放弃一个让我免于死亡的机会。因而我们有：

- 主动的自愿安乐死；
- 主动的非自愿安乐死；
- 主动的不自愿安乐死；
- 被动的自愿安乐死；
- 被动的非自愿安乐死；
- 被动的不自愿安乐死。

9.3 首先作为一个道德问题的安乐死

我们还需要区分有关法律的问题和有关道德的正当性、可允许性和不当性的问题。后果主义者和许多其他类型的道德哲学家都可以认为，可能存在一些法律不应该试图强制执行的道德要求。一个相对没有争议的例子是关于禁止人们违反与其配偶的契约的道德要求。对于配偶之间口头而不是书面形成的契约，可能有好的后果主义理由不让法律承担强制执行的义务或动用其强制执行的能力。监管这种关系的取予（the give and take）可能过于困难，也干涉过多。这并不是要否认违反与配偶的口头契约通常是道德上不当的，只是说法律不应该干涉这件事情。

所以，至少在最初，规则后果主义者对法律和道德的看法可能存在分歧。然而，与其他一些理论相比，规则后果主义分歧的范围要小。因为无论是就法律而言还是就道德而言，规则后果主义考虑的第一件事都是我们**集体**遵守诸规则的后果（Mill，1861：ch. 5）。正常情况下，如果规则后果主义认为某种行为是道德上可允许的，那该理论将认为这种行为也应该是法律上可允许的。

至于安乐死，规则后果主义特别有可能在法律上采取与道德上相同的 180
路线。也就是说，如果规则后果主义者认为，在某些情况下，主动或被动的安乐死一般会产生好的后果，那他们就会认为，在这种情况下，这些类型的行为是**道德上**允许的。他们也会认为，在特定的条件下，**法律**应该允许这些行为。而如果他们认为后果通常会很糟糕，那么他们就会认为道德的确禁止这种成问题的行为，而法律也应该禁止这些行为。

但是，在接下来关于规则后果主义对安乐死方法的讨论中，我将只聚焦于一个领域，即道德领域。我认为，许多人推测在大多数情况下，如果某事是道德上可允许的，那它应该也是法律上可允许的。大多数反对安乐死的人当然相信，安乐死应该是违法的，理由在于它是不道德的。所以让我们来问一问：有没有哪类安乐死是理想的道德守则将允许的？

9.4　安乐死的潜在利益

也许允许安乐死最明显的潜在利益是，它可以用来阻止许多身患绝症者及其家人痛苦经历的不必要延长。用止痛药怎么样？我相信，在医学技术进一步发展之前，有些疼痛是无法用药物控制的，或至少无法用让患者有意识并保持心理一致的药物来控制。除了身体极度痛苦外，病人通常还有抑制不住的情感痛苦，这种痛苦还会衍生性地传给照料他的朋友和家人。如果允许安乐死，所有这一切都可以缩短。

然而，这一领域的道德规范应该根据这一常理形成，即患有绝症和遭受剧烈疼痛的人，往往并不处于一个能做出理性决定的良好状态。通常，如果病人有可能只是暂时想死，而医生一方普遍愿意批准**立即**实施这一愿望，那么悲剧就会随之而来。因为要是没有立即同意病人这个考虑不充分
181 的死亡请求，病人通常会改变主意。因此，规则后果主义者希望医生在病人请求死亡和实施主动安乐死之间有一个等待期。

在病人请求死亡和实施被动安乐死之间是否也应该有一个等待期？一种观点是，不需要这样一个等待期，因为无论如何，只要不给进食和饮水就会给病人一个改变主意的机会。然而，我无法弄清为何支持等待期的论证——（即使是在较低的程度上）甚至纳入对被动安乐死的考虑——行不通。假设我所患绝症非常痛苦且有辱人格，以至于我请求死亡。如果刚准许我入住的医院马上开始不给我进食和饮水，这几乎不可能让我变得头脑更清醒和更理智。我可能很快就会因过于缺水和饥饿而无法清晰地思考，或者无法撤销我之前想死的请求。

因此，如果主动安乐死和被动安乐死都需要一个等待期，那么这一点仍然是真的，即主动安乐死有一个超过被动安乐死的优势：主动安乐死会更快、更不痛苦地终止病人的痛苦。然而，与允许主动安乐死相关的可能是特别大的代价。我稍后再考虑这些。

一些后果主义者把个人自主视为一种超越其所带来的任何满足感及其所阻止的任何挫败感的价值。对他们来说，还有另一个考虑。那就是**自愿**安乐死一定要增加个人的自主，因为它让人们对何时结束自己的生命有种支配权。如果允许**主动的**自愿安乐死，这将赋予人们对**如何**结束自己的生命一些支配权。对人们自主的关注显然只能看作对自愿安乐死的支持，它与任何形式的非自愿安乐死的讨论无关，且反对任何形式的不自愿安乐死。

9.5　允许不自愿安乐死的潜在危害

自主的重要性并不是规则后果主义反对主动**不自愿**安乐死的唯一理由。另一个理由是，如果许多人认为他们有可能会被违背自己意愿地杀死，那他们就会被医院和医生吓跑。允许不自愿安乐死不能从产生的好处 182
大到足以抵消这种损失开始。道德许可最不应该做的一件事就是，将人们从训练有素的医学专家那里吓跑。一个相关的观点是，允许不自愿安乐死会吓到许多在不省人事时被送往医院的人。想象一下，醒来后发现你曾被送往医院，在那里，人们可以违背你的意愿杀死你，只要他们声称他们认为这样做对你最好。

再者，允许违背无辜者意愿杀死他们，将很难与其他至为重要的道德禁令相一致。尤其是，人们对违背无辜者意愿杀死他们的普遍厌恶感是社会存在的根基。如果没有对这一禁令的共同接受，生活将是不稳定和不安全的。在道德守则中纳入一个破坏“人们对违背无辜者意愿杀死他们这个一般禁令”的承诺是不明智的。

在这一点上，有人可能会说：“啊，但是我们可以区分以下两者，即**违背无辜者的意愿**杀死他们但却是**为了他们自己好**，以及出于其他某个理由而违背其意愿杀死他们。”的确，我们可以做出这种区分。但是，它是一种我们会明智地将其纳入供人类使用的规则中的区分吗？不是，理由还是，人们在一个可能为了其自身好而违背其意愿杀死他们的社会里将不会感到安全。

这些关于不安全的观点汇在一起，成为一个非常有说服力的反对允许**主动**不自愿安乐死的规则后果主义论证。但它们能被视为反对被动不自愿安乐死的论证吗？后果主义者长期主张，一般而言，他们的学说是反家长式作风的（Mill，1859）。成熟的人类通常是那些知道自己的生活可能以哪些方式展开会对自己最好的人，因为他们通常是那些最了解自己的抱负、品味、才能、敏感之处、脆弱之处等方面的人。当然也有一般的例外，例如儿童和患有永久性或暂时性精神障碍的人。但是，总的来说，人们是自身福祉的最佳守护者。

正如上一节最后指出的那样，规则后果主义者可以有另一个反对不自愿安乐死的理由，被动的不自愿安乐死和主动的不自愿安乐死是一样的。
183 这个理由来自自主是福祉的一个重要组成部分这一观念。正如埃里克·拉科夫斯基所指出的，“我们对自己的主体性感到快乐”（Rakowski，1993：1113）。事实上，支配我们自己的生活本身就是我们自身善的一部分。①这似乎是不允许被动不自愿安乐死的最强有力的规则后果主义理由。

9.6 允许自愿安乐死与非自愿安乐死的潜在危害

现在转向允许自愿安乐死与非自愿安乐死可能涉及的潜在危害。假设医生告诉琼斯他患了 x 病。这种病几乎立即会使人产生剧烈的疼痛、痴呆，然后死亡。琼斯要求在疼痛变得太剧烈之前杀死他，或者至少允许他去死。医生遵从了琼斯的意愿。但是，后来的尸检结果显示，他根本没有患上 x 病，而是某种可治愈的疾病。正如这个故事所说明的，安乐死可以在一次误诊后不恰当地夺去一条生命。

然而，医学专家将一种不是绝症的疾病误诊为绝症，这种情况有多频繁呢？现在反对专家的医学意见又有多明智呢？有没有方法使医生误诊行为的风险最小化呢？安乐死可以被限定在三个独立的医学专家（我指的是**真正的**专家）做出相同诊断的情况下（如今，许多医院都是通过组建委员会来做这件事的）。有了这样一个限制，对误诊的担忧就会逐渐减弱。

但是，与医生有时会误诊某人的病情这一点密切相关的是，医生有时正确诊断了某个人的病情，却在这个人将发生什么上犯了错误。假设医生正确地相信，目前还没有已知的治疗方法能阻止一种疾病给患者带来的急
184 剧疼痛以及随之而来的痛苦死亡。但是，一种治疗方法或更有效的疼痛阻

① 拉科夫斯基对这个问题的看法也很出色：“为目的排序并选择手段是最终将我们定义为人之事。随着时间的推移，我们高阶欲望的构建和重造是使我们完整的事物，塑造了我们更直接的冲动和渴望，并为我们的生活添加了轮廓。自主对我们身份和福祉的明显重要性是家长式作风只在特殊情况下才能容忍它的主要原因。我们憎恨其他人为我们做出选择，也害怕披上仁慈外衣的专横。”（Rakowski，1993：1114）

滞可能很快会被发现。如果人们今天被杀死或被允许死亡，而明天就有了医疗突破，那么安乐死就相当于过早地放弃了这些人——有着悲剧性的后果。

可以再次实施限制措施，以防止预想的损失。一个可以明确规定的限制是，在某人相当接近疾病的最后阶段之前，安乐死是完全不可能的，因为在这种情况下，新的治疗方法或治疗手段不太可能有能力改变疾病的致命轨道（与这个限制接近的一种方法是允许**被动的**而非**主动的**安乐死。但这似乎是一种确保人们在能够被治愈之前不被杀死的不必要的粗略方法）。另一个可以明确规定的限制是，在对治疗方法和治疗手段的研究状态进行彻底和利益无涉的调查之前，安乐死应该是不可能的。当这项调查表明，在患者生存期间开发一种治疗方法或新的治疗手段有**现实**可能性时，安乐死将再次被禁止。

从规则后果主义的视角看，误诊和未来治愈这几点强制限制了何时会考虑安乐死，但它们并没有完全排除安乐死——即使是主动安乐死。然而，还有其他一些事情的确有可能汇成一个反对允许任何一种安乐死特别是主动安乐死的结论性理由。那就是故意滥用［安乐死］的危险。

想想那些可能急于让某个病人死去的人。其中一些可能是不得不照顾病人或者不得不支付病人的护理和医药费用的人。另外一群人通常与第一群人相重叠，他们由这个人的继承人组成。继承人甚至可能包括这个人所住的医院。由于可以从病人的早死中获得很多好处，所以这些人可能很容易说服自己，病人死了会更好。由这些人做决定，许多病人可能会不必要地被杀死或任其死亡。任何允许这样做的体制都会导致不必要的死亡，并使病人感到恐惧。

即使没有关于故意滥用［安乐死］的这几点，规则后果主义者也有足够的理由不允许**不**自愿安乐死。但是，关于故意滥用［安乐死］的这几点是否汇成了一个令人信服的反对**自愿**安乐死的规则后果主义论证？当然，它们最起码需要严格的限制。

一个明智的限制将会是，被赋权决定安乐死的人必须是那些从其决定 185
中无法直接或间接得到任何好处的人，只有一个例外。这个唯一例外当然是病人自己。但是继承人和那些可以从继承人那里获益的人，可能在这件事情上会被拒绝给予任何权威的发言权。因此，如果医院本身就是一个继承人，那其医生可能被阻止发挥任何作用，包括作出或确认诊断。该规则可以被设计得能够确保对病人实施安乐死的决定是由专注于病人意愿和最大利益的人做出的。当然，病人可以询问他们所爱和所信任的包括继承人在内的其他人的想法。但该规则可以坚持要求，由得不到任何好处的医生来证明，到安乐死的时候，病人在那之后真的会更好。该规则可以坚持要求，病人在多种场合会被问及他是否真的想要安乐死。病人将需要这个规则来保护他们免受家庭和其他继承人的胁迫性压力（并不是说道德在任何时候都可以保护人们完全不受家人的伤害）。

现在聚焦于**非自愿安乐死**——对那些没有表明他们是否想要延长其生命的人实施的安乐死。一些病人从来没有能力同意或撤回同意。那些从未发展出足够的理性，能够表示同意的人也是如此。对这样的人实施的任何安乐死都将是非自愿安乐死。规则后果主义者很可能认为，对这种安乐死的成本效益分析最终会支持它——鉴于该规则被设计得能确保做出最终决定的人是专家，他们心中除了病人的最佳利益之外没有任何东西。

但是，这样一些病人又怎么样呢？他们曾经有足够的理性表示同意或撤回同意，但从未透露过自己的愿望，现在却无法长时间保持理性。规则后果主义者可以认为，在此允许安乐死也将是最好的（但前提是所有保障措施都到位）。

然而，一个更重要的问题可能是，该规则是否应该要求现在拥有自己各项机能的成年人正式表明他们是否希望在某些条件下实施安乐死。它实际上可能增加了人们的自主，让人们在他们没有能力做出这种决定之前，为自己决定是否想要安乐死。显然，这样做的体制必须包括告知人们，他
186 们正在被要求做出什么决定。它还需要被设计得能够确保人们的决定是他们自己做出的，也就是说，不是某种胁迫的结果。此外，在理想情况下，该体制每年都会要求确认人们没有改变自己的主意（在年度纳税申报单上可以有一个方框来核实）。

有些人会认为，无论规则后果主义者在为允许安乐死的规则增加保障措施上有多聪明，至少总会有一些人设法破坏它，所以总会出现滥用。规则后果主义者可能会同意这一点，但之后他们会问，会有多少这样的滥用

行为呢？会有如此之多的滥用行为，以至于吓倒了普通民众吗？这些问题是社会学和社会心理学的问题。如果它们的答案是，这种滥用将极其罕见，普通民众不会因为它们而变得疑神疑鬼，那么规则后果主义者可能愿意接受；如果一些滥用是无法避免的，那么鉴于允许安乐死的好处，将值得付出这少许滥用的代价。

还有一个潜在危害与允许自愿的和非自愿的主动安乐死相关。允许它们似乎是向一个“滑坡”[①] 迈出了一步，这个滑坡会滑向一个非常不受欢迎的位置。正如我已经指出的，禁止违背无辜者的意愿杀死他们是一个极其有价值的、真正有必要的禁令。如果人们开始接受自愿的和非自愿的主动安乐死的可允许性，他们就会滑离对那一禁令的坚定承诺吗？

9.7　规则后果主义关于安乐死的结论

允许安乐死是否会削弱对“违背无辜者意愿地杀死他们”的公共抑制，这几乎不是一个先验问题。和“故意滥用安乐死的程度是否会高到不可接受”这个问题一样，这个问题真的是社会科学家的一个问题。而且，对这种问题的任何回答都不得不带有部分的推测性。我们如今应该知道，社会、经济或法律的巨大变化往往会带来意想不到的结果。我们不能**确定**在道德上允许实施自愿的和非自愿的主动安乐死会有什么样的结果。规则 187
后果主义者不得不根据他们所认为的概率来做出判断。

荷兰最近的医疗实践历史应该有助于说明滥用和滑坡的可能性。然而，对于那里到底发生了什么还存在争议。[②] 也许，荷兰的政策设计和监管太过模糊且太过轻易信赖别人了。

---

① 道德论证中的“滑坡”指的是，如果允许一些事情发生，就会引发另一些人们明显反对的事情，或为另一些人们明显反对的事情提供方便。因此，为了杜绝一些人们明确反对的事情发生，有些可允许的事情也应该禁止。举例说明，克隆人对人类来说未必没有好处，但是一旦允许克隆人，就有可能产生各种人类无法承受的恶果，为了杜绝这些恶果，在任何情况下都不应该允许克隆人。——译者注

② 范·德·马斯等的观点（Van der Maas et al.，1991），以及弗雷的参考文献（Frey，1998：n.13）。

但是，发现新规则在设计和实施方面的缺陷，并不会迫使我们退回到过去的这套或那套由规则组成的守则。我们绝不能忘记从“迈向允许某类安乐死的守则”中所得到的好处，即阻止痛苦和尊重自主。而且过去的道德守则很难说是完美无瑕的。诚然，经验教会我们，任何人们尝试足够久的新的道德守则，在某些方面也将被证明是不完美的。我们现在的问题是，一套在某些条件下允许安乐死的新守则是否一定比一套禁止安乐死的道德守则的预期价值要低。

人类很容易受到认知错误和不纯动机的影响。这些事实为严格限制安乐死的使用和严格执行这些限制提供了规则后果主义的理由。在严格执行这些限制的条件下，一个允许安乐死甚至是主动安乐死的规则，（我相信）比一个完全禁止安乐死的禁令具有更大的预期价值（Frey，1988；G. Dworkin，1998）。

后　记

在本书中，我试图表明规则后果主义是独特的、可行的、有益的。 188

正如我所强调的，规则后果主义并不是新鲜事物。但我支持这个理论的论据来自一个新的论点组合，这个组合本身包含了一些新元素。尤其是，我对这一理论的表述并非来自早期的规则后果主义者。同样，据我所知，之前并没有规则后果主义者明确提出，我们应该在不同的理论表述中进行选择，不是纯粹基于后果主义的考量，而是基于直觉的可行性。

并且我对规则后果主义行为者的心理解释并非来自早期规则后果主义者。而且，这个解释为一个反驳提供了一个令人信服的回答，这个反驳最大限度地将哲学家推离了规则后果主义。这一反驳是，规则后果主义只有变得不融贯才能避免蜕化为行为后果主义。我对规则后果主义行为者心理的解释回应了这一反驳。有这种心理的人既不会表现得像一个行为后果主义者，也不会有一个支配一切的最大化善的道德目标。没有这个支配一切的目标，规则后果主义行为者就可以融贯地拒绝伤害他人、夺取他人的财产、违背承诺或做出进一步的牺牲，即使这种拒绝不会使善最大化。

同样，作为一个支配一切的道德目标，规则后果主义行为者可以有以不偏不倚的可辩护的方式行动的愿望。当然，一个规则后果主义行为者会相信，遵从可得到不偏不倚地证成的规则，可以得到不偏不倚的辩护，而规则后果主义是对可得到不偏不倚地证成的规则的最佳解释。人们怎么才能相信遵从规则后果主义是可以得到不偏不倚的辩护的呢？本书相当于对此问题的一个扩展答案。

我不确定该怎么看待这个答案。我的规则后果主义表述是通过参照规 189

则被未来每一代中的“绝大多数人”内化的预期价值来选择规则的。我对究竟是什么构成了绝大多数这一问题感到困扰。我也困扰于规则后果主义是否应该被表述得便于为某种相对论留出空间。

唉，我可能还忽略了其他甚至更大的问题。

参考文献

Adams, R. M. 1976. 'Motive Utilitarianism', *Journal of Philosophy* 73: 467–81.
Anscombe, Elizabeth. 1958. 'Modern Moral Philosophy', *Philosophy* 33: 1–19.
Aristotle. *Nicomachean Ethics,* trans. W. D. Ross, revised J. O. Urmson (Oxford: Clarendon Press, 1975).
Arneson, Richard. 1999a. 'Human Flourishing versus Desire Satisfaction', *Social Philosophy and Policy* 16: 113–42.
—— 1999b. 'Egalitarianism and Responsibility', *Journal of Ethics* 3: 225–47.
Attfield, Robin. 1987. *A Theory of Value and Obligation* (London: Croom Helm).
Audi, R. 1996. 'Intuitionism, Pluralism, and the Foundations of Ethics', in W. Sinnott-Armstrong and M. Timmons, eds., *Moral Knowledge?* (New York: Oxford University Press), 101–36.
Austin, John. 1832. *The Province of Jurisprudence Determined,* ed. H. L. A. Hart (London: Weidenfeld, 1954).
Axelrod, Robert. 1984. *The Evolution of Cooperation* (New York: Basic Books).
Ayer, A. J. 1936. *Language, Truth and Logic* (London: Gollancz).
Baier, Kurt. 1958. *The Moral Point of View* (Ithaca, N.Y.: Cornell University Press).
Bailey, James Wood. 1997. *Utilitarianism, Institutions, and Justice* (New York: Oxford University Press).
Bales, R. E. 1971. 'Act-Utilitarianism: Account of Right-Making Characteristics or Decision-Making Procedure?', *American Philosophical Quarterly* 8: 257–65.
Baron, Marcia. 1987. 'Kantian Ethics and Supererogation', *Journal of Philosophy* 84: 237–62.
—— 1991. 'Impartiality and Friendship', *Ethics* 101: 836–57.
—— 1997. 'Kantian Ethics', in Marcia W. Baron, Philip Pettit, and Michael Slote, *Three Methods of Ethics* (Oxford: Blackwell).
Barry, Brian. 1995. *Justice as Impartiality* (Oxford: Oxford University Press).
Barrow, Robin. 1991. *Utilitarianism: A Contemporary Statement* (Aldershot: Edward Elgar).
Bentham, J. 1789. *Introduction to the Principles of Morals and Legislation.*
Berkeley, G. 1712. *Passive Obedience, or the Christian Doctrine of Not Resisting the Supreme Power, Proved and Vindicated upon the Principles of the Law of Nature.* Repr. in D. H. Monro, ed., *A Guide to the British Moralists* (London: Fontana, 1972), 217–27.
Berlin, Isaiah. 1969. *Four Essays on Liberty* (Oxford: Oxford University Press).
Blackburn, Simon. 1984. *Spreading the Word* (Oxford: Clarendon Press).
—— 1985. 'Errors and the Phenomenology of Value', in T. Honderich, ed., *Morality and Objectivity: A Tribute to J. L. Mackie* (London, Routledge & Kegan Paul). Repr. in Blackburn 1993: 149–65.
—— 1993. *Essays on Quasi-Realism* (New York: Oxford University Press).
—— 1996. 'Securing the Nots', in W. Sinnott-Armstrong and M. Timmons, eds., *Moral Knowledge?* (New York: Oxford University Press), 82–100.
—— 1998. *Ruling Passions* (Oxford: Clarendon Press).
Blanshard, Brand. 1939. *The Nature of Thought* (London: Allen & Unwin).
Bradley, F. H. 1914. *Essays on Truth and Reality* (Oxford: Oxford University Press).
Brandt, Richard B. 1959. *Ethical Theory* (Englewood Cliffs, N.J.: Prentice-Hall).
—— 1963. 'Toward a Credible Form of Utilitarianism', in H.-N. Castañeda and G. Nakhnikian, eds., *Morality and the Language of Conduct* (Detroit: Wayne State University Press), 107–43.
—— 1967. 'Some Merits of One Form of Rule-Utilitarianism', *University of Colorado Studies in Philosophy,* 39–65. Repr. in Brandt 1992: 111–36.
—— 1979. *A Theory of the Good and the Right* (Oxford: Clarendon Press).
—— 1983. 'Problems of Contemporary Utilitarianism: Real and Alleged', in N. Bowie, ed., *Ethical Theory in the Last Quarter of the Twentieth Century* (Indianapolis: Hackett), 81–105.
—— 1988. 'Fairness to Indirect Optimific Theories in Ethics', *Ethics* 98: 341–60. Repr. in Brandt 1992: 137–57.
—— 1989. 'Morality and its Critics', *American Philosophical Quarterly* 26: 89–100. Repr. in Brandt 1992: 73–92.
—— 1992. *Morality, Utilitarianism, and Rights* (New York: Cambridge University Press).
—— 1996. *Facts, Values, and Morality* (New York: Cambridge University Press).
Brink, David O. 1986. 'Utilitarian Morality and the Personal Point of View', *Journal of Philosophy* 83: 417–38.
—— 1989. *Moral Realism and the Foundations of Ethics* (New York: Cambridge University Press).
—— 1993. 'The Separateness of Persons, Distributive Norms, and Moral Theory', in R. Frey and C. Morris, eds., *Value, Welfare, and Morality* (Cambridge: Cambridge University Press), 252–89.

Broad, C. D. 1916. 'On the Function of False Hypotheses in Ethics', *International Journal of Ethics* 26: 377–97.
—— 1930. *Five Types of Ethical Theory* (London: Routledge & Kegan Paul).
Broome, John. 1991a. 'Fairness', *Proceedings of the Aristotelian Society* 91: 87–102.
—— 1991b. *Weighing Goods* (Oxford: Blackwell).
—— 1994. 'Fairness versus Doing the Most Good', *Hastings Center Report* 24: 36–9.
Buchanan, James. 1975. *The Limits of Liberty* (Chicago: University of Chicago Press).
Butler, J. 1726. *Fifteen Sermons Preached at the Rolls Chapel*. Repr. in Raphael, ed., 1969: vol. i, paras. 374–435, pp. 325–77.
Carritt, E. F. 1930. *A Theory of Morals* (London: Oxford University Press).
—— 1947. *Ethical and Political Thinking* (Oxford: Clarendon Press).
Carruthers, Peter. 1992. *The Animals Issue: Moral Theory in Practice* (Cambridge: Cambridge University Press).
Carson, Thomas. 1982. 'Utilitarianism and World Poverty', in H. Miller and W. Williams, eds., *The Limits of Utilitarianism* (Minneapolis: University of Minnesota Press), 242–52.
—— 1991. 'A Note on Hooker's "Rule Consequentialism"', *Mind* 100: 117–21.
—— 1993. 'Hare on Utilitarianism and Intuitive Morality', *Erkenntnis* 39: 305–31.
Clarke, Samuel. 1728. *A Discourse of Natural Religion*. Repr. in Raphael, ed., 1969: vol. i, paras. 224–61, pp. 191–225.
Copp, David. 1995. *Morality, Normativity, and Society* (New York: Oxford University Press).
Cottingham, John. 1998. 'The Ethical Credentials of Partiality', *Proceedings of the Aristotelian Society* 98: 1–21.
Crisp, Roger. 1990. 'Medical Negligence, Assault, Informed Consent, and Autonomy', *Journal of Law and Society* 17: 77–89.
—— 1992. 'Utilitarianism and the Life of Virtue', *Philosophical Quarterly* 42: 139–60.
—— 1996. *How Should One Live? Essays on the Virtues* (Oxford: Clarendon Press).
—— 1997. *Mill on Utilitarianism* (London: Routledge).
—— 2000a. 'Griffin's Pessimism', in Crisp and Hooker, eds., 2000: 115–28.
—— 2000b. 'Particularizing Particularism', in Hooker and Little, eds., 2000.
—— and Hooker, Brad, eds. 2000. *Well-Being and Morality: Essays in Honour of James Griffin* (Oxford: Clarendon Press).
Cullity, Garrett. 1994. 'International Aid and the Scope of Kindness', *Ethics* 105: 99–127.
Cullity, Garrett. 1995. 'Moral Character and the Iteration Problem', *Utilitas* 7: 289–99.
—— 1996. 'The Life-Saving Analogy', in W. Aiken and H. LaFollette, eds., *World Hunger and Morality* (Upper Saddle River, N.J.: Prentice-Hall), 51–69.
—— 2001. *The Demands of Morality* (forthcoming).
Cummiskey, David. 1996. *Kantian Consequentialism* (New York: Oxford University Press).
Dancy, Jonathan. 1981. 'On Moral Properties', *Mind* 90: 367–85.
—— 1983. 'Ethical Particularism and Morally Relevant Properties', *Mind* 92: 530–47.
—— 1985. *Contemporary Epistemology* (Oxford: Blackwell).
—— 1993. *Moral Reasons* (Oxford: Blackwell).
Daniels, Norman. 1979. 'Wide Reflective Equilibrium and Theory Acceptance in Ethics', *Journal of Philosophy* 76: 256–82.
—— 1980. 'Reflective Equilibrium and Archimedean Points', *Canadian Journal of Philosophy* 10: 83–110.
—— 1985. 'Two Approaches to Theory Acceptance in Ethics', in D. Copp and D. Zimmerman, eds., *Morality, Reason and Truth* (Totowa, N.J.: Rowman & Littlefield), 120–40.
Darwall, Stephen, 1998. *Philosophical Ethics* (Boulder, Colo.: Westview Press).
Davidson, Donald. 1969. 'How Is Weakness of the Will Possible?' in Joel Feinberg, ed., *Moral Concepts* (Oxford: Oxford University Press), 93–113. Repr. in D. Davidson, *Essays on Actions and Events* (Oxford: Clarendon Press, 1980).
DePaul, Michael. 1987. 'Two Conceptions of Coherence Methods in Ethics', *Mind* 96: 463–81.
—— 1993. *Balance and Refinement: Beyond Coherence Methods of Moral Inquiry* (New York: Routledge).
Diamond, Cora. 1997. 'Consequentialism in Modern Moral Philosophy and in "Modern Moral Philosophy"', in D. Oderberg and J. Laing, eds., *Human Lives: Critical Essays on Consequentialist Bioethics* (London: Macmillan), 13–38.
Donagan, Alan. 1968. 'Is There a Credible Form of Utilitarianism?', in M. Bayles, ed., *Contemporary Utilitarianism* (Garden City, N.Y.: Doubleday), 187–202.
Drèze, Jean, and Sen, Amartya. 1989. *Hunger and Public Action* (Oxford: Clarendon Press).
Dworkin, Gerald. 1998. 'Public Policy and Physicial-Assisted Suicide', in G. Dworkin, R. G. Frey, and Sissela Bok, *Ethanasia and Physician-Assisted Suicide: For and Against* (Cambridge: Cambridge University Press), 64–80.
Dworkin, Ronald. 1985. *A Matter of Principle* (Cambridge, Mass.: Harvard University Press).
—— 1986. *Law's Empire* (Cambridge, Mass.: Harvard University Press).
—— 1996. 'Objectivity and Truth: You'd Better Believe It', *Philosophy and Public Affairs* 25: 87–139.
Ebertz, Roger. 1993. 'Is Reflective Equilibrium a Coherentist Model?', *Canadian Journal of Philosophy* 23: 193–214.
Economist. 1999. *Pocket World in Figures 2000 Edition* (London: Economist Publications).
Elliot, Robert. 1984. 'Rawlsian Justice and Non-Human Animals', *Journal of Applied Ethics* 1: 95–106.
Ellis, A. J. 1992. 'Deontology, Incommensurability and the Arbitrary', *Philosophy and Phenomenological Research* 52: 855–75.
Epstein, Richard. 1995: *Simple Rules for a Complex World* (Cambridge, Mass.: Harvard University Press).

Ewing, A. C. 1947. *The Definition of Good* (New York: Macmillan).
—— 1951. *The Fundamential Questions of Philosophy* (London: Routledge & Kegan Paul).
Feinberg, Joel. 1970. *Doing and Deserving* (Princeton: Princeton University Press).
—— 1974. 'Non-Comparative Justice', *Philosophical Review* 83: 297–338.
—— 1978. 'Rawls and Intuitionism', in Norman Daniels, ed., *Reading Rawls* (Oxford: Blackwell), 108–24.
Feldman, Fred. 1997. *Utilitarianism, Hedonism, and Desert* (Cambridge: Cambridge University Press).
Finnis, John. 1980. *Natural Law and Natural Rights* (Oxford: Clarendon Press).
—— 1983. *Fundamentals of Ethics* (New York: Oxford University Press).
Fishkin, James. 1982. *The Limits of Obligation* (New Haven, Conn.: Yale University Press).
Fletcher, George P. 1993. *Loyalty: An Essay on the Morality of Relationships* (New York: Oxford University Press).
—— 1996. *Basic Concepts of Legal Thought* (New York: Oxford University Press).
Foot, Philippa. 1978. *Virtues and Vices* (Oxford: Blackwell Publishers).
—— 1985. 'Utilitarianism and the Virtues', *Mind* 94, pp. 196–209.
Frankena, William. 1973. *Ethics*, 2nd edn. (Englewood Cliffs, N.J.: Prentice-Hall) [1st edn. 1963].
—— 1993. 'Brandt's Moral Philosophy in Perspective', in Hooker, ed., 1993b: 189–205.
Frazier, Robert. 1995. 'Moral Relevance and *Ceteris Paribus* Principles', *Ratio* 8: 113–27.
Frey, R. G. 1976. 'Moral Rules', *Philosophical Quarterly* 26: 149–56.
—— 1998. 'The Fear of a Slippery Slope', in G. Dworkin, R. G. Frey, and Sissela Bok, *Euthanasia and Physicial Assisted Suicide: For and Against* (Cambridge: Cambridge University Press), 43–63.
Fried, Charles. 1978. *Right and Wrong* (Cambridge, Mass.: Harvard University Press).
—— 1981. *Contract as Promise: A Theory of Contractual Obligation* (Cambridge, Mass.: Harvard University Press).
Gaut, Berys. 1993. 'Moral Pluralism', *Philosophical Papers* 22: 17–40.
—— 1999. 'Ragbags, Hard Cases, and Moral Pluralism', *Utilitas* 11: 37–48.
—— 2001. 'Justifying Moral Pluralism', in P. Stratton-Lake, ed., *Moral Intuitionism* (Oxford: Clarendon Press).
Gauthier, David. 1986. *Morals By Agreement* (Oxford: Clarendon Press).
Gert, B. 1998. *Morality* (New York: Oxford University Press).
Gewirth, A. 1988. 'Ethical Universalism and Particularity', *Journal of Philosophy* 85: 283–302.
Gibbard, Allan. 1990. *Wise Choices, Apt Feelings: A Theory of Normative Judgement* (Oxford: Clarendon Press).
Glover, Jonathan. 1984. *What Sort of People Should There Be?* (Harmondsworth: Penguin).
Godwin, William. 1793. *An Enquiry Concerning Political Justice*, ed. I. Kramnick (Harmondsworth: Penguin, 1985).
Griffin, James. 1986. *Well-Being: Its Meaning, Measurement and Moral Importance* (Oxford: Clarendon Press).
—— 1992. 'The Human Good and the Ambitions of Consequentialism', *Social Philosophy and Policy* 9: 118–32.
—— 1996. *Value Judgement* (Oxford: Clarendon Press).
Grotius, Hugo. 1625. *On the Law of War and Peace*, transl. by Francis Kelsey (Oxford: Clarendon Press, 1925).
Hampshire, Stuart. 1992. *Innocence and Experience* (Harmondsworth: Penguin).
Hampton, Jean. 1986. *Hobbes and the Social Contract Tradition* (Cambridge: Cambridge University Press).
Hardin, Russell. 1988. *Morality Within the Limits of Reason* (Chicago: University of Chicago Press).
Hare, R. M. 1952. *The Language of Morals* (Oxford: Clarendon Press).
—— 1963. *Freedom and Reason* (Oxford: Clarendon Press).
—— 1975. 'Rawls' Theory of Justice', in Norman Daniels, ed., *Reading Rawls* (Oxford: Blackwell), 81–107.
—— 1981. *Moral Thinking* (Oxford: Clarendon Press).
—— 1984. 'Rights, Utility, and Universalization', in R. G. Frey, ed., *Utility and Rights* (Minneapolis: University of Minnesota Press), 106–20.
—— 1996. 'Foudationalism and Coherentism in Ethics', in Walter Sinnott-Armstrong and Mark Timmons, eds., *Moral Knowledge?* (New York: Oxford University Press), 190–9.
—— 1998. *Objective Prescriptions* (Oxford: Clarendon Press).
Harman, Gilbert. 1975. 'Moral Relativism Defended', *Philosophical Review* 84: 3–22.
—— 1977. *The Nature of Morality* (New York: Oxford University Press).
—— 1978. 'Morality as Politics', *Midwest Studies in Philosophy* 3: 109–21.
Harrison, J. 1952/3. 'Utilitarianism, Universalisation, and Our Duty to be Just', *Proceedings of the Aristotelian Society* 53: 105–34.
Harrod, R. F. 1936. 'Utilitarianism Revised', *Mind* 45: 137–56.
Harsanyi, John. 1953. 'Cardinal Utility in Welfare Economics and in the Theory of Risk-Taking', *Journal of Political Economy* 61: 434–5.
—— 1955. 'Cardinal Welfare, Individualistic Ethics, and Interpersonal Comparisons of Utility', *Journal of Political Economy* 63: 309–21.
—— 1976. *Essays on Ethics, Social Behaviour and Scientific Explanation* (Dordrecht: Reidel).
—— 1977. 'Rule Utilitarianism and Decision Theory', *Erkenntnis* 11: 25–53.
—— 1982. 'Morality and the Theory of Rational Behaviour', in A. Sen and B. Williams, eds., *Utilitarianism and Beyond* (Cambridge: Cambridge University Press), 39–62.
—— 1993. 'Expectation Effects, Individual Utilities, and Rational Desires', in Hooker 1993b: 115–26.

Hart, H. L. A. 1955. 'Are There Any Natural Rights?', *Philosophical Review* 64: 175–91.
—— 1961. *The Concept of Law* (Oxford: Clarendon Press).
Haslett, D. W. 1987. *Equal Consideration: A Theory of Moral Justification* (Newark, Del.: University of Delaware Press).
—— 1994. *Capitalism With Morality* (Oxford: Clarendon Press).
—— 2000. 'Values, Obligations, and Saving Lives', in B. Hooker, E. Mason, and D. E. Miller, eds., 2000: 71–104.
Hill, Thomas E., Jr. 1971. 'Kant on Imperfect Duty and Supererogation', *Kant-Studien* 72: 55–76.
—— 1987. 'The Importance of Autonomy', in Eva Kittay and D. Meyers, eds., *Women and Moral Theory* (Totowa, N.J.: Rowman & Allanheld), 129–38.
Repr. in Hill's *Autonomy and Self-Respect* (New York: Cambridge University Press, 1991), 43–51.
Hobbes, T. 1651. *Leviathan.*
Hodgson, D. H. 1967. *Consequences of Utilitarianism: A Study in Normative Ethics and Legal Theory* (Oxford: Clarendon Press).
Holley, David M. 1997. 'Breaking the Rules When Others Do', *Journal for Applied Philosophy* 14: 159–68.
Holmgren, Margaret. 1987. 'Wide Reflective Equilibrium and Objective Moral Truth', *Metaphilosophy* 18: 108–25.
Holmgren, Margaret. 1989. 'The Wide and Narrow of Reflective Equilibrium', *Canadian Journal of Philosophy* 19: 43–60.
Hooker, Brad. 1990. 'Rule-Consequentialism', *Mind* 99: 67–77.
—— 1991a. 'Rule-Consequentialism and Demandingness: Reply to Carson', *Mind* 100: 269–76.
—— 1991b. 'Brink, Kagan, Utilitarianism and Self-Sacrifice', *Utilitas* 3: 263–73.
—— 1993a. 'Political Philosophy', in L. McHenry and F. Adams, eds., *Reflections on Philosophy* (New York: St. Martin's Press), 92–110.
—— ed. 1993b. *Rationality, Rules, and Utility: New Essays on the Moral Philosophy of Richard Brandt* (Boulder, Colo.: Westview Press).
—— 1994a. 'Is Rule-Consequentialism a Rubber Duck?', *Analysis* 54: 62–7.
—— 1994c. 'Compromising with Convention', *American Philosophical Quarterly* 31: 311–17.
—— 1995. 'Rule-Consequentialism, Incoherence, Fairness', *Proceedings of the Aristotelian Society* 95: 19–35.
—— 1996a. 'Does Being Virtuous Constitute a Benefit to the Agent?' in Roger Crisp, ed., *How Should One Live? New Essays on Virtue Theory* (Oxford: Clarendon Press), 141–55.
—— 1996b. 'Ross-Style Pluralism versus Rule-Consequentialism', *Mind* 105: 531–52.
—— 1997. 'Rule-Utilitarianism and Euthanasia', in Hugh LaFollette, ed., *Ethics in Practice: An Anthology* (Oxford: Blackwell), 42–52.
—— 1998a. 'Rule-Consequentialism and Obligations to the Needy', *Pacific Philosophical Quarterly* 79: 19–33.
—— 1998b. 'Self-Interest, Ethics, and the Profit Motive', in C. Cowton and R. Crisp, eds., *Business Ethics: Perspectives on the Practice of Theory.* (Oxford: Oxford University Press), 27–41.
—— 1999a. 'Sacrificing for the Good of Strangers—Repeatedly' (a critical discussion of Unger 1996), *Philosophy and Phenomenological Research* 59: 177–81.
—— 1999b. 'Reciprocity and Unselfish Friendship', *Cogito* 13: 11–14.
—— 2000a. 'Rule-Consequentialism', in Hugh LaFollette, ed., *Blackwell Guide to Ethical Theory* (Cambridge, Mass.: Blackwell), 183–204.
—— 2000b. 'Moral Particularism—Wrong and Bad', in Hooker and Little, eds., 2000.
—— 2000c. 'Reflective Equilibrium and Rule Consequentialism', in Hooker, Mason, and Miller, eds., 2000: 222–38.
—— 2000d. 'Impartiality, Predictability, and Indirect Consequentialism', in Crisp and Hooker, ed., 2000: 129–42.
—— 2001. 'Intuitions and Moral Theorizing', in Philip Stratton-Lake, ed., *Moral Intuitionism* (Oxford: Clarendon Press).
—— and Little, Margaret Olivia, eds. 2000. *Moral Particularism* (Oxford: Clarendon Press).
—— Mason, Elinor, and Miller, Dale E., eds. 2000. *Morality, Rules, and Consequences* (Edinburgh: Edinburgh University Press).
Horton, Keith. 1999. 'The Limits of Human Nature', *Philosophical Quarterly* 49: 452–70.
Hospers, John. 1972. *Human Conduct, Problems of Ethics* (New York: Harcourt Brace Jovanovich).
Howard-Snyder, Frances. 1993. 'Rule Consequentialism is a Rubber Duck', *American Philosophical Quarterly* 30: 271–8.
—— 1997. 'The Rejection of Objective Consequentialism', *Utilitas* 9: 241–8.
Hume, David. 1740. *A Treatise of Human Nature,* ed. L. A. Selby-Bigge, 2nd edn. revised P. H. Nidditch (Oxford: Oxford University Press, 1981).
—— 1741–2. *Essays Moral, Political and Literary* (Oxford University Press, 1963).
—— 1751. *Enquiry Concerning the Principles of Morals,* ed. L. A. Selby-Bigge, 3rd edn. revised P. H. Nidditch (Oxford: Oxford University Press, 1983).
Hurka, Thomas. 1993. *Perfectionism* (New York: Oxford University Press).
—— 2000. *Virtue, Vice, and Value* (New York: Oxford University Press).
Hursthouse, Rosalind. 1999. *On Virtue Ethics* (Oxford: Clarendon Press).
Ihara, Craig. 1981. 'Towards a Rule-Utilitarian Theory of Supererogation', *Philosophical Research Archives* 7: 1418–46.
Jackson, Frank. 1991. 'Decision-Theoretic Consequentialism and the Nearest and Dearest Objection', *Ethics* 101: 461–82.

—— 1998. *From Metaphysics to Ethics: A Defence of Conceptual Analysis* (Oxford: Clarendon Press).
James, William. 1897. 'The Moral Philosopher and the Moral Life', in his *The Will To Believe* (New York: Longmans Green; repr. New York: Dover, 1956), 184–215.
Johnson, Conrad. 1989. 'Character Traits and Objectively Right Action', *Social Theory and Practice* 15: 67–88.
—— 1991. *Moral Legislation* (New York: Cambridge University Press).
Johnson, Oliver. 1959. *Rightness and Goodness* (The Hague: Martinus Nijhoff).
Joseph, H. 1931. *Some Problems in Ethics* (Oxford: Clarendon Press).
Kagan, Shelly. 1989. *The Limits of Morality* (Oxford: Clarendon Press).
—— 1991. 'Replies to My Critics', *Philosophy and Phenomenological Research* 51: 924–5.
—— 1998. *Normative Ethics* (Boulder, Colo.: Westview Press).
—— 1999. 'Equality and Desert', in Pojman and McLeod, eds., 1999: 298–314.
—— 2000. 'Evaluative Focal Points', in Hooker, Mason, and Miller, eds., 2000: 134–55.
Kant, I. 1785. *Foundations of the Metaphysics of Morals.*
—— 1775–80. 'Why we have No Obligations to Animals', in his *Lectures on Ethics,* transl. Louis Infield (London: Methuen, 1930).
Repr. in James Rachels, ed., *The Right Thing To Do: Basic Readings in Moral Philosophy* (New York: Random House, 1989), 209–11.
Kavka, Gregory. 1978. 'Some Paradoxes of Deterrence', *Journal of Philosophy* 75: 285–302.
—— 1986. *Hobbesian Moral and Political Theory* (Princeton: Princeton University Press).
—— 1993. 'The Problem of Group Egoism', in B. Hooker, ed., *Rationality, Rules, and Utility* (Boulder, Colo.: Westview Press), 149–63.
Kelly, P. J. 1990. *Utilitarianism and Distributive Justice: Bentham and the Civil Law* (Oxford: Clarendon Press).
Korsgaard, Christine. 1986. 'The Right to Lie: Kant on Dealing with Evil', *Philosophy and Public Affairs* 15: 325–49.
Kumar, Rahul. 1995. 'Consensualism in Principle', D.Phil. thesis, Oxford University.
Kymlicka, Will. 1990. *Contemporary Political Philosophy* (Oxford: Clarendon Press).
LaFollette, Hugh. 1996. *Personal Relationships* (Oxford: Blackwell).
Langton, Rae. 1994. 'Maria von Herbert's Challenge to Kant', in P. Singer, ed., *Ethics* (Oxford: Oxford University Press), 281–94.
Law, Iain. 1999. 'Rule-Consequentialism's Dilemma', *Ethical Theory and Moral Practice* 2: 263–76.
Le Guin, Ursala. 1980. 'The Ones who Walk Away from Omelas', in *The Wind's Twelve Quarters,* vol. ii (St. Albans: Granada), 112–20.
Lehrer, Keith. 1973. *Knowledge* (Oxford: Clarendon Press).
Lucas, George R., Jr. 1990. 'African Famine: New Economic and Ethical Perspectives', *Journal of Philosophy* 87: 629–41.
Lyons, David. 1965. *Forms and Limits of Utilitarianism* (Oxford: Clarendon Press).
—— 2000. 'The Moral Opacity of Utilitarianism', in Hooker, Mason, and Miller, eds., 2000: 105–20.
Mabbott, J. D. 1956. 'Interpretations of Mill's "Utilitarianism"', *Philosophical Quarterly* 6: 115–20.
McClennen, Edward. 1997. 'Pragmatic Rationality and Rules', *Philosophy and Public Affairs* 26: 210–58.
MacIntosh, Duncan. 1990. 'Ideal Moral Codes', *Southern Journal of Philosophy* 28: 389–408.
MacIntyre, Alasdair 1981. *After Virtue* (Notre Dame, Ind.: University of Notre Dame Press).
Mackie, J. L. 1973. 'The Disutility of Act-Utilitarianism', *Philosophical Quarterly* 23: 289–300. Repr. in Mackie 1985c: 91–104.
—— 1977. *Ethics: Inventing Right and Wrong* (Harmondsworth: Penguin).
—— 1978. 'The Law of the Jungle: Moral Alternatives and the Principles of Evolution', *Philosophy* 53: 455–64. Repr. in Mackie 1985c: 120–31.
—— 1982a. 'Co-operation, Competition, and Moral Philosophy', in A. M. Colman, ed., *Cooperation and Competition in Humans and Animals* (Wokingham: Van Nostrand Reinhold). Repr. in Mackie 1985c: 152–69.
—— 1982b. 'Morality and the Retributive Emotions', in Timonthy Stroup, ed., *Edward Westermarck: Essays on his Life and Works* (Helsinki: Acta Philosophica Fennica). Repr. in Mackie 1985c: 206–19.
—— 1985a. 'The Three Stages of Universalization', in Mackie 1985c: 170–83.
—— 1985b. 'Norms and Dilemma', in Mackie 1985c: 234–41.
—— 1985c. *Persons and Values: Selected Papers,* vol. ii, ed. Joan and Penelope Mackie (Oxford: Clarendon Press).
McNaughton, David. 1988. *Moral Vision* (Oxford: Blackwell).
—— 1996. 'An Unconnected Heap of Duties?' *Philosophical Quarterly* 46: 433–47.
—— and Rawling, Piers. 1991. 'Agent-Relativity and the Doing–Happening Distinction', *Philosophical Studies* 63: 167–85.
—— —— 1998. 'On Defending Deontology', *Ratio* 11: 37–54.
—— —— 2000. 'Unprincipled Ethics', in Hooker and Little, eds., 2000.
Mason, Elinor. 1998. 'A Can an Indirect Consequentialist be a Real Friend?' *Ethics* 108: 386–93.
Mill, J. S. 1859. *On Liberty.*
—— 1861. *Utilitarianism.*
Miller, Dale E. 2000. 'Hooker's Use and Abuse of Reflective Equilibrium', in Hooker, Mason, and Miller, eds., 2000:

156–78.
Miller, Richard. 1992. *Moral Differences* (Princeton: Princeton University Press).
Montague, Phillip. 2000. 'Why Rule Consequentialism is Not Superior to Ross-Style Pluralism', in Hooker, Mason, and Miller, eds., 2000: 203–11.
Moore, G. E. 1903. *Principia Ethica* (Cambridge: Cambridge University Press).
Mulgan, Tim. 1994a. 'Satisficing Consequentialism', *Ratio* 6: 121–34.
—— 1994b. 'Rule Consequentialism and Famine', *Analysis* 54: 187–92.
—— 1996. 'One False Virtue of Rule Consequentialism and One New Vice', *Pacific Philosophical Quarterly* 77: 362–73.
—— 2000. 'Ruling Out Rule Consequentialism', in Hooker, Mason, and Miller, eds., 2000: 212–21.
Murphy, Liam. 1993. 'The Demands of Beneficence', *Philosophy and Public Affairs* 22: 267–92.
—— 1997. 'A Relatively Plausible Principle of Benevolence: A Reply to Mulgan', *Philosophy and Public Affairs* 26: 80–6.
Nagel, Thomas. 1972. *The Possibility of Altruism* (Princeton: Princeton University Press).
—— 1979. 'Fragmentation of Value', in his *Mortal Questions* (Cambridge: Cambridge University Press), 128–41.
—— 1986. *The View from Nowhere* (New York: Oxford University Press).
—— 1991. *Equality and Partiality* (New York: Oxford University Press).
—— 1995. 'Personal Rights and Public Space', *Philosophy and Public Affairs* 24: 381–9.
—— 1997. *The Last Word* (New York: Oxford University Press).
Nelson, Mark. 1991. 'Intuitionism and Subjectivism', *Metaphilosophy* 22: 115–21.
Nowell-Smith, P. 1954. *Ethics* (London: Penguin).
Nozick, Robert. 1974. *Anarchy, State, and Utopia* (Oxford: Blackwell).
—— 1981. *Philosophical Explanations* (Oxford: Clarendon Press).
—— 1989. *The Examined Life* (New York: Simon & Schuster).
O'Neill, Onora. 1986. *Faces of Hunger* (London: Allen & Unwin).
Overvold, Mark. 1980. 'Self-Interest and the Concept of Self-Sacrifice', *Canadian Journal of Philosophy* 10: 105–18.
—— 1982. 'Self-Interest and Getting What you Want', in H. B. Miller and W. H. Williams, eds., *The Limits of Utilitarianism* (Minneapolis: University of Minnesota Press), 186–94.
Parfit, Derek. 1984. *Reasons and Persons* (Oxford: Clarendon Press).
—— 1997. 'Equality and Priority', *Ratio* 10: 202–21.
Pettit, Philip. 1987. 'Universalisability without Utilitarianism', *Mind* 96: 74–82.
—— 1991. 'Consequentialism', in Peter Singer, ed., *Companion to Ethics* (Oxford: Blackwell), 230–40.
—— 1994. 'Consequentialism and Moral Psychology', *International Journal of Philosophical Studies* 2: 1–17.
—— 1997. 'The Consequentialist Perspective', in M. Baron, P. Pettit, and M. Slote, *Three Methods of Ethics* (Malden, Mass.: Blackwell), 92–174.
—— and Brennan, G. 1986. 'Restrictive Consequentialism', *Australasian Journal of Philosophy* 64: 438–55.
Plato. *Protagoras*.
—— *The Republic*.
Pojman, Louis, and McLeod, Owen, eds. 1999. *What Do We Deserve?* (New York: Oxford University Press).
Powers, Madison. 1993. 'Contractualist Impartiality and Personal Commitments', *American Philosophical Quarterly* 30: 63–71.
—— 2000. 'Rule Consequentialism and the Value of Friendship', in Hooker, Mason, and Miller, eds., 2000: 239–54.
Price, Richard. 1787. *A Review of the Principal Questions of Morals*. Repr. in Raphael 1969: vol. ii, paras. 655–762, pp. 131–98.
Prichard, H. A. 1912. 'Does Moral Philosophy Rest on a Mistake?' *Mind* 21: 21–37.
Pufendorf, Samuel. 1672. *De Jure Naturae et Gentium*, transl. C. H. Oldfather and W. A. Oldfather as *The Law of Nature and of Nations* (Oxford: Clarendon Press, 1934).
Quinn, Warren. 1993. *Morality and Action* (New York: Cambridge University Press).
Rachels, James. 1993. *The Elements of Moral Philosophy*, 2nd edn. (New York: McGraw-Hill).
Railton, Peter. 1984. 'Alienation, Consequentialism, and the Demands of Morality', *Philosophy and Public Affairs* 13: 174–31.
Rakowski, Eric. 1991. *Equal Justice* (Oxford: Clarendon Press).
—— 1993. 'Taking and Saving Lives', *Columbia Law Review* 93: 1063–156.
Raphael, D. D., ed. 1969. *The British Moralists* (Oxford: Clarendon Press).
—— 1994. *Moral Philosophy*, 2nd. edn. (Oxford: Oxford University Press).
Rawls, John. 1951. 'Outline for a Decision Procedure in Ethics', *Philosophical Review* 60: 177–97.
—— 1955. 'Two Concepts of Rules', *Philosophical Review* 64: 3–32.
—— 1958. 'Justice as Fairness', *Philosophical Review* 67: 164–94.
—— 1971. *A Theory of Justice* (Cambridge, Mass.: Harvard University Press).
—— 1974/5. 'The Independence of Moral Theory', *Proceedings and Addresses of the American Philosophical Association* 48: 5–22.
—— 1980. 'Kantian Constructivism in Moral Theory', *Journal of Philosophy* 77: 515–72.
Rescher, Nicholas. 1966. *Distributive Justice* (Indianapolis: Bobbs-Merrill).

Regan, Donald. 1980. *Utilitarianism and Co-operation* (Oxford: Clarendon Press).

—— 1997. 'Value, Comparability, and Choice', in R. Chang, ed., *Incommensurability, Incomparability, and Practical Reason* (Cambridge, Mass.: Harvard University Press), 129–50.

Reibetanz, Sophia. 1998. 'Contractualism and Aggregation', *Ethics* 108: 296–311.

Reid, Thomas. 1788. *Essays on the Active Powers of Man*. Repr. in Raphael, ed., 1969: vol. ii, 265–310.

Riley, Jonathan. 1998. 'Mill on Justice', in D. Boucher and P. Kelly, eds., *Social Justice: From Hume to Walzer* (London: Routledge), 45–66.

—— 2000. 'Defending Rule Utilitarianism', in Hooker, Mason, and Miller, eds., 2000: 40–70.

Rosen, Fred. 1998. 'Individual Sacrifice and the Greatest Happiness: Bentham on Utility and Rights', *Utilitas* 10: 129–43.

Ross, W. D. 1930. *The Right and the Good* (Oxford: Clarendon Press).

—— 1939. *Foundations of Ethics* (Oxford: Clarendon Press).

Sayre-McCord, Geoffrey. 1986. 'Coherence and Models for Moral Theorizing', *Pacific Philosophical Quarterly* 18: 170–90.

—— 1996. 'Coherentist Epistemology and Moral Theory', in W. Sinnott-Armstrong and M. Timmons, eds., *Moral Knowledge?* (New York: Oxford University Press), 137–59.

Scanlon, T. M. 1978. 'Rights, Goals, and Fairness', in S. Hampshire, ed., *Public and Private Morality* (Cambridge: Cambridge University Press, 1978), 93–111.

—— 1982. 'Contractualism and Utilitarianism', in A. Sen and B. Williams, eds., *Utilitarianism and Beyond* (Cambridge: Cambridge University Press), 103–28.

—— 1992. 'The Aims and Authority of Moral Theory', *Oxford Journal of Legal Studies* 12: 288–303.

—— 1993. 'Value, Desire, and Quality of Life', in M. Nussbaum and A. Sen, eds., *The Quality of Life* (Oxford: Clarendon Press), 185–200.

—— 1998. *What We Owe Each Other* (Cambridge, Mass.: Harvard University Press).

Scarre, Geoffrey. 1996. *Utilitarianism* (London: Routledge).

Schaller, Walter. 1990. 'Are Virtues No More than Dispositions to Obey Moral Rules?', *Philosophia* 20: 195–207.

Schauer, Frederick. 1991. *Playing By the Rules: A Philosophical Examination of Rule-Based Decision-Making in Law and in Life* (Oxford: Clarendon Press).

Scheffler, S. 1982. *The Rejection of Consequentialism* (Oxford: Clarendon Press).

—— 1985. 'Agent-Centred Restrictions, Rationality, and the Virtues', *Mind* 94: 409–19.

—— 1986. 'Morality's Demands and their Limits', *Journal of Philosophy* 83: 531–7.

—— 1989. 'Deontology and the Agent', *Ethics* 100: 67–76. Repr. in Scheffler 1994: 152–66.

—— 1992. *Human Morality* (New York: Oxford University Press).

—— 1994. *The Rejection of Consequentialism,* rev. edn. (Oxford: Clarendon Press).

Schneewind, Jeremy. 1990. 'The Misfortunes of Virtue', *Ethics* 101: 42–63.

Sellars, Wilfred. 1973. 'Givenness and Explanatory Coherence', *Journal of Philosophy* 70: 612–82.

Sen, Amartya. 1973. *On Economic Inequality* (Oxford: Clarendon Press).

—— 1982. 'Rights and Agency', *Philosophy and Public Affairs* 11: 3–38.

—— 1994. 'Population: Delusion and Reality', *New York Review of Books,* September 22.

—— and Williams, B. 1982. 'Introduction', in Sen and Williams, eds., *Utilitarianism and Beyond* (Cambridge: Cambridge University Press, 1982).

Sencerz, Stefan. 1986. 'Moral Intuitions and Justification in Ethics', *Philosophical Studies* 50: 77–95.

Shafer-Landau, Russ. 1997. 'Moral Rules', *Ethics* 107: 584–611.

Shaw, William. 1993. 'Welfare, Equality, and Distribution: Brandt from the Left', in Hooker, ed., 1993b: 165–87.

—— 1999. *Contemporary Ethics: Taking Account of Utilitarianism* (Malden, Mass.: Blackwell).

Sidgwick, Henry. 1907. *Methods of Ethics,* 7th edn. (London: Macmillan).

Singer, Brent. 1988. 'An Extension of Rawls's Theory of Justice to Environmental Ethics', *Environmental Ethics* 10: 217–32.

Singer, Marcus, 1955. 'Generalization in Ethics', *Mind* 64: 361–75.

—— 1961. *Generalization in Ethics* (New York: Alfred Knopf).

Singer, Peter. 1972a. 'Famine, Affluence and Morality', *Philosophy and Public Affairs* 1: 229–43.

—— 1972b. 'Is Act-Utilitarianism Self-Defeating?' *Philosophical Review* 81: 94–104.

—— 1993. *Practical Ethics,* 2nd edn. (Cambridge: Cambridge University Press).

Skorupski, John. 1992. 'Value and Distribution', in M. Hollis and W. Vossenkuhl, eds., *Moralische, Entscheidung and rationale Wahl* (Munich: R. Oldenbourg).

—— 1995. 'Agent-Neutrality, Consequentialism, Utilitarianism. . . A Terminological Note', *Utilitas* 7: 49–54.

—— 1996. 'Ethics', in N. Bunnin and E. P. Tsui-James, eds., *The Blackwell Companion to Philosophy* (Oxford: Blackwell), 198–228.

Slote, Michael. 1984. 'Satisficing Consequentialism', *Proceedings of the Aristotelian Society* suppl. vol. 58: 139–63.

—— 1985. *Common-Sense Morality and Consequentialism* (London: Routledge & Kegan Paul).

—— 1989. *Beyond Optimizing* (Cambridge, Mass.: Harvard University Press).

—— 1992. *From Morality to Virtue* (New York: Oxford University Press).

Smart, J. J. C. 1956. 'Extreme and Restricted Utilitarianism', *Philosophical Quarterly* 6: 344–54.
—— 1973. 'Outline of a System of Utilitarian Ethics', in J. J. C. Smart and Bernard Williams, *Utilitarianism: For and Against* (Cambridge: Cambridge University Press), 3–74.
Sorensen, Roy. 1988. Blindspots (Oxford: Clarendon Press).
—— 1996. 'Unknowable Obligations', *Utilitas* 7: 247–71.
—— Forthcoming. 'Vagueness Has No Function in Law.'
Stevenson, C. L. 1944. *Ethics and Language* (New Haven, Conn.: Yale University Press).
Stout, A. K. 1954. 'But Suppose Everyone Did the Same', *Australasian Journal of Philosophy* 32: 1–29.
Strang, Colin. 1960. 'What if Everyone Did That?', *Durham University Journal* 23: 5–10.
Stratton-Lake, Philip. 1997. 'Can Hooker's Rule-Consequentialist Principle Justify Ross's Prima Facie Duties?', *Mind* 106: 151–8.
Strawson, P. F. 1961. 'Social Morality and Individual Ideal', *Philosophy* 36: 1–17.
Sturgeon, Nicholas. 1986. 'What Difference does it Make whether Moral Realism is True?', *Southern Journal of Philosophy* 24, Supplement, 115–41.
Sumner, L. W. 1987. *The Moral Foundations of Rights* (Oxford: Clarendon Press).
—— 1996. *Welfare, Happiness, and Ethics* (Oxford: Clarendon Press).
—— 2000. 'Something In Between', in Crisp and Hooker, eds., 2000: 1–19.
Svavarsdóttir, Sigrún. 1999. Review of Griffin 1996, *Mind* 108: 165–70.
Temkin, Larry. 1993. *Inequality* (New York: Oxford University Press).
Thomas, Alan. 2000. 'Consequentialism and the Subversion of Pluralism', in Hooker, Mason, and Miller, eds., 2000: 179–202.
Thomson, Judith Jarvis. 1990. *The Realm of Rights* (Cambridge, Mass.: Harvard University Press).
Timmons, Mark. 1999. *Morality Without Foundations: A Defense of Moral Contextualism* (New York: Oxford University Press).
Toulmin, Stephen 1950. *An Examination of the Place of Reason in Ethics* (Cambridge: Cambridge University Press).
Trianosky, Gregory. 1976. 'Rule-Utilitarianism and the Slippery Slope', *Journal of Philosophy* 75: 414–24.
—— 1988. 'Rightly Ordered Appetites: How to Live Morally and Live Well', *American Philosophical Quarterly* 25: 1–12.
—— 1990. 'What is Virtue Ethics All About?' *American Philosophical Quarterly* 27: 335–44.
Ullmann-Margalit, E. 1977. *The Emergence of Norms* (Oxford: Clarendon Press).
Unger, Peter. 1996. *Living High and Letting Die: Our Illusion of Innocence* (New York: Oxford University Press).
Urmson, J. O. 1953. 'The Interpretation of the Moral Philosophy of J. S. Mill', *Philosophical Quarterly*, 3: 33–9.
—— 1975. 'A Defence of Intuitionism', *Proceedings of the Aristotelian Society* 75: 144–52.
Vallentyne, Peter. 1991a. 'The Problem of Unauthorized Welfare', *Noûs* 25: 295–321.
—— ed. 1991b. *Contractarianism and Rational Choice* (New York: Cambridge University Press).
Van der Maas, P. J. *et al.* 1991. 'Euthanasia and Other Medical Decisions Regarding End of Life', *Lancet* 338: 669–74.
VanDeveer, Donald. 1979. 'Of Beasts, Persons, and the Original Position', *Monist* 62: 368–77.
Warnock, G. J. 1971. *The Object of Morality* (London: Methuen).
Williamson, Timothy. 1994. *Vagueness* (London: Routledge).
Williams, Bernard. 1972. *Morality: An Introduction to Ethics* (New York: Harper & Row).
—— 1973. 'A Critique of Utilitarianism', in J. J. C. Smart and B. Williams, *Utilitarianism: For and Against* (Cambridge: Cambridge University Press), 77–150.
—— 1979. 'Conflicts of Value', in Alan Ryan, ed., *The Idea of Freedom: Essays in Honour of Isaiah Berlin* (Oxford: Oxford University Press). Repr. in Williams 1981: 221–32.
—— 1981. *Moral Luck* (Cambridge: Cambridge University Press).
—— 1982. 'The Point of View of the Universe: Sidgwick and the Ambitions of Ethics', *The Cambridge Review*, 7 May. Repr. in Williams 1995: 153–71.
—— 1985. *Ethics and the Limits of Philosophy* (Cambridge, Mass.: Harvard University Press).
—— 1988. 'What Does Intuitionism Imply?', in Jonathan Dancy, J. Moravcsik, and C. C. W. Taylor, eds., *Human Agency: Language, Duty, Value* (Stanford, Calif.: Stanford University Press), 189–98. Repr. in Williams 1995: 182–91.
—— 1995. *Making Sense of Humanity and Other Essays* (Cambridge: Cambridge University Press).
Witt, L. A. 1984. 'Acceptance and the Problem of Slippery-Slope Insensitivity in Rule-Utilitarianism', *Dialogue* 23: 649–59.
Wolf, Susan. 1982. 'Moral Saints', *Journal of Philosophy* 79: 419–39.
Repr. in R. Crisp and M. Slote, eds., *Virtue Ethics* (Oxford: Oxford University Press, 1997), 80–98.
—— 1997. 'Happiness and Meaning: Two Aspects of the Good Life', *Social Philosophy and Policy* 14: 207–25.
Wood, Alan. 1958. *Bertrand Russell: The Passionate Skeptic* (New York: Simon & Schuster).
World Bank. 1990. *World Development Report 1990* (New York: Oxford University Press).

索　引*

* 索引页码为边码。——编者注

* 原书第 38 页指其所创作的戏剧《李尔王》，第 129 页指《奥赛罗》。——译者注

译后记

布拉德·胡克教授说："许多人的慷慨都反映在本书之中。"对于作为译者的我而言，亦是如此。不同的是，胡克教授感谢的是他的作品从最初的思想触动、形成直到完善的整个过程中所有曾帮助过他的人与机构，而我感谢的是本译著从翻译到出版过程中所有提供过帮助的人。

首先，我最应该感谢的就是胡克教授。2018 年 9 月，我有幸应胡克教授的邀请前往英国雷丁大学（University of Reading）从事为期一年的访学，这也为我翻译他的这一代表作提供了契机。胡克教授是一个非常儒雅与宽厚的学者，骨子里透着大学者的纯真与无私。初到雷丁大学，我申请学校身份与银行卡时遇到了问题，他得知后第一时间与系里的工作人员联系为我办理了校园卡，并当即表示借给我钱。要知道，彼时的我不过是一个与他仅有几封邮件往来的"陌生人"。最令人感动的是，在访学头七八个月里，他几乎每周都抽出时间与我见一次面，一方面了解我的学术收获，另一方面解答我在上课与阅读过程中遇到的各种问题。这一做法一度使我成为当时在雷丁大学各院系访学的中国学者的羡慕对象。正是他的无私帮助使我那次访学获益匪浅。

其次，我要感谢中国人民大学出版社的编审杨宗元博士及负责本书出版的编辑们。正是杨宗元博士不辞辛劳，认真细致地考察本书并充分肯定其学术价值，才使其能够进入出版社的学术著作论证程序，最终得以纳入中国人民大学出版社的"守望者"学术系列丛书。正是崔毅、汤慧芸、谢旋等编辑认真负责的工作使这本书能够走完严格的出版流程，最终得以面世。提到"守望者"学术系列丛书，我想借此表达一下对中国人民大学出版社的敬佩。我知道，其实由于各种因素的影响，近十几年许多出版社几乎都放弃了纯学术出版，但是杨宗元博士所带领的团队仍然守望这一领域，不断给学者、读者提供思想和精神的滋养。从“守望者”这个名称，足以窥见这些坚守者带有悲情色彩的学术坚持。

再次，我要感谢葛四友君。他不仅亲自为胡克教授的这部作品出具了专家推荐意见，还帮我联系了徐向东教授与谭安奎教授一起向中国人民大学出版社推荐了本书。此外，在本书翻译的过程中，葛四友君亦提供了一些帮助，并就书名及第一章部分内容的翻译给出了中肯的意见。

我还要感谢我的硕士研究生王艺同学。她从中国读者的角度通读了全书译稿，标出了其中一些不合中文阅读习惯的译文，使我能够更好地处理译稿的语言。

最后，我要特别感谢我的先生阮航博士。这已经不是我的第一本译著，无论是我翻译的《伦理学是什么》（2014）、《政治情感：爱对于正义为何重要?》（2022），还是这本《理想守则与现实世界》，都有他的付出。每当我在翻译中碰到难以理解的句子，首先求助的都是他，而他也屡屡能解答我的问题。正因为有了他的帮助，我对自己翻译的作品才有了些许底气。但翻译工作本就是个无底洞，无论怎么努力，我都无法保证自己的翻译没有问题，恳请读者批评指正。

陈　燕

2023 年 8 月于湖北武汉

守望者书目

001　正义的前沿

［美］玛莎·C. 纳斯鲍姆（Martha C. Nussbaum）/著

陈文娟　谢惠媛　朱慧玲/译

002　寻求有尊严的生活——正义的能力理论

［美］玛莎·C. 纳斯鲍姆（Martha C. Nussbaum）/著　田雷/译

003　教育与公共价值的危机

［美］亨利·A. 吉鲁（Henry A. Giroux）/著　吴万伟/译

004　康德的自由学说

卢雪崑/著

005　康德的形而上学

卢雪崑/著

006　客居忆往

洪汉鼎/著

007　西方思想的起源

聂敏里/著

008　现象学：一部历史的和批评的导论

［爱尔兰］德尔默·莫兰（Dermot Moran）/著　李幼蒸/译

009　自身关系

［德］迪特尔·亨利希（Dieter Henrich）/著　郑辟瑞/译

010　佛之主事们——殖民主义下的佛教研究

［美］唐纳德·S. 洛佩兹（Donald S. Lopez，Jr.）/编

中国人民大学国学院西域历史语言研究所/译

011　10 个道德悖论

［以］索尔·史密兰斯基（Saul Smilansky）/著　王习胜/译

012　现代性与主体的命运

杨大春/著

013　认识的价值与我们所在意的东西

［美］琳达·扎格泽博斯基（Linda Zagzebski）/著　方环非/译

014　众生家园：捍卫大地伦理与生态文明

［美］J. 贝尔德·卡利科特（J. Baird Callicott）/著

薛富兴/译　卢风　陈杨/校

015　判断与能动性

［美］厄内斯特·索萨（Ernest Sosa）/著　方红庆/译

016　知识论

［美］理查德·费尔德曼（Richard Feldman）/著　文学平　盈俐/译

017　含混性

［英］蒂莫西·威廉姆森（Timothy Williamson）/著　苏庆辉/译

018　德国观念论的终结——谢林晚期哲学研究

［德］瓦尔特·舒尔茨（Walter Schulz）/著　韩隽/译

019　奢望：社会生物学与人性的探求

［英］菲利普·基切尔（Philip Kitcher）/著　郝苑/译

020　德国哲学1760—1860：观念论的遗产

［美］特里·平卡德（Terry Pinkard）/著　侯振武/译

021　对话、交往、参与——走进国际哲学共同体

陈波/著

022　找回民主的未来——青年的力量

［美］亨利·A. 吉鲁（Henry A. Giroux）/著　吴万伟/译

023　康德的道德宗教

［美］艾伦·W. 伍德（Allen W. Wood）/著　李科政/译

024　悖论（第3版）

［英］R. M. 塞恩斯伯里（R. M. Sainsbury）/著

刘叶涛　雒自新　冯立荣/译

025　严复与福泽谕吉——中日启蒙思想比较（修订版）

王中江/著

026　女性与人类发展——能力进路的研究

［美］玛莎·C. 努斯鲍姆（Martha C. Nussbaum）/著　左稀/译

027　信念悖论与策略合理性

［美］罗伯特·C. 孔斯（Robert C. Koons）/著　张建军/等译

028　康德的遗产与哥白尼式革命：费希特、柯恩、海德格尔

［法］朱尔·维耶曼（Jules Vuillemin）/著　安靖/译

029　悖论：根源、范围及其消解

［美］尼古拉斯·雷歇尔（Nicholas Rescher）/著　赵震　徐召清/译

030　作为社会建构的人权——从乌托邦到人类解放

［美］本杰明·格雷格（Benjamin Gregg）/著　李仙飞/译

031　黑格尔《逻辑学》开篇：从存在到无限性

［英］斯蒂芬·霍尔盖特（Stephen Houlgate）/著　刘一/译

032　现代性冲突中的伦理学：论欲望、实践推理和叙事

［英］阿拉斯代尔·麦金泰尔（Alasdair MacIntyre）/著　李茂森/译

033　知识论的未来

［澳］斯蒂芬·海瑟林顿（Stephen Hetherington）/主编　方环非/译

034　社会建构主义与科学哲学

［加］安德烈·库克拉（André Kukla）/著　方环非/译

035　天下体系：世界制度哲学导论

赵汀阳/著

036　理想守则与现实世界：一种规则后果主义的道德理论

［美］布拉德·胡克/著

图书在版编目（CIP）数据

理想守则与现实世界：一种规则后果主义的道德理论/（美）布拉德·胡克（Brad Hooker）著；陈燕译．--北京：中国人民大学出版社，2024.1

书名原文：Ideal Code，Real World：A Rule-Consequentialist Theory of Morality

ISBN 978-7-300-32201-8

Ⅰ.①理… Ⅱ.①布… ②陈… Ⅲ.①道德-理论研究 Ⅳ.①B82

中国国家版本馆 CIP 数据核字（2023）第 234878 号

理想守则与现实世界

一种规则后果主义的道德理论

［美］布拉德·胡克（Brad Hooker） 著

陈 燕 译

Lixiang Shouze yu Xianshi Shijie

出版发行	中国人民大学出版社		
社　　址	北京中关村大街 31 号	**邮政编码**	100080
电　　话	010－62511242（总编室）		010－62511770（质管部）
	010－82501766（邮购部）		010－62514148（门市部）
	010－62515195（发行公司）		010－62515275（盗版举报）
网　　址	http://www.crup.com.cn		
经　　销	新华书店		
印　　刷	北京联兴盛业印刷股份有限公司		
开　　本	720 mm×1000 mm　1/16	**版　　次**	2024 年 1 月第 1 版
印　　张	14.5 插页 2	**印　　次**	2024 年 1 月第 1 次印刷
字　　数	212 000	**定　　价**	58.80 元